LA RENCONTRE DU BOUDDHISME ET DE L'OCCIDENT

DU MÊME AUTEUR

Les Communautés nouvelles, interviews des fondateurs, Fayard, 1988.

Les Risques de la solidarité, entretiens avec Bernard Holzer, Fayard, 1989.

Le Temps de la responsabilité, postface de Paul Ricœur, Fayard, 1991.

Mère Teresa, en collaboration avec Estelle Saint-Martin, Plon, 1993 ; Pocket, 1994.

Les Trois Sagesses, entretiens avec Marie-Dominique Philippe, Fayard, 1994.

Encyclopédie des religions, collectif dirigé en collaboration avec Ysé Tardan-Masquelier, 2 vol., Bayard Éditions, 1997.

Sectes, mensonges et idéaux, en collaboration avec Nathalie Luca, Bayard Éditions, 1998.

Entretiens sur la fin des temps, avec J.-C. Carrière, J. Delumeau, S. J. Gould, U. Eco, en collaboration avec C. David et J.-P. de Tonnac, Fayard, 1998.

Le Bouddhisme en France, Fayard, 1999.

Frédéric Lenoir

La rencontre du bouddhisme et de l'Occident

Fayard

Le cahier d'illustrations hors-texte
a été réalisé par Josseline Rivière

En guise d'ouverture, quelques brèves appréciations de certains des plus grands esprits occidentaux de notre temps sur la portée de la rencontre du bouddhisme et de l'Occident. Par ordre chronologique d'entrée en scène : le philosophe, le scientifique, le psychologue, le théologien et l'historien.

Probabilité d'un nouveau bouddhisme européen... Suprême danger.

Friedrich NIETZSCHE

Le bouddhisme est la seule religion compatible avec la science moderne.

Albert EINSTEIN

Bouddha ne représente pas réellement une philosophie. Il lance un défi à l'homme.

Carl-Gustav JUNG

Bouddha est le dernier génie religieux avec lequel le christianisme aura à s'expliquer.

Romano GUARDINI

La rencontre du bouddhisme et de l'Occident constitue l'événement le plus significatif du XXe siècle.

Arnold TOYNBEE

INTRODUCTION

Le sourire paisible du Bouddha va-t-il un jour se substituer aux traits douloureux du Crucifié ? L'Occident va-t-il opter pour le message bouddhiste au détriment de la foi chrétienne ? À la fin de sa vie, Nietzsche en était convaincu : « Le christianisme approche de l'épuisement, écrit-il. On se contente d'un christianisme opacié parce qu'on n'a ni la force de chercher, de combattre, d'oser, et de vouloir être seul, ni la force nécessaire au pascalisme, à ce mépris de soi ratiocineur, à la croyance en l'indignité humaine, à l'angoisse du "peut-être condamné". Mais un christianisme qui doit surtout apaiser des nerfs malades n'a absolument pas besoin de cette terrible solution d'un "Dieu en croix". C'est pourquoi, en silence, le bouddhisme progresse partout en Europe [1]. »

La diffusion du bouddhisme en Occident

Tout juste un siècle après cette ultime apostrophe du prophète de la « mort de Dieu », les signes de cette progression sont multiples. Au cours de ces trente dernières années on est passé, dans la plupart des pays occidentaux, de l'intérêt intellectuel d'une élite à un véritable engouement et à une pratique de la méditation qui concerne des centaines de milliers d'in-

1. Friedrich Nietzsche, *Fragments posthumes*, automne 1885-automne 1887, in *Œuvres philosophiques complètes*, t. XII, Gallimard, 1987, p. 140.

dividus. Il existe aujourd'hui plusieurs milliers de dôjôs* zen et de grands centres ou monastères tibétains en Europe et aux États-Unis, sans compter les nombreux groupes de méditation rattachés à divers courants et écoles. On assiste également depuis peu à l'apparition d'une génération de bouddhistes occidentaux prenant en charge la responsabilité matérielle et spirituelle des centres, ainsi qu'à l'émergence d'un monachisme bouddhiste occidental.

En marge de ce phénomène typiquement religieux, qui semble constituer une véritable pénétration du bouddhisme asiatique en Occident, on assiste depuis une dizaine d'années à une effervescence médiatique autour du bouddhisme, tout particulièrement de la figure emblématique du dalaï-lama, qui obtint le prix Nobel de la paix en 1989. Hollywood ne jure plus que par lui. Richard Gere, l'acteur préféré des Américaines, fait figure de grand ambassadeur du bouddhisme dans le monde du show-biz et, après *Little Bouddha,* de Bernardo Bertolucci (1993), ce sont Jean-Jacques Annaud (*Sept Ans d'aventures au Tibet*, 1998) et Martin Scorsese (*Kundun*, 1998) qui réalisent des superproductions inspirées par le drame du Tibet et la vie du chef spirituel et temporel des Tibétains. Depuis le début des années 90, les émissions de télévision et les dossiers de presse consacrés à la « vague bouddhiste » se sont multipliés, et de nombreux ouvrages touchant au bouddhisme sont devenus des best sellers. Ainsi *Le Livre tibétain de la vie et de la mort*, de Sogyal rinpoché, publié en 1993, s'est vendu à plus d'un million d'exemplaires dans le monde et a été traduit en vingt-six langues [1]. Par le biais de cette intense

* Les mots suivis d'un astérisque font l'objet d'un glossaire en fin de volume.

1. En France, *Le Livre tibétain de la vie et de la mort* de Sogyal rinpoché, La Table ronde, 1993, s'est vendu à plus de 250 000 exemplaires ; les entretiens entre Jean-Claude Carrière et le dalaï-lama (*La Force du bouddhisme*, Robert Laffont, 1994) ont dépassé les 100 000 exemplaires et ceux du moine tibétain Matthieu Ricard avec son père Jean François Revel, les 200 000 exemplaires (*Le Moine et le Philosophe*, Nil, 1997). Actuellement, *L'Art du bonheur,* du dalaï-lama, Robert Laffont, 1999, a déjà atteint les 100 000 exemplaires.

médiatisation, ce sont aujourd'hui plusieurs millions d'Occidentaux qui sont touchés par le bouddhisme à travers des emprunts très divers : pratique ponctuelle de la méditation – parfois dans un cadre explicitement chrétien –, croyance dans le karma * et la réincarnation – 24 pour cent des Européens –, sensibilité accrue aux valeurs typiquement bouddhistes de tolérance religieuse, d'interdépendance, de compassion et de respect de la vie, etc.

Face à un phénomène aussi surprenant, les questions sont nombreuses. Comment expliquer cet attrait soudain de l'Occident pour le bouddhisme et plus particulièrement pour ses formes zen et tibétaines ? S'agit-il d'un phénomène de mode ou d'une véritable « installation » du bouddhisme en Occident ? Peut-on alors parler de l'émergence possible d'un bouddhisme français ou américain comme on a vu naître jadis un bouddhisme japonais, chinois ou tibétain ? Quelle signification revêt cette « rencontre du bouddhisme et de l'Occident » à l'échelle de l'histoire des civilisations ?

Pour tenter de répondre à ces questions importantes, j'ai entamé en 1992 une enquête sociologique de terrain auprès des Français touchés par le bouddhisme [1]. J'ai alors été au contact d'adeptes qui se référaient à des ouvrages qui jouèrent un rôle décisif dans l'éveil de leur intérêt pour le bouddhisme. Beaucoup, par exemple, faisaient allusion au *Troisième Œil* de Lobsang Rampa. Publié en Grande-Bretagne en 1956, en France en 1957, cet ouvrage, qui se présente comme l'autobiographie d'un maître tibétain, suscita un enthousiasme extraordinaire en Occident et inspira très probablement à Hergé son fameux *Tintin au Tibet.* Or il s'agit d'une pure fiction qui fait apparaître les lamas tibétains comme des mages doués de pouvoirs psychiques exceptionnels, capables de quitter leur corps par la pensée,

1. Cette étude sociologique est publiée chez Fayard en même temps que le présent livre, sous le titre : *Le Bouddhisme en France.*

de lire l'aura*, etc. Bon nombre d'Occidentaux sont venus au bouddhisme tibétain fascinés par ces mystérieux « pouvoirs ».

Il m'a paru intéressant de chercher plus en amont les sources de cet imaginaire dont Lobsang Rampa était un puissant catalyseur. Cette recherche historique m'a conduit, par la filière de l'ésotérisme occidental, jusqu'à la Société Théosophique, fondée en 1875 par le colonel Olcott et Helena Blavatsky. Justifiant toute leur doctrine par des enseignements occultes transmis par l'intermédiaire d'énigmatiques « maîtres tibétains », les théosophes fondèrent le mythe moderne d'un Tibet magique et de lamas aux pouvoirs occultes exceptionnels, dépositaires de la sagesse primordiale de l'humanité, mythe auquel alla s'abreuver toute une littérature populaire de fiction ésotérique au cours du XXe siècle. Poursuivant plus loin cette investigation, il m'apparut que les théosophes eux-mêmes s'étaient largement inspirés de récits de voyageurs et de missionnaires des XVIIIe et XIXe siècles, qui avaient formulé les éléments clefs de ce mythe dont les prémices percent d'ailleurs déjà au Moyen Âge – sans qu'il y ait pourtant continuité historique, puisque ces récits avaient été perdus – dans les écrits d'un Marco Polo ou d'un Guillaume de Rubrouck. Ainsi ai-je été amené à remonter sans cesse aux sources de la formation et du développement d'un imaginaire occidental relatif au bouddhisme tibétain, imaginaire toujours présent et qui éclaire en profondeur les attentes conscientes – mais aussi inconscientes – d'un certain nombre d'Occidentaux attirés par cette forme de bouddhisme.

Ce qui est valable pour le Tibet l'est aussi pour d'autres représentations contemporaines du bouddhisme. Celle, par exemple, d'une religion pessimiste et nihiliste, m'a conduit jusqu'à Nietzsche, Schopenhauer, Hegel et des missionnaires catholiques des siècles précédents, qui participèrent à la fondation d'une représentation philosophique encore très vivace aujourd'hui. Mon étude sociologique de terrain m'a donc progressivement amené, sans que je l'aie imaginé au départ, à remonter sans cesse aux sources profondes de cet engouement récent et à recenser un certain nombre de représentations parfois très anciennes. Ainsi est né ce livre.

Histoire d'une « rencontre »

Mon principal objectif, au travers des faits essentiels, consiste à tenter de mettre au jour la naissance et l'enrichissement progressif d'un imaginaire. Comment, au fil des siècles, le bouddhisme a-t-il été perçu par les Occidentaux jusqu'à sa pénétration récente chez eux ? Quels ont été les mythes, les personnages, les auteurs, les événements qui ont semé dans notre inconscient collectif ce courant de sympathie et cette attirance si vive – ou parfois, à l'inverse, une profonde aversion pour le message et les messagers du Bouddha ? Au fil de cette étude historique qui n'a aucune prétention à l'exhaustivité, nous serons amenés à retracer les différentes filières d'introduction du bouddhisme en Occident et à nous pencher sur la formation et le développement d'imaginaires assez variés. Outre l'intérêt qu'elle offre pour éclairer la période contemporaine, cette enquête nous permettra en outre de constater, à travers divers lieux et diverses époques, un fait marquant : parlant du bouddhisme, les Occidentaux parlent le plus souvent d'eux-mêmes et s'intéressent surtout à leurs conflits philosophiques et théologiques internes, qu'ils tentent de régler *via* le bouddhisme. Nous serons attentifs à bien mettre en lumière ce jeu de miroirs sans cesse à l'œuvre, que certains auteurs ont déjà bien décrit à propos du nirvana* assimilé au néant[1].

Progressant au fil des années dans cette recherche histo-

1. Guy Richard Welbon, *The Buddhist Nirvana and its Western Interpreters*, University of Chicago Press, 1968. Roger-Pol Droit, *Le Culte du néant*, Seuil, 1997.

rique, j'ai été conduit à distinguer un certain nombre d'étapes marquant la rencontre progressive du bouddhisme et de l'Occident. Je me suis posé la question de savoir si l'on pouvait faire remonter l'histoire de cette rencontre jusqu'aux Grecs. Les rares auteurs qui se sont attachés à une telle entreprise [1] ont ainsi été tentés d'établir une continuité d'Alexandre le Grand à Schopenhauer et à Alexandra David-Neel, comme si le bouddhisme avait été découvert progressivement, de manière linéaire et cumulative. Depuis l'Antiquité, certes, des contacts ont eu lieu entre les disciples asiatiques du Bouddha et l'Europe. Certains Grecs, qui suivirent Alexandre dans ses conquêtes orientales, rencontrèrent très probablement des moines bouddhistes. On sait que le célèbre empereur indien Ashoka envoya des missionnaires bouddhistes dans le bassin méditerranéen au IIIe siècle avant Jésus-Christ. On trouve quelques mentions du Bouddha chez des penseurs chrétiens de l'Antiquité tardive. De même, au Moyen Âge, des émissaires religieux ou des commerçants, tel Marco Polo, rendirent compte de la « haute vertu » des moines tibétains ou cinghalais. À la Renaissance, des missionnaires de plus en plus nombreux s'intéressèrent aux diverses formes asiatiques du bouddhisme, le plus souvent pour les dénoncer comme « une abominable religion

1. Sur une période historique aussi longue, les deux seuls sont Henri de Lubac, *La Rencontre du bouddhisme et de l'Occident*, Aubier, coll. « Théologies », 1952, et Stephen Batchelor, *The Awaking of the West*, Harper Collins, Londres, 1992. L'ouvrage du père de Lubac est remarquable d'érudition et irremplaçable concernant la période missionnaire, mais comporte plusieurs défauts majeurs. Il est tout d'abord très discret sur la réception philosophique et ésotérique du bouddhisme au XIXe siècle et met surtout l'accent sur les controverses religieuses. Étant ensuite antérieur à la grande vague bouddhiste des années 60-70, il est évidemment muet sur la période contemporaine. Enfin, l'auteur, jésuite, reste trop souvent tributaire de ses convictions chrétiennes qui influencent sa perspective comme le choix de ses sources. L'ouvrage de Stephen Batchelor, très bien informé pour la période contemporaine, pèche surtout par manque d'objectivité, l'auteur étant très engagé quant à lui dans le bouddhisme. Sa perspective apologétique, présente jusque dans le titre de l'ouvrage (*L'Éveil de l'Occident*), fausse la distance nécessaire à l'étude de son objet.

athée et pervertie ». Tous ces contacts si espacés à travers le temps et la diversité des lieux – sur lesquels nous reviendrons longuement dans la première partie de cette étude – constituent-ils les premiers jalons d'une véritable « rencontre » ? Je répondrai par la négative pour deux raisons.

L'idée même qu'il puisse exister une relation entre l'extrême diversité des cultes bouddhistes chinois, japonais, tibétain, cinghalais, birman, etc., n'a commencé à cheminer qu'à partir du milieu du XVIIe siècle. Quant au concept et au mot même de « bouddhisme », ils ne sont apparus que vers la fin de la deuxième décennie du XIXe siècle. C'est seulement à ce moment-là que le bouddhisme a été « découvert », à travers ses textes et la vie de son fondateur, comme une grande tradition aux formes locales multiples. Certes, Marco Polo avait déjà décrit de manière assez précise certains aspects de la vie du Bouddha, et des missionnaires érudits avaient traduit dès le XVIIe siècle quelques textes du bouddhisme tibétain. Mais ces précieuses informations sont restées sans suite. Elles ont été totalement ignorées ou oubliées des missionnaires, des érudits, des voyageurs ultérieurs qui reconsidérèrent la terre bouddhiste comme *terra incognita.*

Autrement dit – et c'est la deuxième raison pour laquelle le terme de « rencontre » me semble impropre –, il n'existe pas de continuité entre les différentes découvertes individuelles du bouddhisme au long des siècles. Les voyageurs du Moyen Âge ignoraient tout des contacts de l'Antiquité, de même que les missionnaires de la Renaissance ignoraient tout des contacts médiévaux.

Cette ignorance de l'unité et de la doctrine du bouddhisme, comme cette profonde discontinuité historique constituent deux raisons suffisantes pour refuser d'utiliser les termes de « rencontre historique », concept auquel nous pouvons appliquer deux critères : celui d'une identification claire de l'objet fondée sur une étude savante ; celui de la transmission sociale d'une découverte individuelle donnant ainsi naissance à une mémoire collective. Ces deux critères ne seront pas réunis avant le XIXe siècle. C'est pourquoi la rencontre du bouddhisme et de l'Occident est, *stricto sensu*, fort récente.

Je rejoins donc pleinement sur ce point la critique de Philip Almond [1] et de Roger-Pol Droit selon laquelle toute présentation uniforme de cette rencontre des Grecs à nos jours est une fiction : « On a tort de disposer des jalons, repères ou étapes comme s'il existait une seule et même connaissance progressant vaille que vaille de l'Antiquité à nos jours, écrit l'auteur du *Culte du néant*. Ce n'est pas un savoir identique qui subit, selon les auteurs et les aléas de l'histoire, toutes les variations du vide au plein, de rien à tout, de zéro à un. Au lieu de croire à un continuum, il faut savoir où se placent les ruptures. Au lieu de la plage lisse où sont censés venir se poser côte à côte, en dépit de leurs disparités, les gnostiques et les voyageurs médiévaux, les explorateurs et les missionnaires de l'âge classique, les compilateurs des Lumières, les érudits à col dur des sociétés savantes de l'époque industrielle, il est nécessaire de concevoir des registres distincts [2]. »

À défaut de savoir cohérent et de continuité, faut-il renoncer pour autant à faire remonter aux Grecs cette étude historique ? Une telle entreprise semble envisageable, à condition de soigneusement distinguer la période moderne, marquée par la découverte savante et institutionnelle, des périodes antérieures, profondément fragmentées, et de s'attacher à souligner, pour les périodes reculées, les ruptures, les registres distincts, les différentes filières. Cette précaution méthodologique posée, on peut encore se demander quelle peut être l'utilité, puisqu'il y a discontinuité, de remonter jusqu'aux Grecs dans le cadre de cette étude qui a pour principal objectif de comprendre des représentations contemporaines du bouddhisme. Ne suffit-il pas de considérer uniquement le XIXe siècle, où est né l'imaginaire

1. Philip Almond, *The British Discovery of Buddhism*, Cambridge University Press, 1988, pp. 7-8.

2. Roger-Pol Droit, *Le Culte du néant*, *op. cit.*, p. 23.

moderne à l'égard de la religion du Bouddha, et le XXe siècle, où cet imaginaire s'est développé et enrichi d'une rencontre nouvelle avec des maîtres asiatiques et de la transmission d'une expérience spirituelle ?

Il m'a néanmoins semblé intéressant de considérer à travers des époques reculées comment des Européens – des aventuriers, des religieux érudits, des commerçants, des intellectuels, des missionnaires – se sont représentés ce qu'ils découvraient partiellement du bouddhisme – sans jamais conceptualiser la chose –, et comment ces représentations ne sont pas sans rapport avec celles des modernes. Autrement dit, j'ai été frappé de constater que, malgré une discontinuité dans la découverte du bouddhisme par les Européens, ceux-ci ont souvent interprété et perçu de la même manière – le plus souvent déformante – tel ou tel de ses traits. Le mythe d'un Tibet magique, par exemple, est tout aussi fort chez un voyageur-commerçant comme Marco Polo, au XIVe siècle, que chez un missionnaire catholique comme Andrade au XVIIe siècle, chez un occultiste comme Sinnet à la fin du XIXe siècle, un auteur de bandes dessinées comme Hergé au XXe siècle. Certes, on peut remonter d'Hergé à Sinnet par le biais de la filière ésotérique, mais comment expliquer, puisqu'il n'y a pas continuité historique, les similitudes de représentation entre Hergé et Marco Polo ? Pourquoi cette similitude d'interprétation de la réalité, cette manière de la regarder sous un même angle déformant ? Y a-t-il une autre explication qu'une certaine permanence, à travers les siècles, du regard occidental ? De fait, un Occidental du XXe siècle mal informé se représentera le bouddhisme tibétain à peu près avec les mêmes lunettes culturelles qu'un Occidental du Moyen Âge ou de la Renaissance. Mettre au jour, lorsqu'elle apparaît clairement, la permanence de ce regard m'a semblé d'autant plus passionnant qu'on peut en tirer deux enseignements très simples : tout d'abord, au-delà de la diversité des lieux et des époques, il existe une unité du regard européen, regard forgé par une culture commune, un imaginaire et une structure mentale similaires. Ensuite, les Occidentaux – mais il en va sans doute de même des Orientaux dans l'autre sens – ont systématiquement tendance à ramener l'inconnu au connu et à interpréter ce qu'ils découvrent d'étrange dans une aire culturelle différente selon leurs propres catégories mentales, religieuses, culturelles. Bref, à travers tous ces contacts et ces découvertes fragmentées du bouddhisme au fil des siècles, nous assistons à un jeu de miroir incessant, le bouddhisme servant de prétexte aux Européens pour mieux se regarder et se comprendre eux-mêmes afin de mieux régler leurs propres comptes, de s'inquiéter ou de s'exalter sur leur propre destin. Certes, à mesure que les découvertes se précisent et que la rencontre se noue, prisme déformant et jeu de miroirs se révèlent moins puissants. Mais, les ayant observés sur la longue durée, nous saurons d'autant mieux les voir à l'œuvre dans la période contemporaine où ils sont loin d'avoir disparu.

Étude des « représentations » du bouddhisme

Cet ouvrage ne concerne donc pas le bouddhisme asiatique en tant que tel, mais ses représentations – passés et présentes – en Occident. Par « représentations », j'entends non seulement la manière générale dont les Occidentaux imaginent et perçoivent le bouddhisme, mais aussi, de façon plus spécifique, les discours qu'ils élaborent pour légitimer leur adhésion ou leur rejet des enseignements de Shâkyamuni*. Au fil des siècles, et selon les préoccupations et les idéologies des Occidentaux qui le découvrent, le bouddhisme est ainsi perçu comme un christianisme dégénéré, un nihilisme désespérant, un catholicisme d'Orient, un rationalisme, une mystique athée, une religion superstitieuse, une philosophie, une sagesse ésotérique, un humanisme moderne, une sagesse laïque, etc. Aujourd'hui, bien qu'il soit bien mieux connu par les études savantes, nous verrons que la plupart des Occidentaux continuent de se façonner leur propre image du bouddhisme en fonction de leur itinéraire religieux, de leur formation intellectuelle, de leurs convictions politiques, de leurs attentes spirituelles, etc. Bref, chacun voit Bouddha à sa porte. Le bouddhisme que nous analyserons ici est donc un bouddhisme « interprété » : celui imaginé, conçu, attaqué ou défendu, assimilé, digéré, transformé, réinventé par les Occidentaux d'hier et d'aujourd'hui.

Certes, ce bouddhisme « interprété » fait sans cesse référence à un bouddhisme « authentique » face auquel il réagit ou dans lequel il tente de s'inscrire. Mais la définition même de ce bouddhisme « authentique » est extrêmement problématique. La vie et les enseignements essentiels du Bouddha sont en effet connus par des traditions tardives (les textes les plus anciens en notre possession ont été rédigés plusieurs siècles après la mort de Siddharta Gautama*) et sont interprétés de manière fort diverse selon les aires culturelles dans lesquelles le bouddhisme s'est répandu au fil des temps. La question du bouddhisme « authentique », qui a hanté les intellectuels au XIXe siècle, est probablement sans issue : s'agit-il du bouddhisme le plus ancien, celui de Ceylan et des pays du Sud-Est asiatique, connu sous le nom de Theravâda* ? Ou bien de celui, plus tardif, des pays du nord de l'Asie, lesquels, convaincus d'avoir redécouvert les enseignements les plus profonds du Bouddha – concernant notamment l'universalité du salut, les moyens d'atteindre à la libération et l'importance accordée à la compassion –, se sont apposé le qualificatif de « Grand Véhicule » (Mahâyâna*) et ont accolé au bouddhisme du Sud l'étiquette péjorative de « Petit Véhicule » (Hinayâna*) ? Et, au sein même des nombreux pays bouddhistes du Grand Véhicule, faut-il préférer l'interprétation du Chan chinois, celle du Zen * japonais, ou encore celle des Tibétains, qui sont les héritiers du tantrisme indien, que l'on peut qualifier de troisième « Véhicule » : le Véhicule de Diamant (Vajrayâna*) ?

La discussion sur un bouddhisme « authentique » est rendue encore plus difficile par la nature même du bouddhisme : à l'inverse d'une religion qui prétend s'appuyer sur une révélation divine – à la manière du judaïsme, du christianisme et de l'islam – et qui possède une institution gardienne de l'orthodoxie du dogme, le message du Bouddha affiche certes quelques vérités fondamentales, mais il fait appel à l'expérience et à la raison individuelles comme validation de la croyance. Autrement dit, chaque disciple du Bouddha est théoriquement libre de se réapproprier et de reformuler à sa manière ses enseignements. Cela signifie-t-il pour autant qu'il n'existe dans le bouddhisme aucune vérité substantielle ? Que toute doctrine n'est qu'interprétation et qu'en fin de compte toutes les interprétations se valent, faute de critères objectifs de discernement ? Qu'en ce sens les interprétations occidentales modernes, y compris celles qui semblent parfois totalement erronées aux Orientaux, n'auraient pas moins d'authenticité que les interprétations issues d'un univers asiatique traditionnel ? Cette position extrême, qui a sa cohérence, me semble insoutenable. Elle ferait fi, en effet, d'un aspect essentiel de l'analyse historique et anthropologique des traditions religieuses, qui montre que la cohérence d'une religion ne tient pas tant à sa pureté doctrinale originelle (presque toujours perdue et réinterprétée) qu'au consensus qui s'établit au sein d'une communauté de croyants autour de symboles, de pratiques et de croyances fondamentales.

L'exemple du christianisme est à cet égard très parlant. Depuis les études historico-critiques du siècle dernier, on sait que le « christianisme originel et authentique » n'existe que dans la conception de certaines communautés de chrétiens et que les sources chrétiennes les plus lointaines (les Épîtres, les Évangiles) constituent déjà des interprétations de communautés croyantes. On n'en considère pas moins le christianisme comme un tout symbolique cohérent – certes, sujet à maints interprétations et bricolages individuels ou collectifs, comme deux mille ans d'histoire l'ont montré – rassemblant autour de certains enseignements et symboles fondamentaux des communautés de croyants qui se reconnaissent, malgré leur diversité, comme faisant partie d'une même famille religieuse.

Il en va de même pour le bouddhisme. À travers l'espace et le temps, les diverses communautés bouddhistes se reconnaissent entre elles autour de quelques principes, pratiques et enseignements fondamentaux. Compte tenu de la nature du message bouddhique, ce moyen est extrêmement réduit, ce qui est facteur de souplesse et d'adaptabilité. Ce substrat fondamental ne constitue pas pour autant le bouddhisme « authentique », mais en lui se condensent les traits essentiels et l'on peut dire *traditionnels* (puisque conservés comme tels depuis vingt-cinq siècles par presque toutes les communautés de bouddhistes à travers l'Asie) du message de Gautama*. C'est ce substrat qui lui confère son visage propre au sein des divers courants philosophiques et religieux de l'humanité.

S'il est clairement établi que nous parlerons ici du bouddhisme tel que les Occidentaux se le représentent, il sera parfois nécessaire, au cours de cette étude, de faire référence aux fondements du bouddhisme, à ce substrat traditionnel, pour établir notamment la différence entre une adaptation culturelle du bouddhisme à l'Occident et un syncrétisme, ou pour souligner certaines interprétations particulièrement erronées qui traduisent les incompréhensions culturelles entre le monde oriental et le monde occidental.

Étapes de la rencontre

Il m'est progressivement apparu que le bouddhisme s'était « infiltré » en Occident, à partir du début du XIXe siècle, par vagues successives, à des moments précis qui correspondaient d'une part à une forte avancée de la modernité technico-scientifique et du processus de sécularisation, d'autre part à un réveil religieux ou à un retour de la pensée magique multiforme, en réaction justement à cette poussée moderniste. Ainsi le bouddhisme a-t-il véritablement pénétré pour la première fois en Occident au cours de la première moitié du XIXe siècle à la faveur de la « Renaissance orientale » mise en œuvre par les romantiques contre l'idéologie des Lumières et la progression du matérialisme. Pendant plusieurs décennies, on va alors traduire et publier l'essentiel du canon bouddhiste ancien et quelques grands traités du Mahâyâna, et cette doctrine, dont on ne sait pas très bien s'il s'agit d'une philosophie ou d'une religion, va susciter maintes interprétations, polémiques et controverses qui dépassent largement le cadre strict des études savantes. Puis, après cette effervescence passionnée, le bouddhisme cesse d'intéresser les philosophes qui n'y voient qu'un nihilisme et un terrible culte du néant.

Mais l'engouement renaît, au cours du dernier tiers du XIXe siècle, parmi un plus large public, sensible à la figure romantique du Bouddha et attiré par le mythe du Tibet, fortement relancé par la Société Théosophique qui cherche dans la construction d'un « bouddhisme ésotérique » une troisième voie entre science matérialiste et religion dogmatique. Pour la première fois, des Occidentaux se convertissent au *dharma**, dont ils soulignent le « modernisme ». Le bouddhisme s'est ainsi enraciné dans l'imaginaire collectif des Occidentaux, vers la fin du XIXe siècle, par l'entremise de courants ésotériques surgis face au scientisme et au rationalisme dominants.

Il a ensuite véritablement pris place dans le paysage religieux occidental à partir des années 60, dans la foulée du mouvement de la « contre-culture », qui entendait protester contre la culture techniciste, utilitariste et mercantile dominante. Il s'agit ici non plus seulement d'un intérêt intellectuel ou ésotérique, mais aussi et surtout d'une découverte existentielle et spirituelle impliquant également le corps. Le bouddhisme intéresse surtout alors les Occidentaux en tant qu'il offre des pratiques psycho-spirituelles sous la conduite d'un maître expérimenté. On assiste ainsi, en l'espace de deux décennies, à la fondation de nombreux centres de méditation et de monastères destinés aux Occidentaux, à la traduction de textes liturgiques et initiatiques, à la formation d'une sorte de « clergé » bouddhiste occidental.

Dans un climat de recherche de nouveaux repères éthiques, après l'effondrement du communisme et la prise de conscience des menaces que les progrès technologiques faisaient dorénavant peser sur la planète, le bouddhisme s'est enfin démocratisé auprès d'un large public comme une sagesse laïque aux valeurs universelles. On peut sans doute dater ce quatrième moment clef de la « rencontre » du début des années 90, avec une forte médiatisation liée à la personnalité du dalaï-lama et la vulgarisation, auprès d'un large public, des thèmes essentiels du bouddhisme, principalement ses valeurs de tolérance, de responsabilité et de non-violence.

Ici aussi, nous serons donc très attentif à comprendre comment et pourquoi le bouddhisme parvient à s'engouffrer dans chaque brèche utopique, religieuse, éthique, ouverte en réaction à l'implacable avancée de la modernité et de ses composantes technico-scientifiques.

« La rencontre du bouddhisme et de l'Occident constitue l'événement le plus significatif du XXe siècle », affirmait de manière surprenante l'historien Arnold Toynbee. Nous verrons en effet, au terme de cet ouvrage, comment la rencontre du bouddhisme et de l'Occident, une fois les nombreux malentendus dissipés, peut dessiner le visage d'une nouvelle civilisation planétaire fondée sur la réconciliation des traits typiques de l'Orient et de l'Occident. Le succès actuel du bouddhisme semble en effet répondre à trois grands « refoulements » de l'Occident depuis la Renaissance et l'avènement du monde moderne : refoulement de l'imaginaire et de la part irrationnelle de l'esprit humain ; refoulement de la

1

La Grèce, l'Inde et le bouddhisme

Le bouddhisme a-t-il pénétré l'Occident durant l'Antiquité ? Si tel est le cas, a-t-il eu une influence sur la pensée juive, grecque ou chrétienne ? Ces questions sont actuellement très discutées dans les milieux bouddhistes occidentaux.

Rappelons tout d'abord que l'unité politique réalisée par l'Empire perse, poursuivie par celui d'Alexandre, puis par l'Empire romain, a favorisé pendant de nombreux siècles les échanges entre l'Orient et l'Occident, plus précisément entre l'Inde et la Grèce. En effet, en 546 av. J.-C., alors que le futur Bouddha avait une dizaine d'années, l'empereur perse Cyrus le Grand conquiert les cités grecques d'Asie Mineure et des territoires indiens de l'Indus, parachevant ainsi l'édification d'un immense empire qui s'étend de l'Égypte à l'Inde. Grâce aux excellentes routes et aux nombreux relais disposés par les Perses tout au long de ce territoire, le Bouddha aurait ainsi pu rendre visite à cheval à son contemporain grec Pythagore en moins de trois semaines (alors qu'un tel périple serait à l'heure actuelle rendu presque impossible par l'instabilité ou la fermeture politique de la plupart des pays tampons situés entre la Grèce et l'Inde !). Hegel soulignera ainsi à juste titre que, du fait de cette unité politique nouvelle, « ce sont les Perses qui constituent la transition de l'Orient à l'Occident [1] ».

1. Friedrich Hegel, *La Raison dans l'histoire. Introduction à la philosophie de l'histoire*, Plon, 1965, p. 285.

Deux siècles plus tard, en 331 av. J.-C., le jeune roi macédonien Alexandre vainquit Darius III et s'empara de l'Empire perse. Encore plus avide de territoires que les rois perses, il poursuit sa conquête vers l'Est, franchit l'Indus et fonce de victoire en victoire vers le Gange. Contraint par ses généraux à rebrousser chemin, il laisse à sa mort un empire politiquement tout aussi stable que celui de Cyrus. C'est le début de ce qu'on appelle la période hellénistique, où la culture grecque s'étend à travers ce vaste empire et où la langue d'Homère sert d'idiome commun à une multitude de peuples, de la vallée du Nil aux provinces du nord-est de l'Inde. Deux siècles plus tard, l'Empire romain reprendra ces territoires et maintiendra pour encore plusieurs siècles une unité politique qui favorise les échanges de toutes sortes.

Jean Filliozat a parfaitement montré que, durant l'Antiquité, les lignes de communication nombreuses et fréquentées assuraient des échanges commerciaux importants et constants entre l'Orient et l'Occident ; il a souligné en outre que « l'Occident importait plus qu'il n'exportait [1] ». Or il importait non seulement des marchandises, mais aussi des idées. L'influence intellectuelle de l'Inde sur la Grèce, puis sur Rome, pour difficile qu'elle puisse concrètement être mesurée, n'en demeure pas moins indiscutable. Du pythagorisme primitif aux nombreux cultes orientaux de l'Empire romain en passant par Platon et les stoïciens, les traces de l'Inde dans la pensée et la religion gréco-romaines ne sont pas rares. La croyance en la métempsycose en est sans doute l'une des plus manifestes. Plusieurs écrits, d'époques différentes, font état d'une certaine connaissance de l'Inde et de sa religion. S'inspirant probablement de Scylax et d'Hécatée de Milet (VIe siècle av. J.-C.), l'historien grec Hérodote décrit de manière colorée la flore, la faune et les coutumes indiennes dans sa *Notice sur l'Inde* publiée vers

1. Jean Filliozat, « Les échanges de l'Inde et de l'Empire romain aux premiers siècles de l'ère chrétienne », in *Revue historique*, janvier-mars 1949.

420 av. J.-C. À sa suite, Ctésias de Cnide (début du IVe siècle) met l'accent dans ses descriptions sur le caractère « merveilleux » de l'Inde, tandis que Plutarque, dans sa *Vie d'Alexandre,* et Mégastène (qui publie ses *Indica* en 291 av. J.-C.) mettent en scène de manière pittoresque les « gymnosophistes », ces philosophes nus de l'Inde qui firent sensation à la cour d'Alexandre. Chargé de plusieurs ambassades, Mégastène passe près de cinq années en Inde au carrefour du IVe et du IIIe siècle. Il nous rapporte comment les messagers d'Alexandre, le « fils de Zeus », venus demander de manière menaçante au philosophe hindou Mandanis de les suivre, reçurent cette réponse qui suscita finalement l'admiration du grand roi : « Alexandre, qui ne règne que sur une toute petite partie de la Terre, n'est pas le fils de Zeus ; le sage ne veut pas de ses cadeaux et ne craint pas ses menaces. Tant qu'il est en vie, l'Inde est pour lui une nourrice qui suffit à ses besoins ; s'il meurt, délivré d'un corps usé par la vieillesse, il gagnera en échange une vie meilleure et plus pure [1]. »

Influence ou ressemblance ?

Si la connaissance par les Grecs de certaines doctrines indiennes est indiscutable, si l'influence de ces doctrines sur le développement de la philosophie est très probable, qu'en est-il du bouddhisme ? La question est plus complexe et suscite depuis cent cinquante ans – depuis, en fait, que le bouddhisme est connu en Occident – des polémiques entre la communauté des historiens, qui récuse toute influence du bouddhisme sur la pensée grecque ou chrétienne, et un certain nombre d'auteurs très divers, convaincus du contraire.

1. F. Jacoby, *Die Fragmente der griechischen Historike*, III, C2, Brill, Leyde, 1958, p. 603. Cité également par Strabon, in *Géographie*, XV, 1, 68.

On possède plusieurs traces historiques qui attestent de la symbiose, durant la période hellénistique, des cultures grecque et bouddhiste en Orient, tout particulièrement dans la province du Gandhâra, une région d'Asie centrale qui fut longtemps sous l'autorité des Séleucides. Les travaux d'Alfred Foucher sur l'art gréco-bouddhiste au Gandhâra[1] montrent une extraordinaire interpénétration des cultures grecque et bouddhique, visible dans ces sculptures de Bouddha au faciès grec ou dans ces statues d'Apollon aux allures bienheureuses de l'Éveillé. Un texte célèbre du bouddhisme, *Les Questions de Milinda* (*Milindapanhas*), dont l'authenticité et l'ancienneté ne souffrent aucun doute, même s'il ne fait pas partie du canon officiel, met en scène un dialogue entre un sage bouddhiste, Nâgasena, et un roi grec, Milinda. Autant Nâgasena n'a laissé aucune trace historique de son existence, autant l'on possède de nombreux témoignages sur celle de Milinda, indianisation de Ménandre. Sixième successeur de Démétrios, qui fonda le royaume indo-grec en 175 av. J.-C., Ménandre régna vers la fin du IIe siècle av. J.-C. sur un vaste territoire qui s'étendait du Pendjab à la région de Kaboul en passant par le Gandhâra. Plusieurs auteurs grecs (Strabon, Plutarque) nous parlent de son règne, et de nombreuses monnaies nous ont laissé son effigie. Probablement converti au bouddhisme (encore qu'on n'ait aucune certitude à ce sujet), sa réputation d'équité fut telle que de nombreuses villes, selon Plutarque, se disputèrent à sa mort ses cendres et élevèrent des monuments à sa mémoire. Écrites en pali, *Les Questions de Milinda* abordent les principaux thèmes philosophiques du bouddhisme du Petit Véhicule : l'impermanence, l'inexistence de l'âme comme principe substantiel, la transmigration, le karma, le *samsâra**, le nirvana, etc. La forme du dialogue entre le roi grec qui interroge avec curiosité et le sage bouddhiste qui répond avec force de conviction est très

1. Alfred Foucher, *L'Art gréco-bouddhiste du Gandhâra*, trois volumes, 1905-1922.

apologétique et révèle un certain souci de prosélytisme dans les communautés bouddhistes de cette époque. Selon Louis Finot, son traducteur français, ce texte étonnant « reste une exquise plante indienne qui a fleuri à l'heure où le soleil de l'Hellade éclairait de ses derniers rayons le sol généreux du Gandhâra [1] ».

Ces deux exemples parmi d'autres montrent la réalité des échanges gréco-bouddhistes, voire de l'influence du bouddhisme sur la culture grecque en Orient. Qu'en est-il maintenant de l'Occident ? Le message du Bouddha a-t-il dépassé les frontières du royaume du Gandhâra pour s'épanouir en Grèce, à Rome ou en Palestine ?

À en croire l'empereur indien Ashoka (milieu du IIIe siècle av. J.-C.), la doctrine du Bouddha aurait, par son entremise, pénétré l'Occident et y aurait fait de nombreux adeptes. Ashoka est le petit-fils du conquérant indien Tchandragoupta, fondateur de la dynastie des Mauryas, qui se tailla en Inde un vaste empire juste après la mort d'Alexandre. Issu d'une basse caste indienne, il se convertit au jaïnisme*, une secte réformatrice de l'hindouisme proche du bouddhisme, et épousa une princesse grecque. Élevé dans cette culture gréco-indienne, Ashoka acheva l'œuvre d'unification complète de l'Inde entreprise par son grand-père. Ce fut un conquérant particulièrement sanguinaire et sa conversion au bouddhisme, probablement vers 255 av. J.-C., laisse dubitatifs bien des historiens qui y voient le signe d'un calcul politique plutôt que l'adoption d'une nouvelle éthique de non violence. Toujours est-il qu'Ashoka se fit le grand promoteur de la doctrine du Bouddha. En 242 av. J.-C., il convoqua dans sa capitale de Patalipoutra un grand concile à l'issue duquel il mandata des missionnaires aux extrémités du monde connu pour y répandre le message de paix du Bouddha. De fait, l'empereur entretenait des relations diplo-

1. *Les Questions de Milinda*, présentation et traduction de Louis Finot, Dharma, 1983.

matiques avec de nombreux pays du bassin méditerranéen (Macédoine, Égypte, Syrie) et il lui était facile de dépêcher ses messagers dans ces lointaines contrées. Selon ses édits, gravés sur le roc jusqu'aux confins de son immense empire, il aurait fondé des communautés bouddhiques dans certains centres de l'hellénisme, comme Alexandrie, et répandu le *dharma* en Occident. Ainsi, le treizième édit annonce triomphalement : « Dans l'empire des Grecs, partout on se conforme à l'enseignement du *dharma* [1]. »

Les assertions du célèbre roi bouddhiste sont toutefois contredites par les faits, du moins tels que nous les connaissons. Le bouddhisme semble en effet presque totalement inconnu des auteurs de l'Antiquité, même les plus tardifs. Selon notre connaissance historique, le premier des Anciens à citer le nom du Bouddha est le théologien chrétien Clément d'Alexandrie [2]. « Parmi les Indiens, écrit-il vers 220 av. J.-C. dans ses *Stromates*, il en est qui suivent les préceptes d'un certain Boutta, que sa grande vertu leur fait honorer comme un dieu [3]. » C'est peu, très tardif, et cela contredit manifestement l'optimisme d'Ashoka sur le rayonnement du *dharma* en Occident. Signalons toutefois des études récentes qui établissent l'hypothèse d'une influence du monachisme bouddhiste sur les communautés juives esséniennes au cours du IIe siècle avant notre ère (renoncement au monde, célibat, pauvreté, obéissance, organisation de la vie communautaire [4]). De même l'historien juif Flavius Josèphe (Ier siècle de notre ère) rapporte la croyance des pharisiens en la réincarnation [1] qui

1. Jules Bloch, *Les Inscriptions d'Ashoka*, 1950, p. 131.

2. Ce qui tendrait à accréditer les affirmations d'Ashoka sur la présence de moines bouddhistes à Alexandrie.

3. Clément d'Alexandrie, *Stromates*, 1, chapitre XV.

4. A. Dupont-Sommer, « Essénisme et bouddhisme », in *Comptes rendus des séances de l'Académie des inscriptions et belles-lettres*, avril 1981, pp. 698-715. M. Philonenko, « Un écho de la prédication d'Ashoka dans l'Épître de Jacques », in *Ex Orbe religionum*, Studia Geo Widengren, I, 1972, pp. 254-265. Cités par Francis Smidt, « Entre juifs et grecs : le modèle indien », in *L'Inde et l'imaginaire*, EHESS, 1988, pp. 33-47.

pourrait avoir été inspirée des doctrines bouddhistes transmises par les envoyés d'Ashoka, notamment à Alexandrie, capitale intellectuelle du monde hellénistique et carrefour de la culture savante juive et grecque. Mais, actuellement encore, aucune trace historique fiable ne permet d'accréditer définitivement ces hypothèses.

Il faut, en fait, attendre les écrits manichéens du IIIe siècle de notre ère pour trouver le premier emprunt direct, conscient, fait par l'Occident au bouddhisme. Mani, d'origine babylonienne, se considérait comme le « sceau de la Prophétie » et tenta d'élaborer une nouvelle tradition spirituelle récapitulant les grandes religions de l'Antiquité. Il s'est rendu en Inde et accorde une place essentielle au Bouddha dans son système syncrétiste. « Les envoyés de Dieu n'ont cessé, d'âge en âge, d'apporter la sagesse et les œuvres, écrit-il. C'est ainsi que leur venue se manifesta, en un temps, sous la forme d'un messager qui fut le Bouddha dans la région des Indes ; puis, en un autre temps, sous la forme de Zarathoustra au pays de Perse ; en un autre temps, sous la forme de Jésus dans le pays de l'Ouest. Enfin cette révélation descendit et eut lieu dans la présente prophétie, en ce dernier âge, sous ma forme à moi, Mani, l'envoyé du vrai Dieu, au pays de Babel [2]. » Si les thèses manichéennes – dont certaines sont très éloignées de la perspective bouddhiste – ont connu durant plusieurs siècles une grande audience dans tout le bassin méditerranéen, elles ne semblent pas pour autant avoir attiré la curiosité des Occidentaux sur la personnalité du Bouddha ni sur son enseignement. On ne trouve guère qu'une allusion (erronée) sur sa naissance « miraculeuse » chez saint Jérôme au IVe siècle, et quelques rares mentions de son nom dans des formules d'anathèmes du magistère de l'Église contre les thèses manichéennes.

1. Flavius Josèphe, *La Guerre des juifs*, II, 163 ; III, 374, Minuit ; *Antiquités juives*, XVIII, 14.

2. Mani, *Shâpuhrakan*, traduction de A. et J.-P. Mahé, in *La Sagesse de Balahvar*, Gallimard, p. 29.

Même si nos connaissances historiques sont limitées du fait que la plupart des grands textes de l'Antiquité ont été perdus, il est clair que le bouddhisme a peu marqué les Européens d'alors qui en font à peine mention (contrairement au brahmanisme* qui est bien davantage cité). Comme le soulignait déjà le grand orientaliste Sylvain Levi à la fin du siècle dernier : « Malgré les relations ininterrompues du monde hellénique avec l'Inde, puis l'expédition d'Alexandre jusqu'aux derniers temps de l'Empire romain, la littérature grecque a presque ignoré l'existence du bouddhisme, ou du moins l'a fort mal connu[1]. » Même conviction chez de Lubac en 1952 : « Nous n'avons vraiment aucune preuve que l'évangile du Bouddha ait fait en ces temps reculés la moindre conquête dans le bassin méditerranéen[2]. » Jugement réaffirmé plus récemment par Jean Filliozat, l'un des meilleurs spécialistes de la question : « Le bouddhisme paraît être resté à peu près ignoré dans le monde gréco-antique [3]. »

À défaut de preuve tangible et de certitude, existe-t-il néanmoins un faisceau d'indices, une série de faits troublants qui permettraient de formuler raisonnablement l'hypothèse d'une influence du bouddhisme sur la pensée occidentale durant l'Antiquité ?

Depuis le milieu du XIXe siècle et jusqu'à nos jours, certains auteurs occidentaux affirment bel et bien que le message du Bouddha a influencé des pans entiers de la pensée antique. Ne pouvant apporter aucune preuve directe de cette influence, ils établissent une liste de ressemblances entre certains courants de pensée grecs (stoïcisme, néo-platonisme, gnosticisme) et le bouddhisme, et concluent que ce dernier est très probablement à l'origine des autres courants. En 1884, Renan écrivit par exemple : « Je suis de plus en plus

1. Sylvain Levi, « Le bouddhisme et les Grecs », in *Revue de l'histoire des religions*, 1891, t. XXIII, p. 36.

2. Henri de Lubac s.j., *op. cit.*, p. 12.

3. Jean Filliozat, « Les étapes des études bouddhiques », *in* René de Berval, *Présence du bouddhisme*, Gallimard, 1987, p. 371.

convaincu que le gnosticisme, surtout tel que Plotin nous le présente, le gnosticisme non chrétien est une émanation du bouddhisme[1]. » En 1902, l'historien anglais J. Kennedy développait une thèse similaire sur l'extraordinaire parenté entre les enseignements de Basilide, gnostique alexandrin du IIe siècle, et ceux du Bouddha[2]. Il existe en effet de très nombreuses similitudes entre le gnosticisme et le bouddhisme. À l'instar de ce dernier, la méthode gnostique est aussi celle d'une libération par la connaissance. C'est la raison pour laquelle la gnose chrétienne fut fortement combattue par les Pères de l'Église qui considéraient le message évangélique davantage comme une voie de libération par l'amour. Mais ces thèses restent très fragiles et, comme l'a fait remarquer Richard Welbon, « malheureusement, aucun historien du gnosticisme n'a été en même temps un spécialiste de la pensée bouddhiste[3] ».

On a aussi prétendu que le maître du théologien chrétien Origène et du philosophe Plotin – deux des plus grands génies de la fin de l'Antiquité –, un certain Ammonios Sakkas, a pu être un représentant de la communauté bouddhiste d'Alexandrie. Tout au long du XIXe siècle, on s'est également interrogé sur l'identité des fameux « sarmanes » (*sarmanai*), mentionnés en même temps que les brahmanes dans les textes grecs[4]. Certains développèrent la thèse selon laquelle il ne pouvait s'agir que de moines bouddhistes[5]. D'autres affirmèrent au contraire qu'il s'agissait des plus sages parmi les brahmanes[6]. Comme l'ont fait remarquer ces

1. Ernest Renan, *Nouvelles Études d'histoire religieuse*, 1884, p. 366.

2. J. Kennedy, « Buddhism, Gnosticism, the System of Basilide », in *The Journal of the Royal Asiatic Society*, 1902, pp. 377-415.

3. Guy Richard Welbon, *The Buddhist Nirvana and Its Western Interpreters*, *op. cit.*, p. 9.

4. Notamment chez Strabon, Clément et Mégasthène.

5. Peter von Bohlen, *Das Alte Indien, mit besonder Rücksicht auf Ägypten dargestellt*, Bornträger Königsberg, 1830. Jules Barthélemy Saint-Hilaire, *Du Bouddhisme*, Benjamin Duprat, 1855.

6. Christian Lassen, « De nominibus quibus a Veteribus appellantur Indorum philosphi », in *Rheinisches Museum*, vol. I, pp. 171-190, 1933. Voir l'article de Sylvain Levi consacré à la question : « Le bouddhisme et les Grecs », *Revue de l'histoire des religions*, *op. cit.*, pp. 36-49.

derniers, il n'est pas difficile de retrouver dans l'expression grecque *sarmanai* le terme sanscrit *sramana*, qui désigne les ascètes. Il peut donc aussi bien s'agir de renonçants hindous que de moines bouddhistes.

Faute d'éléments concrets à l'appui de la thèse de l'influence, les historiens ont délaissé cette piste, certes stimulante pour l'imagination, mais très fragile. Néanmoins, depuis la percée récente du bouddhisme en Occident et l'intérêt qu'il suscite, on assiste à un spectaculaire retour de la thèse de la ressemblance/ influence. Non pas au sein de la communauté universitaire, mais chez un certain nombre d'apologistes du bouddhisme, souvent issus de la mouvance bouddhiste occidentale, qui plaident avec ferveur – malheureusement sans beaucoup de précautions méthodologiques et de rigueur scientifique – en faveur d'une influence directe et même décisive du bouddhisme sur les pensées juive, grecque ou chrétienne. L'un des promoteurs du genre n'est autre que Daisaku Ikeda, le très prosélyte président de la Soka Gakkai* internationale. Ce dernier a souvent fait état de sa conviction que le bouddhisme était à l'origine de la civilisation occidentale et notamment du christianisme [1].

En 1982, Serge-Christophe Kolm, un écrivain bouddhiste éclectique, a consacré une longue étude comparative à la question [2]. Fin connaisseur du bouddhisme et du stoïcisme, il a dressé un inventaire impressionnant des ressemblances entre les deux courants de pensée. Pertinent dans sa démonstration, il dérape dans ses conclusions en affirmant – sans nuances et sans autre argument que la ressemblance et l'ancienneté du bouddhisme – l'évidente influence du bouddhisme sur le stoïcisme. Comme dans le cas de la ressemblance troublante de l'essénisme et du gnosticisme avec certains aspects du bouddhisme, on ne voit pas pour-

1. Voir notamment Daisaku Ikeda, *Buddhism, The First Millenium*, 1977.
2. Serge-Christophe Kolm, *Le Bonheur-liberté*, P.U.F., 1982.

quoi éliminer *a priori* l'hypothèse qui, en l'état actuel de nos connaissances, a le plus fort indice de probabilité : celle d'une élaboration, dans des aires culturelles différentes, de pensées et de pratiques qui présentent de nombreux traits communs non pas du fait d'une influence réciproque, mais tout simplement des similitudes de l'esprit humain. L'histoire nous a suffisamment montré la possibilité d'inventions çà et là de concepts similaires et néanmoins indépendants pour qu'on puisse renoncer à la thèse d'une ressemblance induisant nécessairement une influence.

Prenons par exemple les travaux de Karl Jaspers[1] qui s'est penché sur ce qu'il appelle la « période axiale » de l'humanité, ce moment extraordinaire, entre 550 et 500 av. J.-C., où l'on voit surgir simultanément Zoroastre en Perse, Lao Tseu et Confucius en Chine, le Bouddha et Mahavira (fondateur du jaïnisme) en Inde, Pythagore, Héraclite et Parménide en Grèce, la construction du second Temple et les prophètes Élie, Amos et Isaïe en Palestine. Les points communs entre ces grands penseurs qui vont donner un élan fantastique à la pensée humaine sont parfois étonnants. Pourquoi ont-ils surgi à la même époque ? Si cette question reste sans réponse, il est en revanche certain que leur doctrine s'est développée parallèlement, sans qu'il y ait eu entre eux contact direct ou influence.

Dans le cas qui nous occupe, l'hypothèse d'une influence du bouddhisme sur la pensée stoïcienne n'est pas à exclure, mais l'absence totale de traces historiques concluantes ferait davantage pencher, si tel était le cas, pour une influence très partielle et indirecte, ou tout simplement pour une étonnante convergence.

Mais Kolm ne s'arrête pas en si bon chemin. Rappelant à juste titre l'influence de la pensée stoïcienne sur la pensée paulinienne, sur les Pères de l'Église ainsi que sur certains philosophes de la Renaissance, il conclut à une influence

1. Karl Jaspers, *Vom Ursprung und Ziel der Geschichte*, Munich, 1945.

décisive du bouddhisme – *via* le stoïcisme – sur le christianisme et la modernité occidentale : « Regardons les deux bouts de cette chaîne : le Bouddha responsable des idées de liberté et de démocratie, de la science et du développement économique [1]. » Voilà qui ressemble plus à une vaste entreprise de récupération qu'à une démonstration scientifique !

Toujours est-il que Kolm a fait des émules. En 1992, Stephen Batchelor, l'un des premiers disciples et enseignants occidentaux du bouddhisme tibétain, publie en Grande-Bretagne une *Rencontre du bouddhisme et de la culture occidentale* dans laquelle il soutient également, sans aucun indice historique nouveau, la thèse de l'influence du bouddhisme sur le christianisme. Batchelor pense que le silence des premiers chrétiens sur leurs sources bouddhiques s'explique par la crainte de minimiser le caractère unique de la Révélation chrétienne [2]. Allant encore plus loin, Raphaël Liogier, un jeune chercheur de l'Observatoire du religieux d'Aix-en-Provence, vient de publier un essai au titre suggestif, *Jésus, Bouddha d'Occident.* En reprenant les termes mêmes de l'auteur, on peut ainsi résumer sa thèse : Jésus, qui a « hérité de la sagesse du Bouddha, son prédécesseur asiatique [3] » et sera reconnu à sa naissance par les rois mages comme « un avatar d'Amitâbha, le Bouddha de l'Ouest [4] », « diffusera la parole de Siddhârta [5] ». Mais ce « message encore parfumé de l'haleine de Siddhârta [6] » sera bien vite escamoté par l'Église romaine, « cette puissante Église peuplée de prêtres austères qui jetteront à la foule des dogmes intangibles sur le péché [7] ». Ainsi « le christianisme est un bouddhisme gréco-juif [8] », véritable « sol de notre moder-

1. Serge-Christophe Kolm, *Le Bonheur-liberté, op. cit.*, p. 395.
2. Stephen Batchelor, *The Awakening of the West, op. cit.*, ch. 3.
3. Raphaël Liogier, *Jésus, Bouddha d'Occident*, Calmann-Lévy, 1999, p. 18.
4. *Id., ibid.*, p. 231.
5. *Id., ibid.*, p. 169.
6. *Id., ibid.*, p. 233.
7. *Id., ibid.*, p. 233.
8. *Id., ibid.*, p. 110.

nité politique et sociale [1] ». Aujourd'hui, enfin, « surviennent les retrouvailles du bouddhisme et du christianisme, frères apparemment ennemis, sur fond de société en déréliction. L'un grand inquisiteur, moralisateur, fomenteur des plus troublantes guerres de pouvoir, et l'autre pluraliste, tolérant, pour ne pas dire anarchiste. Les retrouvailles sont naturelles : retour à l'essence, à l'aspiration cruciale. Retour à la voix qui clamait encore sa vérité au milieu des constants brouillages ecclésiastiques [2] ». L'ouvrage est passionnant et se lit comme un roman, mais toute cette construction ne repose scientifiquement sur rien. Ou, plutôt, sur rien d'autre qu'une liste connue de ressemblances et sur l'imagination fertile de l'auteur.

La thèse d'une filiation directe entre bouddhisme et christianisme s'inscrit en fait dans un courant littéraire foisonnant, surtout au sein des cercles ésotériques où les tentatives d'inventer un tel lien furent nombreuses dès que le bouddhisme fut mieux connu en Europe, soit vers le milieu du XIXe siècle. Notovitch, qui publia à Paris en 1834 une *Vie inconnue de Jésus-Christ*, est sans doute l'initiateur du genre. Il prétend avoir découvert un document indien prouvant que Jésus aurait été initié en Inde, entre douze et trente ans, par des brahmanes et des moines bouddhistes. Le livre connut un franc succès mais tomba vite dans l'oubli, son auteur n'ayant jamais pu fournir le fameux document. L'idée, toutefois, fit son chemin, notamment dans la littérature occultiste où les thèmes de l'influence du bouddhisme sur le christianisme et de l'initiation de Jésus en Inde sont devenus des lieux communs. Pour Raphaël Liogier, cette dernière hypothèse apparaît d'ailleurs inutile pour défendre sa thèse : « N'épiloguons donc pas sur l'éventuel périple oriental de Jésus. L'hypothèse, pour peu qu'elle fût plausible, se révèle inutile. L'enfant eût pu aussi bien grandir en Galilée et s'initier aux meilleurs crus de bouddhisme [3]. » Au

1. *Id., ibid.*, p. 257.
2. *Id., ibid.*, p. 254.
3. *Id., ibid.*, p. 193.

début du siècle, Annie Besant, la célèbre présidente de la Société Théosophique, défendait le même point de vue et affirmait que Jésus était entré à dix-neuf ans dans un mystérieux monastère juif où il s'était initié, grâce à une bibliothèque qui rassemblait tout le savoir de l'humanité, au bouddhisme et à l'occultisme.

Nous sommes en fait confrontés, depuis plus d'un siècle, à une tentative intellectuelle, de la part d'un certain nombre de bouddhistes occidentaux encore proches du christianisme, visant à « sauver » du catholicisme le meilleur du message chrétien en le convertissant au bouddhisme. Ce peut être un respectable et salutaire chemin de réconciliation intérieure pour des individus déchirés entre deux cultures, deux chemins spirituels, mais certainement pas une thèse historique recevable en l'état actuel de nos connaissances. Résumant le point de vue de la communauté scientifique, le savant Alfred Foucher, pourtant fort porté au comparatisme, et qui a longuement exploré toutes les ressemblances entre bouddhisme et christianisme, en arrivait à la conclusion que « même dans les occasions qui paraissent se prêter le mieux à un rapprochement entre le christianisme et le bouddhisme, nous ne pouvons que constater l'indépendance de leurs traditions [1] ».

Le pays de l'arbre de Fusang

Dans le domaine des hypothèses les plus étranges, mais non dénuées de fondement, disons quelques mots d'une étonnante théorie, née au XVIIIe siècle, selon laquelle la plus ancienne influence du bouddhisme hors de l'Asie remonterait au Ve siècle et ne concernerait pas l'Europe… mais les États-Unis et le Mexique !

En 1761, le sinologue français Joseph de Guignes pro-

1. Alfred Foucher, *La Vie du Bouddha d'après les textes et les monuments de l'Inde*, 1949, p. 65.

voque un vif émoi chez ses collègues de l'Académie des inscriptions et belles-lettres en publiant un article dans lequel il affirme qu'au milieu du Vᵉ siècle six moines bouddhistes chinois se seraient rendus jusqu'au Mexique, à pied et en bateau, *via* l'Alaska et la côte ouest des États-Unis [1]. Le savant français appuie ses dires sur un document daté de 499 apr. J.-C., découvert dans les Archives impériales chinoises, qui fait état de la relation à l'empereur, en 458, de cette extraordinaire odyssée par l'un des six moines, nommé Hui Shan. Ce dernier décrit longuement leur voyage et désigne l'ultime pays visité par le mot *Fusang*, un arbre très répandu là-bas et dont les feuilles ressembleraient à celles du chêne. Recalculant les distances, les directions, les paysages et les habitants décrits par les moines bouddhistes, de Guignes en arrive à la conclusion que le pays de Fusang correspond à la région de l'actuelle Mexico. Depuis plus de deux siècles, cette thèse, *a priori* extravagante, suscite maintes controverses et publications dans les milieux orientalistes d'outre-Atlantique. Les adversaires de De Guignes soulignent que, outre la difficulté d'un tel périple effectué dans les deux sens, on ne possède aucune preuve matérielle de cette première découverte du Nouveau Monde, toute l'hypothèse de De Guignes reposant sur la foi en un document qui offre, certes, de nombreuses garanties d'authenticité, mais dont le contenu peut fort bien être le fruit de l'imagination d'un moine du Vᵉ siècle.

Les partisans de De Guines ne manquent pas, quant à eux, d'arguments, même s'ils n'ont apporté à ce jour aucune preuve décisive. En 1885, Edward Payson Vining, qui publie pour la première fois l'intégralité du fameux document avec une traduction très précise [2], identifie le fameux « arbre de Fusang » comme une plante native de Mexico et suggère

1. Joseph de Guignes, « Recherches sur les navigations des Chinois du côté de l'Amérique », in *Mémoires de l'Académie des inscriptions et belles-lettres*, t. XVII, 1761.

2. Edward Payson Vining, *An Inglorious Columbus*, 1885.

que le nom de Guatemala pourrait provenir de Gautama (nom du Bouddha) et de *mala** (rosaire bouddhiste), comme celui du peuple maya tirer son origine de la reine Maya, la mère du Bouddha. En 1953, Gordon Ekholm relève pour sa part de nombreuses similitudes entre l'art bouddhiste et l'art mexicain classique tout en démontrant que ce dernier s'est développé au ve siècle, ce qui pourrait accréditer le récit des moines chinois. Mais, surtout, en 1972, Henriette Mertz retrace, à partir du document original, et de manière très plausible, le parcours qu'auraient effectué Hui Shan et ses compagnons [1]. Elle identifie tout au long de cette route, sur la côte ouest des États-Unis et au Mexique, de nombreux noms dont l'étymologie pourrait dériver de termes bouddhistes ou commençant par le préfixe *Hui**. Elle s'est aussi longuement penchée sur le cas des Indiens Huichol qui présentent, outre leur nom, plusieurs autres indices d'un possible passage des moines chinois : ils vivent près d'un volcan qui correspond très précisément à la « montagne fumante » décrite par Hui Shan ; ils dessinent des bijoux sacrés présentant des symboles bouddhistes qu'ils nomment *Sakai-mona* (le nom du Bouddha est Shâkyamuni) et ressemblent tant, par bien des traits, à des Chinois que les Mexicains les ont surnommés depuis le début du siècle *the Chinese.*

Bien que l'incroyable thèse de De Guignes reste encore très fragile, elle ne cesse néanmoins, au fil des ans, de trouver de nouveaux partisans sérieux. Christophe Colomb aurait-il eu un lointain prédécesseur bouddhiste ?

1. Henriette Mertz, *Pale Ink. Two Ancients Records of Chinese Exploration in America*, Swallow Press, 1972.

L'Inde dans l'imaginaire des Anciens

Faute de preuves décisives, nous ne pouvons que conjecturer à propos d'une influence quelconque du bouddhisme sur la pensée occidentale durant l'Antiquité. Ce qui est, en revanche, certain, c'est que les Occidentaux n'ont conservé aucune mémoire de ce qui aurait pu être – de ce qui a peut-être été – une première rencontre avec le Bouddha et sa doctrine. Comme nous allons le voir dans le chapitre suivant, l'imaginaire occidental sur le bouddhisme va naître timidement et partiellement au Moyen Âge. Muette sur le bouddhisme, l'Antiquité transmettra néanmoins à l'Europe une certaine image de l'Inde qui ne cessera de travailler l'imaginaire des Occidentaux, et cela presque jusqu'à nos jours, malgré les découvertes progressives de l'Inde réelle. «Je risque l'hypothèse que l'Inde n'a jamais été découverte ni inventée, mais qu'elle a été construite, fabriquée par le processus même de la mémorisation de stéréotypes archaïques issus des perceptions grecques du monde indien, écrit Catherine Weinberger-Thomas. À partir d'Hérodote, et plus encore de Ctésias, se constituent des corpus de savoirs oniriques dont la transmission franchit, sans accidents majeurs, les grands seuils de l'exploration moderne du monde indien. Tout se passe comme si l'observation directe des faits indigéniques que favorise l'ouverture de la route maritime du Tage au Gange à la fin du XVe siècle, et l'accès aux grands textes de la civilisation indienne grâce à la renaissance de l'orientalisme, trois siècles plus tard, n'avaient pas modifié sensiblement l'image de l'Inde léguée par les Anciens [1].»

Or, cet imaginaire que nous lègue l'Antiquité est marqué d'une part du sceau du merveilleux (dont Catherine Wein-

1. Catherine Weinberger-Thomas, «Les yeux fertiles de la mémoire. Exotisme indien et représentations occidentales», in *L'Inde et l'imaginaire, op. cit.*, pp. 9-31.

berger-Thomas retient surtout le thème des « monstruosités ») et, d'autre part, du sceau de la sagesse. Exubérance, richesses extraordinaires, monstres incroyables, monde du tout possible, d'un côté, et de l'autre ascèse, dépouillement, renoncement, nudité : tels sont les deux séries de traits essentiels que l'Empire romain, héritier de l'hellénisme, assigne à l'« Orient », vague et lointaine Asie, monde fascinant et inquiétant de l'« autre », et transmet pour deux millénaires à ce qui devient l'« Occident », monde connu et rassurant du « nôtre ».

L'histoire de la rencontre de l'Orient et de l'Occident, et particulièrement de la réception de l'Orient dans l'imaginaire occidental, tient principalement dans l'histoire de ce « nôtre » en quête perpétuelle de cet « autre » qu'il n'a pourtant cessé de craindre et de rejeter. Nous verrons, au cours de cette étude, le rôle très spécifique que jouera le bouddhisme dans ce jeu de miroirs aujourd'hui toujours à l'œuvre.

2

Voyageurs au Moyen Âge

Tandis que le christianisme se répand dans toute l'Europe, devenant la principale religion de l'Occident, et disparaît presque complètement, à partir des conquêtes de l'islam, du berceau où il est né, le bouddhisme connaît un destin presque similaire. Progressivement chassé de l'Inde aux VIIIe et IXe siècles par le renouveau du brahmanisme et les conquêtes de l'islam, il est devenu, de par son expansion dans toute l'Asie, la plus grande religion orientale. Pendant plus d'un millénaire, ces deux grandes religions à vocation universelle et au destin si semblable se sont totalement ignorées. Des raisons historiques peuvent expliquer cette indifférence mutuelle : l'effondrement de l'Empire romain et le ralentissement considérable des relations avec l'Orient qui en a résulté, puis la « barrière » islamique. Mais il semble aussi que les esprits, au moins en Occident, préoccupés qu'ils étaient par les querelles internes au développement du christianisme, les invasions barbares, les guerres contre l'islam et l'élaboration d'une civilisation chrétienne, n'aient pas manifesté de réel intérêt pour les philosophies et les religions de l'Orient lointain. Tant que l'Occident n'avait pas besoin de l'Orient, ou tant que l'Orient n'avait pas besoin de l'Occident, ces deux mondes n'avaient, au fond, aucune raison de chercher à se rencontrer.

Les premiers siècles de la longue période médiévale n'ont guère fait évoluer l'imaginaire occidental hérité de l'Antiquité. Les auteurs anciens ont continué à être traduits et diffusés sans que leurs assertions parfois extravagantes sur l'Inde soient remises en cause ou que de nouvelles rencontres et expériences puissent véritablement nourrir un nouvel imaginaire. Isidore de Séville (VIIe siècle) et Beatus de Saint-Sever (VIIIe siècle) enrichissent de quelques détails les données des historiens antiques, et des cartes de la même époque situent le paradis terrestre dans ces contrées lointaines. Depuis le VIe siècle et le périple de Cosmas Indicopleustes en Asie, on savait que l'apôtre Thomas était mort en martyr en évangélisant l'Inde, mais cette information, tout en nourrissant de fortes rumeurs sur l'existence possible d'un grand royaume chrétien en Orient, n'a pas pour autant incité les Européens à aller à la rencontre d'éventuelles communautés chrétiennes de l'Inde. Comme le rapporte un historien contemporain, on pouvait assez facilement se rendre en Inde durant une bonne partie du Moyen Âge, et «l'on en revenait parfois [1]», – euphémisme qui justifiait peut-être le manque de candidats à un tel voyage...

Jusqu'au XIIIe siècle, il semble qu'aucune information sur le bouddhisme n'ait pénétré en Occident. Des voyageurs arabes avaient fait plusieurs relations détaillées sur le bouddhisme indien et chinois dès le IXe siècle, présentant le Bouddha tantôt comme un prophète, tantôt comme le Créateur en personne[2]; mais ces écrits ne furent traduits et publiés que très tardivement en Europe (rédigé au IXe siècle, le récit de Soleyman et Abou-zeyd-Hassan n'a été traduit de l'arabe qu'en 1718).

1. Jean Richard, *Croisés, missionnaires et voyageurs. Perspectives orientales du monde latin médiéval*, 1983.

2. *Cf.* André Miquel, *La Géographie humaine du monde musulman, des origines au milieu du XIe siècle*, EHESS, 1975.

De Guillaume de Rubrouck à Marco Polo

C'est vers le milieu du XIIIe siècle que les voyages en Inde et en Extrême-Orient se multiplient. Ils sont surtout le fait de commerçants italiens, mais aussi d'envoyés officiels du pape. En effet, inquiète des conquêtes foudroyantes des Mongols, qui avaient pénétré jusqu'en Pologne, en Prusse et en Hongrie, l'Europe chrétienne décide d'envoyer des émissaires en « Tartarie » sonder les intentions des chefs mongols et recueillir des informations sur la religion des « Tartares ». L'Occident latin caresse également le rêve d'une alliance avec les Mongols pour prendre l'islam en tenailles.

Mais les émissaires du pape ont d'autres raisons, moins prosaïques, de se lancer dans de tels périples. Les rumeurs les plus folles courent en effet dans la chrétienté sur ces fameux « Tartares » qui seraient peut-être déjà « secrètement convertis » au christianisme. Ainsi, en 1145, l'évêque de Gabala[1] envoya une lettre au pape pour l'informer de l'existence d'un certain roi « vivant dans les lointains les plus reculés de l'Orient », qui aurait remporté de grandes victoires sur les « infidèles ». Or ce roi mystérieux, dénommé Jean, serait chrétien. Mieux encore, il serait prêtre ! Cette rumeur du « roi-prêtre Jean » fit le tour de la chrétienté et suscita mille spéculations sur l'existence d'un grand royaume chrétien au-delà des infidèles, dans l'Orient lointain. Cette croyance, très répandue au Moyen Âge, en l'existence de « chrétientés cachées », va nourrir l'imaginaire occidental et lancer sur les routes d'Asie centrale des centaines de voyageurs, de missionnaires et d'émissaires pontificaux.

En 1245, le pape Innocent IV mandate le franciscain Jean de Plano-Carpini auprès des chefs tartares. Le religieux se rend à travers l'immense Empire mongol jusqu'à Güyük

1. Dans l'actuelle Syrie.

Khan, petit-fils de Gengis Khan, qui le reçoit avec beaucoup d'égards. À son retour, le frère mineur publie une *Histoire des Mongols que nous nommons Tartares*, qui suscite un vif intérêt dans les principaux centres culturels européens. Il y décrit la grande tolérance religieuse qui règne à la cour du khan où musulmans, chrétiens nestoriens (considérés par Rome comme hérétiques, et qui sont sans doute à l'origine de la rumeur sur les « chrétientés cachées ») et bouddhistes tibétains se côtoient sans heurts. Même si ces trois religions sont respectées, les chefs mongols montrent une préférence pour la religion tibétaine et s'appuient sur ses moines pour civiliser les habitants de la steppe.

Plusieurs autres émissaires mandatés par le pape ou le roi Louis IX (Saint Louis) se rendront par la suite auprès du khan. L'un d'eux, Guillaume de Rubrouck, fera la première description des moines tibétains à être parvenue aux Occidentaux : « Il me semble voir des religieux de notre pays. Tous ont la tête et la barbe rasées. Ils portent des mitres de carton sur la tête. Ils gardent la chasteté et se trouvent ensemble cent et deux cents dans un même couvent. Lorsqu'ils vont au temple, ils s'assoient sur deux bancs et demeurent la tête découverte, lisant tout bas et gardant entièrement le silence… J'essayai plusieurs fois de les faire parler, mais je n'en pus jamais venir à bout [1]. »

Ces récits épars, souvent émaillés de grossières erreurs d'interprétation, piquent néanmoins la curiosité de certains cercles d'Occidentaux qui devront attendre le début du XIVe siècle et la publication des souvenirs de Marco Polo pour disposer de descriptions plus précises des moines bouddhistes, et surtout de quelques informations sur la vie du Bouddha. Le grand voyageur vénitien, qui a sillonné l'Extrême-Orient pendant vingt-quatre ans (1271-1295), a rencontré presque toutes les traditions bouddhiques alors existantes, sans tou-

1. Cité par Henri de Lubac, *op. cit.*, p. 37.

tefois parvenir à établir un véritable lien entre elles. Il fait ainsi découvrir aux Européens non seulement les formes très variées des rituels, mais aussi la vie du Bouddha telle qu'elle lui a été rapportée par des moines de Ceylan. Cette biographie du fondateur de la plus grande religion asiatique, la première à parvenir à la connaissance des Occidentaux, et qui demeurera la plus complète jusqu'au XVIIe siècle, mérite d'être rapportée ici dans son intégralité.

> « Ils le tiennent pour le meilleur homme du monde, et qui fut saint selon leur croyance ; et fut fils, selon leur dit, d'un Roi grand et riche qu'ils avaient ; et fut de si bonne vie qu'il ne voulut jamais se mêler des affaires mondaines, ni être Roi. Et quand son père vit qu'il ne voulait pas être Roi ni se mêler d'aucune affaire, il en eut grande colère et le tenta par de grandes promesses. Mais il ne voulait rien entendre, et le père en avait très grande douleur, et aussi parce qu'il n'avait nul autre fils à qui il pût laisser son royaume après sa mort. Le Roi, ayant réfléchi, fit faire un grand palais et fit mettre là son fils ; et le faisait servir par un grand nombre de pucelles, les plus belles qu'il avait pu trouver ; et leur commanda qu'elles jouassent avec lui, tout le jour et toute la nuit, et qu'elles chantassent et dansassent devant lui afin que son cœur puisse se laisser prendre aux choses mondaines. Et vous dit qu'il était si sérieux damoiseau que jamais il n'était sorti du palais et n'avait jamais vu un homme mort ni nul autre qui ne fût sain dans ses membres, car le père ne lui laissait voir aucun voyageur ni aucun homme. Or, il advint que ce damoiseau, chevauchant un jour sur un chemin, vit un homme mort, et il en fut tout étonné, parce qu'il n'en avait jamais vu aucun. Et le voilà qui demande à ceux qui étaient avec lui ce que c'était ; et ils lui dirent que c'était un mort.
>
> – Comment ? fit le fils du Roi. Tous les hommes meurent donc ?
>
> – Oui, voirement, ils meurent…
>
> Et ne dit rien le damoiseau, mais il continua à chevaucher,

tout pensif. Et après avoir chevauché quelque temps, il rencontra un très vieil homme qui ne pouvait marcher et n'avait dent en bouche, les ayant toutes perdues de vieillesse. Et quand le fils du Roi vit ce vieillard, il demanda quelle chose c'était et pourquoi il ne pouvait marcher. Et ceux qui étaient avec lui dirent que la vieillesse l'empêchait de marcher et lui avait fait perdre ses dents ; et quand le fils du Roi eut entendu cela du mort et du vieil homme, il revint dans son palais et se dit à lui-même qu'il ne resterait plus dans ce triste monde et qu'il irait à la recherche de celui qui ne meurt jamais. Si bien qu'une nuit, il sortit tout seul du palais et s'en alla dans de grandes montagnes très écartées. Et il demeura très honnêtement, et menait âpre vie, et faisait grande abstinence, comme s'il avait été Chrétien. Car si il l'avait été, à cause de la bonne et honnête vie qu'il menait, il aurait été un saint comme Notre-Seigneur Jésus-Christ. Et quand il fut mort, il fut trouvé et apporté à son père. Et quand le père vit mort celui qu'il aimait plus que lui-même, il s'en fallut de peu qu'il ne devînt fou de douleur. Et il fit faire à sa ressemblance une image d'or et de pierres précieuses, et le faisait adorer par tous ceux du pays.

Et ils disaient tous qu'il était dieu, et ils le disent encore. Et ils disent qu'il mourut quatre-vingt-quatre fois : la première il mourut homme, et puis devint bœuf, et bœuf il mourut, et devint cheval. Et mourut quatre-vingt-quatre fois, et chaque fois d'une autre espèce de bête. Et la dernière fois qu'il mourut, il devint dieu, selon ce qu'ils disent. Et ils le tiennent pour le plus grand dieu qu'ils aient. Et, comme ils disent, ainsi fut faite la première idole que les idolâtres ont jamais eue, de telle sorte que toutes les autres idoles sont descendues de celle-là. Et ce fut dans l'île de Ceylan, dans l'Inde.

Et vous dis encore que les Sarrasins viennent de très loin en pèlerinage à son tombeau, et ils disent que c'est celui d'Adam. Et les idolâtres y viennent aussi de très loin en pèlerinage à grande dévotion, comme les Chrétiens vont à Saint-Jacques, en Galice : et ils disent que c'est le fils du Roi, comme je vous ai dit et conté. Et sont encore sur la montagne les cheveux et les dents et l'écuelle de celui qui y vécut, qu'ils appellent Sagamoni. Mais ce qu'il fut vraiment, Dieu seul le sait, car, selon la Sainte Écriture de notre Église, le monument d'Adam n'est pas en cette partie du monde[1]. »

Ce texte est d'un intérêt extraordinaire. Même si plusieurs éléments de la vie du Bouddha y sont omis ou tronqués, Marco Polo transmet à l'Occident médiéval le récit le plus complet qui ait jusqu'alors jamais existé sur la vie du fondateur de la plus grande religion d'Asie. Il émane de ce récit une admiration étonnante du Vénitien pour la figure du Bouddha qu'il n'hésite pas à comparer, avec le minimum de précautions d'usage, aux deux plus grandes figures bibliques admises par la chrétienté : Adam et Jésus. La confusion entre Adam et le Bouddha est due au télescopage de deux traditions très vivaces à cette époque, l'une cinghalaise qui veut que le Bouddha soit mort sur l'île, l'autre musulmane qui pense y trouver le jardin et le tombeau d'Adam. Quant à la ressemblance avec le Christ, elle est le fait de Marco Polo lui-même : le Bouddha est un homme, mais il est vénéré comme un dieu ; il a vécu une vie de sainteté égale à celle du Christ ; il n'est pas mort comme le commun des mortels, puisqu'il a eu plusieurs vies successives avant de « devenir un dieu » (le Vénitien rapporte ici la croyance bouddhiste en la transmigration et la légende des nombreuses vies antérieures du Bouddha).

Une telle comparaison ne pouvait qu'intriguer et choquer ses contemporains. Écrit en langue d'oïl par l'écrivain Rusta de Pise sous la dictée du grand voyageur lors de leur commune captivité dans les prisons génoises entre 1297 et 1299, *Le Livre de Marco Polo ou le Devisement du monde* connaît un succès foudroyant dès la diffusion de ses premières copies manuscrites au début du XIVe siècle. Une centaine de

1. *Le Livre de Marco Polo ou le Devisement du monde,* mis en français moderne par A. T'Serstevens, Albin Michel, 1955, pp. 255-258.

manuscrits de l'époque nous sont parvenus, ce qui prouve que plusieurs milliers d'autres circulaient alors. Imprimé ensuite dès 1477 à Nuremberg, puis dans toutes les grandes villes d'Europe, le livre de Marco Polo sera l'un des « best-sellers » de la Renaissance.

Les réactions à son récit, à la fois extraordinairement précis et détaillé, mais souvent empreint d'exagérations, sont très diverses. Mal reçu par les clercs qui voient sans nul doute une trop grande tolérance dans l'accueil qu'il réserve aux religions « idolâtriques », et par les savants qui préfèrent rester fidèles aux historiens de l'Antiquité (que ce soit en géographie, en histoire ou en botanique) plutôt que d'ajouter crédit aux assertions révolutionnaires du « marchand vénitien », ce sont surtout les poètes et les conteurs qui s'intéressent au livre de Marco Polo. Plusieurs figures mises en scène par ce dernier, tels le grand khan, le prêtre Jean ou le Vieil de la Montagne, deviendront des personnages de légende et susciteront maints récits populaires durant des siècles.

Une vie christianisée du Bouddha

Curieusement, le récit même de la vie du Bouddha, semble ne pas avoir laissé de traces dans les récits populaires du haut Moyen Âge et de la Renaissance. Pourquoi n'a-t-il pas marqué les mentalités de l'époque et créé un imaginaire nouveau autour du fondateur du bouddhisme ? Au milieu du XVIe siècle, les premiers missionnaires jésuites qui débarqueront en Inde, à Ceylan, en Chine ou au Japon, n'avaient en tout cas aucune connaissance du récit de Marco Polo, puisqu'il faudra plusieurs siècles pour « découvrir » l'existence historique du Bouddha, retrouver ses éléments biographiques, comprendre qu'il était à l'origine d'une grande religion aux visages multiples, répandue à travers l'ensemble de l'Asie.

Nous voudrions émettre ici une hypothèse qui pourrait expliquer une possible « mise à la trappe » du récit de Marco Polo sur la vie du Bouddha.

Au XVIIe siècle, un autre voyageur en escale à Ceylan, le Portugais Diogo de Couto, entendant cette même version de la vie du Bouddha, ne put s'empêcher de faire le rapprochement entre ce récit et celui, très répandu en Europe depuis le XIe siècle, de la vie d'un certain Josaphat, fils d'un ancien roi indien qui renonça au monde après la rencontre d'un aveugle, d'un lépreux, d'un vieillard et d'un ascète. De Couto pointa du doigt l'une des plus rocambolesques histoires littéraires du Moyen Âge, qui n'a été définitivement percée à jour qu'avec les investigations des philologues des XIXe et XXe siècles. Une version assez romancée de la vie du Bouddha, intitulée *Vie du Bodhisattva*, écrite en Inde en sanscrit au début de l'ère chrétienne, fut traduite quelques siècles plus tard en langue iranienne par des manichéens (*Boddhisattva* devenant *Budasaf*), puis en arabe, probablement vers le VIIIe siècle (*Judasaf*), puis en géorgien au IXe siècle (*Iodasaph*), où elle est alors christianisée, le jeune prince Iodasaph étant converti, au grand dam de son père, au message du Christ par Barlaam, un vieil ermite. Cette version christianisée de la vie du Bouddha est ensuite traduite en grec au Xe siècle par saint Euthyme l'Hagiorite (*Joasap*), et enfin en latin au XIe siècle (*Josaphat*). Amplifiée et divulguée dans toute la chrétienté à travers *La Légende dorée* [1] de Jacques de Voragine, qui fit du jeune prince indien et de l'ermite Barlaam deux saints héroïques de la lointaine chrétienté indienne, la vie de Josaphat devint si populaire que l'Église décida d'inscrire cet énigmatique saint indien dans le premier martyrologe officiel imprimé en 1583. Ainsi, depuis la fin du XVIe siècle et jusqu'à la révision

1. On peut lire aujourd'hui le récit de Jacques de Voragine dans *La Légende dorée*, t. II, Garnier-Flammarion, 1967, pp. 410-423.

récente du martyrologe, l'Église catholique a fêté le 27 novembre... saint Bouddha [1] !

Fort au courant de cette vie de saint Josaphat (au contraire de Marco Polo qui a quitté Venise à l'âge de dix-sept ans et s'est retrouvé en prison – où il dicta son livre – un an après son retour en Europe) qui ressemble comme deux gouttes d'eau à celle du Bouddha rapportée par l'Italien, la plupart des lecteurs de ce dernier n'ont-ils pas tout naturellement identifié les deux récits en accordant plus de crédit à la version christianisée, déjà ancrée depuis plus deux siècles dans les esprits ? Ce fameux prince indien « Sagamouni » (transcription de Shâkyamuni, patronyme du Bouddha), ne serait-il pas en vérité – aux yeux catholiques des contemporains de Marco Polo – Josaphat, ce prince indien chrétien bien connu en Occident, dont la vie est parfaitement similaire, à l'exception de ses existences multiples et de son apparente divinité ? Enfermés dans une vision chrétienne du monde, les lecteurs de Marco Polo pouvaient-ils réagir autrement, ne pas accorder plus de crédit à la légende chrétienne qu'à la (quasi) vérité historique rapportée par le voyageur vénitien, en avance de plusieurs siècles sur les connaissances de son temps ?

Si notre hypothèse est juste, il est piquant de penser que la connaissance en Occident de la vie du Bouddha a pu être retardée de trois siècles par l'existence et le succès, durant l'époque médiévale, d'une vie christianisée du fondateur du bouddhisme !

1. Voir à ce sujet Jean Sonet s.j., *Le Roman de Barlaam et Josaphat*, 1949 ; David Lang, *The Wisdom of Balahvar. A Christian Legend of the Buddha*, 1957 ; Annie et Jean-Pierre Mahé, *La Sagesse de Balahvar. Une vie christianisée du Bouddha*, Gallimard, 1993.

Découverte du monachisme bouddhique

L'appréciation portée sur les différentes religions bouddhistes par les religieux envoyés par l'Église catholique en Asie à la fin du XIIIe et au début du XIVe siècle est loin d'être négative. Même si les bouddhistes sont traités d'« idolâtres » et si leur doctrine est très mal connue de ces premiers observateurs occidentaux parfois trop pressés, ils ont souvent fortement impressionné les émissaires du pape par leur ferveur religieuse, la rigueur de leur ascèse, leur rayonnement spirituel. Le franciscain Jean de Monte Corvino, dépêché en 1289 à la cour du grand khan, n'hésite pas à écrire au pape Clément V en 1306 (alors qu'on le croyait mort depuis longtemps) au sujet des moines tibétains : « Ces religieux sont d'une beaucoup plus grande austérité et d'une beaucoup plus stricte observance que les religieux latins[1]. » Quelques décennies plus tard, un autre franciscain, Jean de Marignolli, est envoyé en ambassade à Pékin par le pape Benoît XII auprès du grand khan. Après un séjour de quatre ans en Chine, il fait une longue escale à Ceylan au cours de son retour vers l'Europe. Sans doute influencé par les récits de Marco Polo et certaines croyances musulmanes, mais aussi impressionné par la topographie, la flore, la religion locale (le bouddhisme), le religieux franciscain croit avoir découvert le paradis terrestre. Armé des Écritures, il s'attache à retrouver les signes du séjour d'Adam et Ève dans l'île[2]. Décrivant les moines bouddhistes, à l'instar de Monte Corvino, il ne tarit pas d'éloges : « Ces moines ne mangent jamais de chair, parce qu'Adam et sa postérité, jusqu'au déluge, ne le firent pas [...]. Ils ne mangent qu'une fois par jour, jamais plus ; ils ne boivent que du lait ou de l'eau [...],

1. Cité par Anastase Van den Wyngaert o.f.m., *Jean de Mont Corvin, premier évêque de Khanbaliq (Pékin)*, 1924, p. 54.

2. *Cf.* Ananda Abeydeera, « Jean de Marignolli : l'envoyé du pape au jardin d'Adam », in *L'Inde et l'imaginaire*, *op. cit.*, pp. 57-67.

ils ne conservent aucune nourriture dans leur maison jusqu'au lendemain. Ils dorment à même le sol ; ils marchent pieds nus, en portant un bâton ; ils se contentent d'un froc comme celui de nos frères mineurs (mais sans capuche), avec un pan jeté sur l'épaule *ad modum Apostolorum*. Ils partent en procession, chaque matin, mendier du riz pour leur repas du jour [...]. Ils prient d'une manière très appropriée[1]. »

Ces descriptions donnent aux Européens l'image positive d'une religion ascétique et mystique, très fortement axée sur la vie monastique. Elles trahissent surtout, en filigrane, les rivalités entre ordres traditionnels et ordres mendiants. Car ce qui a frappé l'imaginaire des Frères mendiants et ce qui compte surtout pour eux, c'est que l'exemple de ces moines lointains vient appuyer l'idéal évangélique franciscain. Cette tendance à ramener l'inconnu au connu, à regarder le bouddhisme à travers le prisme de nos propres centres d'intérêt, à l'instrumentaliser dans des querelles internes au christianisme ou aux Européens, ne fait que commencer. Elle durera jusqu'à nos jours et n'a toujours pas disparu.

1. *Id.*, *ibid.*, d'après H. Yule, *Marignolli's Recollections of Eastern Travel*, t. III, 1914, pp. 234 et 242.

3

Le mythe du Tibet à l'époque médiévale

Malgré ces divers témoignages de sympathie, il est manifeste que la religion bouddhiste n'a pas encore été conceptualisée par les esprits occidentaux. Les voyageurs européens et leurs rares lecteurs ont surtout été frappés par la découverte du Tibet et de sa religion aux rituels étranges. Le mythe occidental d'un Tibet magique et mystérieux, qui se développera très fortement à partir du XIXe siècle, trouve déjà quelque écho dans les récits envoûtants des premiers explorateurs du Tibet au Moyen Âge. Il faut dire qu'ils s'inscrivent dans un imaginaire médiéval porté à croire, comme nous l'avons déjà évoqué, toutes sortes de choses étranges concernant un mystérieux royaume situé dans un lointain Orient inaccessible. Dans l'Antiquité, en effet, les historiens et géographes grecs, tels Hérodote, Strabon, Pline l'Ancien ou Ptolémée, avaient déjà fait la description d'un Orient merveilleux, à peine dévoilé par les conquêtes d'Alexandre, qui offrait à foison ce à quoi les hommes aspiraient perpétuellement : l'or, la sagesse et de mystérieux pouvoirs occultes. Au Moyen Âge, l'Asie était une *terra incognita* qui nourrissait tous les rêves et entretenait toutes les rumeurs. Région montagneuse et difficile d'accès, le Tibet va cristalliser, pour les esprits européens, ce rêve d'un monde extraordinaire : le missionnaire partira en quête d'un mystérieux royaume chrétien ; le commerçant, d'or et de pierres précieuses ; le mystique, d'une sagesse introuvable en Occident ;

l'aventurier, de tout cela à la fois et de bien d'autres choses encore.

Quatre thèmes reviennent souvent dans les relations des premiers observateurs occidentaux qui se rendent, à partir du XIIIe siècle, aux confins de l'Asie et dans certaines parties du Tibet.

Le cannibalisme rituel, tout d'abord. Frère Guillaume de Rubrouck rapporte ce souvenir de son passage au Tibet en 1254 : « Après ces peuples-là sont ceux de Tebeth, dont la coustume estrange estoit de manger leurs pere & mere morts, & pensoient que ce fut acte de piété de ne leur donner point d'autre tombeau que leurs propres entrailles, mais maintenant ils ont quitté cela car ils estoient en abomination à toutes les autres nations ; & toutefois ils ne laissent pas de faire encore de belles tasses du taist (tête) de leurs parents, afin qu'en beuvant cela les fasse ressouvenir d'eux en leurs resjouissances [1]. » Cette légende de l'anthropophagie religieuse des Tibétains s'inspire probablement de l'étrange coutume, qui a persisté jusqu'au milieu du XXe siècle, de mettre le cadavre du défunt dans un chaudron pendant plusieurs jours, puis de l'incinérer quand son cadavre montre des signes avancés de décomposition, enfin de consommer en famille une soupe mijotée dans le chaudron encore imprégné des liquides et humeurs du cadavre. Elle laissera place plus tard à la fascination des Occidentaux devant le rapport très particulier que les Tibétains entretiennent avec leurs morts, leur parlant et se livrant à de puissants rituels pour guider l'âme des défunts à travers l'au-delà.

De l'or en abondance, des richesses inépuisables... Le même Guillaume de Rubrouck écrit ainsi : « Leur pays est abondant en or, si bien que celuy qui en a besoin, n'a à faire qu'à fouir en terre & en prendre tant qu'il veut, puis recacher le reste en terre, car s'ils le serroient en un coffre ou

1. Citation extraite de Michael Taylor, *Le Tibet. De Marco Polo à Alexandra David-Neel*, Payot, 1985, p. 22. Sur Guillaume de Rubrouck, voir William Woodville Rockhill, *The Journey of William of Rubruck to the Eastern Parts of the World.*

cabinet pour en faire un trésor, ils croyroient que Dieu leur osteroient l'autre qui est dans la terre[1].» Cette dernière remarque montre bien le côté profondément religieux, voire superstitieux des Tibétains. Quant à l'or, il prête son éclat scintillant à l'idée toujours vivace que les Occidentaux se font des hauts plateaux désertiques du Tibet, lesquels cachent jalousement un inestimable trésor spirituel.

Des femmes libres, une totale liberté sexuelle... Marco Polo, qui n'était pas insensible à la question, rapporte dans ses souvenirs que «nul homme de cette contrée ne prendrait pour femme une fille pucelle : ils disent qu'elles ne valent rien si on ne s'en est pas servi et si elles ne sont pas accoutumées à coucher avec les hommes. Aussi les vieilles femmes s'en viennent avec ces filles pucelles, leurs filles ou leurs parentes, et les mènent aux étrangers qui passent par là, et les donnent à chacun qui veut en prendre pour en faire à sa volonté. Et les hommes les prennent et en font ce qu'ils veulent, et puis les rendent à ces vieilles qui les ont amenées, car on ne les laisse pas s'en aller avec les gens. De cette manière, les chelminants, quand ils vont par les chemins, en trouvent jusqu'à vingt et trente, tant qu'ils en veulent, quand ils passent devant un village ou un bourg, ou toute autre habitation. Et quand ils logent avec ces gens dans une maison, ils en ont tant qu'ils veulent, de ceux qui les en viennent prier [...]. C'est que nos jeunes bacheliers devraient bien y aller pour avoir de ces pucelles à leur volonté, tant qu'ils en demanderaient; et encore en seraient-ils priés sans nul débours [2].» Ce genre de descriptions fortement exagérées par l'imagination de l'auteur particulièrement fertile, en ce domaine, donneront naissance au mythe de l'absolue liberté et du pragmatisme sexuel des Tibétains. Ne prendra-t-il pas au XXe siècle le visage des fameuses pratiques «tantriques», bien mal comprises, qui permettront à certains Occidentaux

1. Michael Taylor, *Le Tibet*, *op. cit.*, p. 23.
2. *Le Livre de Marco Polo ou le Devisement du monde*, *op. cit.*, pp. 188-189.

de projeter leurs fantasmes d'une vie sexuelle intense et débridée conduisant aux plus hauts états mystiques ?

Les connaissances magiques et occultes des Tibétains… Marco Polo écrit à ce sujet : « Ils [les Tibétains] ont les meilleurs enchanteurs et astrologues qui soient en toutes les provinces, car ils font de si grands enchantements et de si grandes merveilles par art diabolique que c'est merveille de le voir et de l'entendre. Mais je ne vous le conterai pas dans ce livre, car le lecteur s'en émerveillerait trop, et ce ne serait pas honnête[1]. » Malgré ces réserves qui honorent sa digne conscience catholique, l'explorateur vénitien ne peut s'empêcher de narrer ailleurs comment les enchanteurs tibétains sont capables de tout faire, même la pluie et le beau temps, et il rassure ses lecteurs en concluant : « Tout ce qu'ils font, c'est par œuvre du diable, mais ils font croire aux autres gens qu'ils le font par sainteté et par œuvre de Dieu. » Sa fascination pour ces « diableries » est cependant si forte qu'il ne peut s'empêcher d'ajouter : « Et c'est vrai sans nul mensonge, et peut le voir chacun de ceux qui sont là, qui sont plus de dix mille personnes[2]… » Cette attirance pour les « pouvoirs magiques » des lamas tibétains traversera les siècles, renaissant après chaque oubli, après chaque rupture, et donnera naissance, à partir du milieu du XIXe siècle, à une littérature mystico-ésotérique de plus en plus florissante, laquelle fera précéder la venue des lamas en Occident d'une aura de mystère et de puissance magique.

1. *Ibid.*, p. 189.
2. Cité par Michael Taylor, in *Le Tibet…*, *op. cit.*, p. 27.

4

La découverte missionnaire du XVIe au XVIIIe siècle

La chute de l'Empire mongol, en 1368, va rendre inaccessible aux Occidentaux la route de l'Inde et de l'Extrême-Orient pendant près de cent cinquante ans. Ce n'est qu'en 1498, après que Vasco de Gama aura frayé la route des Indes par le sud de l'Afrique, que de nouveaux contacts, essentiellement de nature commerciale et missionnaire, vont pouvoir se nouer entre l'Europe et le monde bouddhique. Durant cette longue période, la plupart des témoignages des observateurs médiévaux auront été perdus [1]. C'est donc avec un œil totalement neuf que les premiers missionnaires jésuites vont partir, au milieu du XVIe siècle, à la découverte des religions japonaises, chinoises ou cinghalaises dont ils ne savent pas qu'elles proviennent d'une même source indienne. Ces premiers missionnaires jésuites sont toutefois moins bien disposés à l'égard des religions non chrétiennes d'Orient que ne l'étaient les voyageurs et les Frères mendiants du XIIIe siècle. Nourris de la spiritualité ignatienne dualiste du combat des *Deux étendards,* ils n'ont qu'une obsession : délivrer le cœur des « peuples idolâtres » de l'emprise de Satan pour y faire régner le Christ. « Nous allons, précise François-Xavier en partance pour la Chine, porter la guerre contre les démons et ceux qui les adorent. Il est

1. *Cf.* Henri de Lubac, *op. cit.*, p. 52.

désagréable au démon que ceux de la Compagnie de Jésus entrent en Chine [...], mais Notre-Seigneur confondra le démon [1]. » Le 5 avril 1549, il écrit du Japon : « C'est pour le seul amour de Notre-Seigneur que nous sommes venus en ces régions. Il le sait bien, car tous nos cœurs Lui sont connus, ainsi que nos intentions et nos pauvres désirs de délivrer les âmes tenues captives depuis plus de quinze cents ans par Lucifer qui se fait sur terre adorer d'elles comme Dieu, n'ayant pu y parvenir à le faire au ciel. Expulsé du paradis, il se venge tant qu'il peut sur un grand nombre et sur ces pauvres Japonais aussi [2]. »

Premiers jugements des missionnaires européens

« L'Inde étant d'abord apparue à l'Europe comme une terre de colonisation et un pays de mission, il était fatal de lui demander d'autant moins d'enseignements difficiles qu'on doutait moins de lui en imposer d'indiscutables, rappelle Raymond Schwab. Ainsi sont retardés de deux siècles et plus les moyens d'apercevoir en quoi il ne s'agissait pas d'un problème simple [3]. » François-Xavier découvre le bouddhisme au Japon où il séjourne durant trois ans. Il parvient à distinguer neuf sectes différentes, dont la plupart viennent de Chine et vénèrent un certain Xaca, sans découvrir qu'il s'agit du Bouddha dont il n'a probablement jamais entendu parler auparavant. Formé à la rigueur logique de la scolastique occidentale, il a du mal à saisir la subtilité du discours oriental, comme en témoigne le récit de sa rencontre avec un vieux bonze instruit : « Nous avons causé tous les deux ; je l'ai trouvé hésitant sur le point de savoir si l'âme est

1. Cité par Xavier Léon-Dufour, *Saint François-Xavier*, La Colombe, 1953, p. 232.
2. *Id.*, *ibid.*, p. 236.
3. Raymond Schwab, *La Renaissance orientale*, 1950, pp. 142-143.

immortelle ou si elle meurt avec le corps; tantôt il dit oui et tantôt non; ainsi doivent être tous leurs lettrés [1]. »

De tels dialogues de sourds vont être monnaie courante durant ce premier siècle de découverte missionnaire. Confrontés au problème de la langue, sans connaissance aucune de l'histoire et de la doctrine bouddhistes, les missionnaires voient leur tâche compliquée par leur difficulté à trouver des interprètes rigoureux et fiables. La plupart des interprètes, en effet, qui sont en même temps des catéchumènes, fournissent aux jésuites des informations sur le bouddhisme qui visent au rapprochement avec le christianisme, ou, au contraire, qui dénigrent le message du Bouddha. Profondément ignorants par ailleurs de la mentalité orientale, et n'ayant pour seule grille d'analyse du religieux que le modèle monothéiste, les missionnaires multiplient les *a priori*, les jugements sommaires et les grossières erreurs d'interprétation sur le bouddhisme. Certains, toutefois, prennent progressivement conscience de la subtilité de ses enseignements, tel Cosme de Torrès qui ne cache pas son admiration pour la profondeur de vue des moines zen : « Ils ne peuvent être réfutés sans une assistance spéciale de Notre-Seigneur. Car ce sont des hommes qui s'adonnent à de longues méditations, et ils posent des questions auxquelles un Thomas d'Aquin et un Duns Scot ne pourraient répondre de manière à convaincre des hommes n'ayant pas la foi [2]. » Mais cet appel ne fut guère entendu par les Européens, peu soucieux de comprendre et d'étudier en profondeur ces nouvelles formes de pensée religieuse découvertes par les missionnaires.

Une étude historique sur l'action missionnaire et les universités européennes aux XVIe, XVIIe et XVIIIe siècles confirme ce fait : « Les universités auraient pu étudier les questions historiques, doctrinales, morales que posaient les religions

1. Extrait de la « grande lettre » expédiée fin 1549; *in* Jean-Marie Gros, *Saint François de Xavier, sa vie et ses lettres*, 1900, t. 2, p. 27.

2. Lettre du 20 octobre 1951, citée par Henri de Lubac, *op. cit.*, p. 62.

d'Extrême-Orient. Il est sûr qu'elles ne l'ont pas fait. Aucune place n'était prévue dans leur curriculum pour ces sortes d'études. Les chaires de controverses, inaugurées par saint Robert Bellarmin, étaient toutes employées à combattre les doctrines protestantes. On ignorait tout, en Europe, du bouddhisme... Les documents manquaient partout et, même si l'on avait pu se procurer les manuscrits du canon bouddhiste, d'immenses études préalables eussent été requises pour les déchiffrer et les comprendre. L'islam était aux portes de la chrétienté, et cependant, malgré les objurgations de Raymond Lulle, on ne lui consacrait aucune étude sérieuse dans les facultés de théologie... On se bornait à traiter Mahomet d'imposteur. Comment, dans ces conditions, eût-il été possible d'amorcer des études de théologie asiatique[1] ? »

Tandis qu'au fil des XVIIe et XVIIIe siècles les missionnaires commencent à mettre au jour l'unité de l'arbre bouddhique à travers ses enracinements culturels divers dans une dizaine de pays asiatiques, un consensus s'établit chez les Européens qui s'intéressent au bouddhisme autour de quelques grands thèmes. Tout d'abord, la distinction entre une religion populaire, répandue par une « doctrine extérieure », « vulgaire », « vil » et « idolâtrique », à laquelle souscrit le peuple ignorant ; et une religion savante, fruit d'une « doctrine intérieure », à laquelle souscrivent les moines instruits et les lettrés. Or cette dernière est perçue par les missionnaires comme une doctrine essentiellement « athée ». « Pour eux, naître et mourir c'est tout, écrit le père Luis Frois en parlant des bonzes zen japonais. Pas d'autre vie. Ni châtiment pour les mauvais ni récompense pour les bons. Point de Créateur. Point de Providence... Cent fois par an, ils se livrent à l'exercice du *zazen**, sorte de méditation d'une heure et demie ; ils réfléchissent sur cet axiome : il n'y a rien[2]. »

1. Pierre Charles, « L'action missionnaire et les universités », in *Xaveriana*, octobre 1934, p. 285.
2. Cité par Henri de Lubac, *op. cit.*, p. 85.

On insiste en même temps sur la passivité et le « quiétisme » de cette « religion sans dieu ». Le dominicain Noël Alexandre précise au sujet des moines zen chinois : « La doctrine secrète des ministres du dieu Fo est un athéisme tout pur. Le vide qu'ils reconnaissent pour principe de toutes choses est, disent-ils, souverainement parfait et tranquille, sans commencement et sans fin, sans mouvement, sans connaissance, sans désir. C'est pourquoi ceux qui veulent être heureux doivent faire tous leurs efforts pour se rendre semblables à ce principe en se domptant et supprimant toutes leurs passions ; de sorte qu'ils soient insensibles à tout, et qu'abîmés dans la plus haute contemplation, sans aucune réflexion, sans aucun usage de leur raison, ils jouissent de ce divin repos qui fait tout le bonheur de l'homme… C'est là le mystère de cette secte qui ne fait, dans le fond, aucune différence du bien et du mal, qui fait consister la vertu à ne point penser ni travailler à être vertueux, qui ne reconnaît point de récompense ni de peine après la mort, qui ne croit point en la Providence ni en l'immortalité de l'âme, qui réduit toutes choses à un vide confus et à un simple néant comme à leur principe et à leur fin, et qui met la perfection dans une parfaite indifférence, une apathie et une quiétude souveraine[1]. »

Utilisation du bouddhisme à des fins polémiques

Quelques travaux sérieux, contenant des fragments de textes hindous et bouddhistes, commencent à parvenir en Europe dès le milieu du XVIIe siècle. Les missionnaires protestants sont les pionniers de ces embryons d'études savantes, au premier rang desquels figurent le Hollandais Abraham Roger et l'Anglais Henri Lord. Au XVIIIe siècle, les

1. Noël Alexandre, *Apologie des Dominicains missionnaires de la Chine*, 1700, pp. 11-12.

jésuites, par leurs *Lettres édifiantes,* évoluent d'une attitude systématiquement critique à un regard plus objectif et plus positif sur le bouddhisme, dont ils découvrent la complexité et la richesse. Mais, déconcertée par l'inconnu, l'intelligence humaine éprouve bien souvent le besoin de le ramener au connu. Les lettres des missionnaires chrétiens en Extrême-Orient, et davantage encore les commentaires qu'elles suscitent en Europe, en sont une parfaite illustration. Même les plus audacieux, comme le jésuite Ricci, qui prône en vain l'acculturation des rituels catholiques aux coutumes chinoises, s'évertuent à ramener systématiquement ce qu'ils comprennent des enseignements bouddhistes aux philosophies de l'Antiquité ou au christianisme. Tandis que Ricci émet l'hypothèse que la doctrine du Bouddha pourrait provenir du pythagorisme, d'autres évoquent des emprunts aux stoïciens, voire à la mythologie gréco-romaine ou à l'Égypte pharaonique, et la plupart s'accordent pour trouver une indéniable influence du christianisme dans ce qu'elle offre de meilleur. « Dans son *Histoire et description générale du Japon*, publiée à Paris en 1736, écrit Henri de Lubac, le père de Charlevoix se fera l'écho de nombreux missionnaires et de plus d'un savant d'Europe en suggérant que les "Partisans du Budso", dont la doctrine a "des rapports très singuliers avec l'histoire du Messie", ont tiré certaines croyances "de nos saints livres" et "reçu quantité de pratiques par des traditions chrétiennes ; quoiqu'il ne soit pourtant pas trop aisé de savoir comment elles ont pu parvenir jusqu'à eux" [1]. » Ce genre d'observation s'enracine dans le vieil imaginaire médiéval des « chrétientés cachées ». Mais il ne s'agit plus, cette fois, d'aller chercher des alliés dans un mystérieux royaume chrétien pour prendre l'islam en tenailles. Il s'agit de rééduquer ces pseudo-chrétiens dont on ne sait trop s'ils sont des frères égarés ou des imposteurs. Quoi qu'il en soit, ces moines bouddhistes sont sans mys-

1. Henri de Lubac, *op. cit.*, p. 80.

tère et ne posent pas question, puisque ce sont au mieux des chrétiens dégénérés, au pis des charlatans inspirés par le Malin.

Par ailleurs, les Occidentaux ne cessent d'utiliser les quelques éléments de la doctrine bouddhiste mis au jour pour régler leurs comptes dans les querelles religieuses européennes du moment. L'extrait de la lettre du dominicain Noël Alexandre, cité plus haut, trahit la préoccupation de son auteur de se servir du bouddhisme pour porter un coup aux partisans de Fénelon. Nous sommes en effet, en France, au tournant des deux siècles, en pleine querelle quiétiste, et le bouddhisme, un peu caricaturé, offre aux partisans du jansénisme un bon exemple de spiritualité quiétiste, qui « inévitablement conduit au néant et à l'athéisme ». En 1688, Bernier avait déjà publié un *Mémoire sur le quiétisme des Indes* qui avait passionné le tout-Paris.

Au XVIIIe siècle, les théologiens ne sont plus les seuls à régler leurs conflits en puisant des arguments dans le bouddhisme ou, de manière plus générale, dans les diverses religions de l'Inde et de l'Extrême-Orient. Les philosophes des Lumières, qui connaissent très mal les religions asiatiques et ne les mentionnent qu'en passant, ne s'intéressent vraiment au message de l'Inde que pour forger des armes nouvelles contre le catholicisme. Diderot, Voltaire et les encyclopédistes cherchent à tirer profit de la découverte des religions orientales pour tenter d'abattre les prétentions de l'Église catholique à détenir la Vérité unique. L'ancienneté et la profondeur de ces traditions religieuses attestent qu'il y a d'autres révélations, d'autres manières de croire, d'autres vérités religieuses. Dans son *Essai sur les mœurs*, Voltaire n'hésite pas à affirmer que c'est l'Orient « qui a tout donné à l'Occident » (avant-propos), et il rend un vibrant hommage à l'Inde « de qui toute la Terre a besoin et qui seule n'a besoin de personne » (chapitre 4). Les religions d'Inde confirment également Voltaire dans ses propres convictions philosophiques, dans la mesure où les Indiens « ne pouvaient établir la religion que sur la raison universelle» (chapitre 4). Mais ces éloges ne font qu'introduire une violente polémique anti-judéo-chrétienne, puisqu'ils saluent dans l'avènement de l'Inde une chance de corriger la vision historique des catholiques – de Bossuet en particulier – selon lesquels «tout a été fait dans le monde pour la nation juive». La découverte des civilisations de l'Inde et de la Chine va permettre au philosophe français d'affirmer au contraire que «les Juifs (et, à leur suite, les chrétiens) ont tout pris des autres nations» (chapitre 4). Cette instrumentalisation des religions orientales à des fins antijudaïques ne fait alors que commencer. Nous verrons qu'elle trouvera son aboutissement au XIXe siècle avec bien d'autres penseurs, dont le philosophe allemand Arthur Schopenhauer sera la figure de proue.

5

Fascination du « lamaïsme » tibétain (1620-1850)

La dislocation de l'Empire mongol, qui va rendre la route de l'Extrême-Orient et du Tibet inaccessible aux voyageurs occidentaux pendant plusieurs siècles, aura pour effet de conforter la légende de ce lointain éden. Ce n'est qu'au XVIIe siècle que le sol du Tibet est à nouveau foulé par des Européens, essentiellement des missionnaires, parfois en quête du mystérieux royaume du prêtre Jean, plus souvent soucieux d'amener à la foi chrétienne ces fascinants peuples « idolâtres » décrits par les explorateurs du Moyen Âge.

En 1620, le jésuite portugais Antonio de Andrade, qui vient tout juste d'être nommé provincial des territoires moghols, décide d'abandonner les agréments et le prestige de sa position pour se rendre au Tibet. Accompagné d'un simple frère convers et d'un guide tibétain, il réussit à atteindre un petit royaume, au sud du Tibet, et à convaincre son suzerain d'établir une mission dans sa capitale. Revenu en Europe chercher les fonds et le soutien nécessaires à son projet, Andrade publie le récit de son incursion au Tibet, qui est immédiatement traduit en sept langues, fait révélateur de l'intérêt des Européens pour cette terre lointaine. De retour au Tibet en 1625 en compagnie d'autres missionnaires, Andrade réussit à maintenir durant une dizaine d'années une mission catholique dans ce petit royaume bouddhiste aux confins du pays. Mais les jésuites deviennent vite les jouets d'un jeu politique complexe entre le roi et une grande lamaserie dont ce dernier cherche à s'émanciper en s'appuyant sur les « lamas étrangers ». La mission est finalement détruite par des lamas en armes, et les missionnaires emprisonnés, puis chassés du pays.

Plus de vingt ans après ces événements, un autre jésuite, l'Autrichien Johannes Grueber, est sans doute le premier Occidental à pénétrer dans Lhassa, la capitale du Tibet. Il décrit minutieusement la ville sainte et dresse du cinquième dalaï-lama un portrait qui relance vivement la curiosité des Européens pour la religion tibétaine et son chef désormais mythique : « Ce Roy est non seulement adoré des habitants du lieu comme une divinité, mais encore tous les autres Roys de la Tartarie qui luy sont sujets entreprennent volontairement des pèlerinages pour luy aller rendre leurs adorations comme au Dieu vivant & véritable [...]. Il se tient dans un lieu obscur et secret de son Palais, tout couvert d'or, d'argent & de pierreries, escléré par quantité de lampes, eslevé en un lieu éminent [...]. Il est tellement honoré et respecté de tout le monde que ceux-là s'estiment heureux qui peuvent obtenir par de riches présents... de l'urine ou des autres excréments du grand Lama, qu'ils portent pendus au col. Ô abominable vilenie, ouy [1] ! »

Par la suite, de nombreux missionnaires, jésuites et capucins, tenteront d'établir des missions au Tibet. Mais, vaincus par le froid, l'hostilité des lamas ou celle de leurs « protecteurs » mongols, aucun n'y parviendra. Malgré leurs critiques envers les Tibétains, « sales et idolâtres », leur échec contribua à renforcer en Occident la légende d'un Tibet « mystérieux et inaccessible ». Deux missionnaires font toutefois exception à ces critiques désabusées : le jésuite Ippolito Desideri et le capucin Orazio Della Penna. Ils purent rester suffisamment longtemps au Tibet pour en apprendre la langue et s'intéresser de près aux coutumes religieuses. Desideri rédigea un

1. Athanasius Kircher, *La Chine illustrée*, Amsterdam, 1670, p. 27. Cet ouvrage, publié à Amsterdam, connut un vif succès en Europe.

petit livre érudit sur la religion tibétaine, alors dénommée «lamaïsme» par les missionnaires (par référence au rôle prépondérant des lamas), tandis que Della Penna composa un dictionnaire tibétain-italien de vingt-sept mille mots et traduisit plusieurs livres sacrés, ouvrant ainsi la voie à une connaissance plus rigoureuse du Tibet et de sa religion.

L'« Église jaune »

Ainsi, tandis que les doctrines bouddhistes d'Extrême-Orient, méconnues et dénaturées, n'ont pas véritablement intéressé les Occidentaux aux XVIIe et XVIIIe siècles, il en va donc tout autrement du bouddhisme tibétain qui suscite maintes publications et réactions passionnées en Europe. Les mentalités européennes du siècle de Louis XIV et du siècle des Lumières vont être marquées par cette révélation progressive du «lamaïsme». Ce qui frappe alors le plus les Européens, c'est la «ressemblance troublante» entre cette religion et la religion catholique. Cette similitude avait déjà si fortement marqué les peuples indiens des régions himalayennes, lorsqu'ils avaient rencontré les premiers missionnaires catholiques, que ces populations confondaient volontiers les deux religions. Ainsi, dès 1598, le jésuite Jérôme Xavier a pu écrire : «Quand j'étais au Cachemire, on m'annonça qu'il y avait dans le royaume du Thibet beaucoup de chrétiens avec des églises, des prêtres et des évêques[1].» Lors de son arrivée à Lhassa en 1716, Desideri est si bien disposé à cet égard qu'il croit découvrir dans la religion lamaïste les principaux dogmes catholiques : «Voici ce que j'appris de la religion du Tibet. Ils appellent Dieu Kousiok, et ils semblent avoir quelque idée de l'adorable Trinité : car tantôt ils le nomment Kousiok-cik, Dieu un, et tantôt Kousiok-sum, Dieu trine [...]. Ils ont le chapelet, ils

1. Cité par Henri de Lubac, *op. cit.*, p. 95.

honorent les saints, ils croient en un Dieu-homme. Dans leurs églises, on voit un autel couvert d'une nappe avec un parement ; au milieu de l'autel est une espèce de tabernacle où, selon eux, Urghien réside, quoique d'ailleurs ils assurent qu'il est dans le ciel. Les lamas gardent le célibat, ils ont la tonsure, ils récitent l'office en chœur [1]. »

Dans toute l'Europe, on est alors persuadé que le « lamaïsme » est issu de très anciennes communautés chrétiennes. Les hypothèses à ce sujet vont bon train. En 1692, le jésuite Philippe Avril publie un ouvrage qui connaît un vif succès, dans lequel il suggère que le dalaï-lama n'est autre que le successeur du fameux prêtre Jean [2]. Cette assertion sera reprise dans maintes autres publications, telle le *Grand Dictionnaire historique* de Louis Moreri dans sa nouvelle édition de 1759[3]. Certains auteurs européens n'hésitent pas à parler du dalaï-lama comme d'un « dieu vivant ». En 1795, le baron suisse de Liebistorf se plaint ainsi à son correspondant François de Saint-Martin : « [...] Ces scélérats osèrent comparer notre divin Maître au célèbre imposteur dalaï-lama... Ces horreurs circulaient chez nous sans que personne dans toute la Suisse donnât le moindre signe de mécontentement [4]. » Bref, le « lamaïsme » fascine les Occidentaux au point de recevoir communément l'appellation d'« Église jaune » ou de « catholicisme d'Orient ».

Cela est si communément admis que le pape lui-même fait parvenir en 1738 une missive au dalaï-lama, dans laquelle il reconnaît clairement ce rapprochement : « Nous avons l'espérance motivée que, par la miséricorde du Dieu infini, vous en arriverez à voir clairement que seule la pra-

1. Lettre du 10 avril 1716, in *Lettres édifiantes et curieuses*, t. III, pp. 533-534.

2. Philippe Avril, *Voyages en divers États d'Europe et d'Asie, entrepris pour découvrir un nouveau chemin à la Chine*, Paris, 1692.

3. Louis Moreri, *Grand Dictionnaire historique, ou le Mélange curieux de l'histoire sacrée et profane*, nouvelle édition, Paris, 1759.

4. Cité par Henri de Lubac, *op. cit.*, p. 125.

tique de la doctrine de l'Évangile, dont votre religion se rapproche beaucoup, peut conduire au bonheur d'une vie éternelle[1].»

Dans la seconde moitié du XVIIIe siècle, la compagnie britannique des Indes-Orientales envoya plusieurs représentants au Tibet (George Bogle, Samuel Turner, etc.) avec pour mission d'établir des liens commerciaux. Ces missions échouèrent, mais les récits passionnés et circonstanciés de ces émissaires, publiés ultérieurement, connurent un grand succès et témoignent d'une profonde admiration pour la ferveur religieuse des lamas tibétains : «Tous les moines, écrit Turner, manifestent au cours de leurs dévotions tant d'amour et tant de vénération que je suis convaincu qu'ils sont heureux[2].»

Le récit du père Huc

Au XIXe siècle, le Tibet est interdit d'accès aux Occidentaux par les Chinois, leurs nouveaux «protecteurs», soucieux de défendre leurs intérêts politiques et commerciaux face aux Anglais et aux Russes. Les quelques rares voyageurs qui réussissent à pénétrer à Lhassa dans la première moitié du XIXe siècle en sont vite expulsés. Tel fut le cas d'un prêtre lazariste français, le père Régis-Évariste Huc, qui consacra deux volumes à ses *Souvenirs d'un voyage dans la Tartarie, le Thibet et la Chine* (1845-1846) qui connurent une très large audience dans toute l'Europe (douze traductions). Écrit dans un style très alerte, le récit que fait le père Huc de son passage à Lhassa (accompagné d'un autre missionnaire, le père Gabet) constitue un document exceptionnel

1. Lettre de Clément XII du 21 septembre 1738, citée par Launey, *Histoire de la mission au Thibet*, t. I, 1913, p. 40.

2. Henri de Lubac, *op. cit.*, p. 88, d'après Samuel Turner, *Account of an Embassy to the Court of Teshoo Lama in Tibet*, Londres, 1800.

pour mesurer l'attrait qu'exerce le « lamaïsme » sur les missionnaires catholiques, même s'ils ne cessent par ailleurs de répéter, comme pour mieux exorciser cette redoutable fascination, qu'il s'agit véritablement de la « religion du diable ». Ainsi, par exemple, après avoir minutieusement décrit les nombreuses et « troublantes » similitudes qui existent entre le « lamaïsme » et le catholicisme, notamment dans l'organisation hiérarchique et la liturgie, le père Huc conclut brutalement que c'est bien le signe d'une fausse religion inspirée par Satan.

Parti avec le désir secret de découvrir le royaume du prêtre Jean, officiellement pour mieux connaître cette « religion du diable » et l'attaquer dans son sanctuaire le plus vénéré et le plus inaccessible (le voyage des pères Huc et Gabet pour atteindre Lhassa dura dix-huit mois !), les deux missionnaires font très explicitement part au régent du jeune dalaï-lama de leur désir de convertir tous les Tibétains à la « seule véritable religion ». En un mot, ils expliquent avec une naïveté touchante au représentant du chef spirituel et temporel du Tibet qu'ils viennent de l'autre bout du monde pour planter la croix au sommet du Potala [1] ! Les missionnaires reçoivent cette réponse qui les ébranle sans doute plus profondément que si le régent leur eût annoncé qu'ils allaient être écorchés vifs sur-le-champ : « Tous vos longs voyages, vous les avez entrepris uniquement dans un but religieux [...] ; vous avez raison, car la religion est l'affaire importante des hommes ; je vois que les Thibétains et les Français pensent de même à ce sujet. Nous ne ressemblons nullement aux Chinois qui comptent pour rien les affaires de l'âme [2]. Cependant, votre religion n'est pas la même que la nôtre [...] ; il importe de savoir quelle est la véritable. Nous les examinerons toutes les deux attentivement et avec

1. Palais du dalaï-lama perché sur une colline qui domine Lhassa.

2. Cette petite pique à l'intention des Chinois doit aussi se comprendre dans le contexte d'un Tibet sous protectorat chinois, qui parvient difficilement à s'émanciper de son puissant voisin.

sincérité. Si la vôtre est la bonne, nous l'adopterons ; comment pourrions-nous nous y refuser ? Si, au contraire, c'est la nôtre, je crois que vous serez assez raisonnables pour la suivre[1]. » Sur ce, le régent offre une magnifique maison aux missionnaires et leur donne l'autorisation d'enseigner leur religion comme ils le veulent. Lui-même les invite très régulièrement au Potala pour apprendre le christianisme... et le français !

Le zèle évangélisateur des missionnaires, qui commencent à obtenir quelques conversions, est troublé par la force de la société religieuse tibétaine devant laquelle ils ne parviennent plus à dissimuler leur admiration : « Il existe à Lhassa une coutume bien touchante, et que nous avons été en quelque sorte jaloux de rencontrer parmi les infidèles. Sur le soir, au moment où le jour touche à son déclin, tous les Thibétains cessent de se mêler d'affaires, et se réunissent, hommes, femmes et enfants, conformément à leur sexe et à leur âge, dans les principaux quartiers de la ville et sur les places publiques. Aussitôt que les groupes se sont formés, tout le monde s'accroupit par terre, et on commence à chanter des prières lentement et à demi-voix. Les concerts religieux qui s'élèvent du sein de ces réunions nombreuses produisent dans la ville une harmonie immense, solennelle, et qui agit fortement sur l'âme. La première fois que nous fûmes témoins de ce spectacle, nous ne pûmes nous empêcher de faire un douloureux rapprochement entre cette ville païenne, où tout le monde priait en commun, et les cités de l'Europe où l'on rougirait de faire en public le signe de la croix[2]. »

Mais l'activité des missionnaires français n'est pas du goût de l'ambassadeur chinois qui craint une influence politique des Occidentaux au Tibet par le biais de la religion chrétienne. Il tente de convaincre le régent d'expulser les missionnaires, arguant que la nouvelle religion risque de

1. Père Huc, *Découverte du Thibet* (1845-1846), Flammarion, 1933, p. 74.
2. Id., *ibid.*, p. 78.

supplanter le bouddhisme et de faire perdre son rôle politique au dalaï-lama. La réponse du régent, rapportée par le père Huc, est à nouveau un modèle de la tolérance et du pacifisme bouddhistes que les Européens admiratifs découvrent à travers les récits du jésuite : « Si la doctrine que ces hommes apportent, disait-il, est une doctrine fausse, les Thibétains ne l'embrasseront pas. Si, au contraire, elle est vraie, qu'avons-nous à craindre ? Comment la vérité pourrait-elle être préjudiciable aux hommes ? Ces deux lamas du Royaume de France, ajoutait-il, n'ont fait aucun mal ; ils sont animés des meilleures intentions à notre égard. Pouvons-nous, sans motif, les priver de la liberté et de la protection que nous accordons ici à tous les étrangers, et surtout aux hommes de prière ? Nous est-il permis de nous rendre coupables d'une injustice actuelle et certaine par la crainte imaginaire d'un malheur à venir[1] ? » La tension devient telle entre les Chinois et les Tibétains que les missionnaires, craignant d'être à l'origine d'une guerre entre les deux pays, finissent par convaincre eux-mêmes le régent de laisser les Chinois les expulser !

Le succès fulgurant du récit du père Huc, publié en 1850, témoigne de l'intérêt toujours vif des Occidentaux pour le Tibet et cette religion « lamaïste » qui, malgré son étiquette « diabolique », apparaît comme fort séduisante dans le récit du missionnaire. Cet intérêt se comprend d'autant mieux, chez tous les adversaires du « catholicisme intransigeant » (pour reprendre l'expression d'Émile Poulat), qu'ils découvrent à travers le récit du père Huc, bien mieux qu'à travers n'importe quel manuel théorique, l'exemple d'une religion tolérante, qui ne craint pas plus la confrontation ou la contestation qu'elle n'a besoin d'employer la force pour imposer son message. Un tel exemple, publié au moment même où s'achèvent les quinze années du pontificat particulièrement intransigeant de Grégoire XVI, ne pouvait que

1. *Id., ibid*, pp. 81-82.

susciter l'enthousiasme non seulement des anticléricaux, mais aussi des catholiques libéraux qui attendaient de Rome une attitude d'ouverture et de tolérance dont le chef spirituel et temporel du Tibet donnait un magistral témoignage.

Vers la même époque, au demeurant, on souligne, un peu partout en Europe, le pacifisme et la tolérance inhérents au bouddhisme. En 1850, une célèbre revue anglaise explique, par exemple, à ses lecteurs que « la propagation du bouddhisme ne s'est pas accompagnée de guerres comme celles de Mahomet ni des persécutions sanglantes des Chrétiens [1] ». Résumant l'opinion alors la plus répandue en Occident, le *Dublin University Magazine* publie en 1873 un long article expliquant que le bouddhisme est « la plus tolérante des religions [2] ».

1. *The Prospective Review*, 1850, Londres, p. 489. Voir aussi *The Westminster Review*, 1856, p. 308.

2. *Dublin University Magazine*, 1873, p. 206.

DEUXIÈME PARTIE

Découverte intellectuelle du bouddhisme

(1780-1875)

1

La Renaissance orientale

La charnière du XVIIIᵉ et du XIXᵉ siècle marque le début d'une nouvelle ère dans la construction d'un imaginaire chez les Européens à l'égard des croyances orientales. Jusqu'alors extrêmement fragmenté et discontinu, il va dorénavant s'édifier pierre après pierre au fur et à mesure de la découverte savante des religions asiatiques et des innombrables polémiques et interprétations qu'elle va susciter. Rappelons d'abord les faits marquants de cette profonde évolution – on pourrait même dire révolution – du regard occidental sur les sagesses de l'Inde.

Premières traductions

Cette révolution a sans doute un nom et une date : Anquetil-Duperron, qui publie en 1771 le *Zend-Avesta* (livre sacré du mazdéisme). Durant les décennies qui suivent, les Européens réussissent à forcer toutes les langues murées du Proche-Orient (hiéroglyphes égyptiens, araméens, assyriens...) et de l'Extrême-Orient (sanscrit, pali*, chinois ancien...). En 1784, William Jones fonde à Calcutta la première Société asiatique et traduit la Bhagavad-Gîtâ, chef-d'œuvre de la littérature hindoue, un an après. Dès lors, les traductions de textes sanscrits se multiplient. Durant près d'un siècle, l'Europe intellectuelle est submergée par ce raz de marée orientaliste. La plupart des écrivains, des poètes, des philosophes s'inspirent de l'Orient. Cet engouement n'a pas les mêmes contours ni la même intensité selon les auteurs et les milieux (les peintres, par exemple, à la différence des écrivains, sont dans l'ensemble beaucoup plus marqués par le Proche que par l'Extrême-Orient). Mais, presque partout en Europe entre la fin du XVIIIe siècle et le deuxième tiers du XIXe siècle, l'Orient imprègne les esprits, suscite des modes, envahit les journaux, inspire des publications et des études savantes.

Pour signifier ce renouvellement d'atmosphère, on n'hésitera pas à parler de « nouvelle Renaissance ». En 1808, Frédéric Schlegel, l'un des pionniers de l'orientalisme, écrit ainsi : « Puissent les études indiennes trouver quelques-uns de ces disciples et de ces protecteurs comme l'Allemagne et l'Italie en virent, aux XVe et XVIe siècles, se lever subitement et en si grand nombre pour les études grecques, et faire en si peu de temps de si grandes choses ! La renaissance de l'Antiquité transforma et rajeunit promptement toutes les sciences ; on peut ajouter qu'elle transforma et rajeunit le monde. Les effets des études indiennes, nous osons l'affirmer, ne seraient pas aujourd'hui moins grands ni d'une portée moins générale si elles étaient entreprises avec la même énergie et introduites dans le cercle des connaissances [1]. » Le souhait du jeune philologue allemand sera si bien exaucé que l'historien français Edgar Quinet donnera en 1841 pour titre à l'un de ses chapitres du *Génie des religions* : « La Renaissance orientale ». Ce sera également, un siècle plus tard, le titre du livre de Raymond Schwab, véritable bible de l'orientalisme au XIXe siècle.

L'Orient des romantiques

Comme le souligne Raymond Schwab, « c'est la chance de l'Inde en Europe que d'y être venue coïncider avec la naissance des romantismes, elle qui ressemble à une moitié

1. Friedrich Schlegel, *Über die Sprache und Weisheit der Indien, ein Beitrag zur Begrundung der Altertumskunde*, Mohr und Zimmer, Heidelberg, 1808, avant-propos.

romantique de l'esprit humain [1] ». De fait, la découverte des monuments littéraires et religieux de l'Inde est contemporaine de l'émergence du romantisme allemand qui s'y reconnaîtra et cherchera à les exalter pour mieux s'affirmer. Mais en quoi précisément l'Inde a-t-elle rencontré le romantisme et a-t-elle bouleversé Goethe, Herder, les frères Schlegel, Brentano, Creuzer, Tieck, Novalis ou, en France, Lamartine, pour n'en citer que quelques-uns ?

Un débat récurrent, relancé au milieu du XVIIIe siècle par Rousseau et les philosophes français des Lumières, a passionné les romantiques : où commencent et où finissent le sauvage et l'homme civilisé ? Lequel des deux a le plus de valeur ? Le vrai progrès est-il devant l'homme, dans l'avenir, ou derrière lui, dans les origines de l'humanité ? Les romantiques allemands, qui concluent à la suite de Rousseau que le sauvage est l'homme bon et, à la suite de Spencer, que l'homme primitif est l'homme-pierre-de-touche, accueillent l'Inde comme la terre doublement bénie du sauvage et du primitif. « Berceau de l'humanité », patrie des « sages nus », monde témoin de la « pureté des origines », « antique d'aujourd'hui et de toujours », elle répond au rêve romantique d'un âge d'or de l'humanité perpétué jusqu'à nos jours dans une civilisation radicalement différente de la nôtre : sauvage, primitive et pure de tout matérialisme. C'est pourquoi, en 1800, Friedrich Schlegel peut affirmer : « C'est en Orient que nous devons chercher le romantisme suprême [2]. »

C'est sans doute Herder, bouleversé par les premières traductions de textes hindous à parvenir en Europe dans le dernier tiers du XVIIIe siècle, qui « lancera » l'Inde comme le berceau de toutes les enfances poétiques, philosophiques, linguistiques et religieuses de l'humanité. Succombant également aux charmes de l'Orient en 1805, notamment après la lecture alors en vogue des *Lois de Manu*, le philosophe

1. Raymond Schwab, *La Renaissance orientale*, *op. cit.*, p. 240.

2. « *Im Orient müssen wir das höchste Romantische suchen.* », in *Rede über die Mythologie*, 1800, p. 204.

Schelling est confirmé dans sa perspective romantique de l'histoire « pour qui l'âge d'or est derrière nous, le progrès est un mythe, la décadence une certitude, et le véritable but de l'humanité un retour au point de départ[1] ». La découverte d'une parenté entre le sanscrit et les langues européennes anciennes, qui donne lieu dès 1786, dans la bouche de William Jones, à l'hypothèse devenue célèbre de l'*indo-européen*, accrédite, dans l'esprit des romantiques, la certitude d'une antériorité et d'une supériorité de la langue indienne et de la race aryenne. Cette vision qui aboutira par la suite, récupérée et largement déformée, à l'odieux racisme que l'on connaît – sert alors aux romantiques allemands et à leurs successeurs français à étayer l'idée que « l'Inde primitive, en son berceau originaire, fut la matrice du monde, la principale et dominante source des races, des idées et des langues[2] ».

Tel est le grand enjeu de cette seconde Renaissance orchestrée par les romantiques : dépasser les frontières étroites de la Renaissance classique et de son humanisme méditerranéen gréco-romain. La découverte de l'Inde ouvre les Européens à un « humanisme intégral », planétaire. « Dans la première ardeur des découvertes, écrit Edgar Quinet, les orientalistes publièrent qu'une antiquité plus profonde, plus philosophique, plus poétique tout ensemble que celle de la Grèce et de Rome, surgissait du fond de l'Asie [...]. Le panthéisme de l'Orient, transformé par l'Allemagne, correspond à la renaissance orientale, de même que l'idéalisme de Platon, corrigé par Descartes, a couronné, au XVIIe siècle, la renaissance grecque et latine[3]. » Le but avoué des romantiques allemands, à commencer par Friedrich Schlegel avant sa conversion au christianisme, en 1811, est d'initier, grâce

1. René Girard, *L'Orient et la pensée romantique allemande*, Thomas, Nancy, 1963, p. 214.

2. Jules Michelet, *La Bible de l'Humanité*, Paris, 1864, p. 15.

3. Edgar Quinet, *Le Génie des religions*, cité par Raymond Schwab, in *La Renaissance orientale*, *op. cit.*, p. 18.

à la découverte de l'Inde millénaire, une contre-Renaissance, une contre-Réforme, une contre-Révolution. Car cette nouvelle Renaissance s'accompagne aussi chez eux d'une profonde critique des Lumières européennes du XVIIIe siècle et du positivisme occidental. Au rationalisme de l'*Aufklärung*, Herder et Schlegel opposent l'imagination et la poésie de l'Inde. Face à l'avènement moderne de la raison autonome, ils magnifient les âges primitifs et mythiques. Face à un Occident soumis au machinisme et à un matérialisme destructeur, ils exaltent un Orient mystique et idéalisé. « L'Orient spiritualiste, écrit René Girard, est appelé au secours de l'Occident menacé par la machine. Mus par un pressentiment presque inconcevable aujourd'hui, les jeunes romantiques ont entrevu les conséquences, non sociales certes, mais métaphysiques de la mécanisation et tenté, par impuissance politique et économique selon d'aucuns, par humanisme selon d'autres, de s'y opposer de toutes leurs forces [1]. »

Soulignons ici l'importance de ce recours à l'Orient dans une révolte contre le rationalisme et le machinisme occidentaux. Ce recours, inauguré par les romantiques allemands au début du XIXe siècle, sera souvent invoqué jusqu'à nos jours par des Occidentaux de plus en plus nombreux à rejeter la vision scientiste et matérialiste de nos sociétés ou leur modèle technico-capitaliste.

Le rôle joué par les romantiques allemands dans la redécouverte de l'Inde est déterminant. Il serait cependant erroné d'attribuer l'éveil de cette « fibre orientale » à la seule exhumation de textes anciens. La plupart des jeunes romantiques appartenaient à des sociétés secrètes – Herder à l'ordre des Illuminés de Weishaupt, Forster à la Rose-Croix, etc. – et avaient été préparés à cette grande rencontre avec l'Inde par le biais de l'ésotérisme occidental. Friedrich Schlegel était féru de néo-platonisme, de kabbale et d'alchimie médiévale. Il se sentait relié à la grande chaîne des phi-

1. René Girard, *L'Orient et la pensée romantique allemande*, *op. cit.*, p. 93.

losophes et mystiques occidentaux, de Pythagore à Jakob Böhme, qui s'inspirèrent d'un « Orient éternel ». Avant de lire les Upanishad, récemment exhumés et traduits, nombre de romantiques ont été initiés aux notions d'équivalence entre microcosme et macrocosme, de monisme, d'illusion cosmique, d'intuition intellectuelle ou de théologie apophatique* par les grandes œuvres de la tradition mystique et ésotérique occidentale. Ils ont plus appris – ou ils croient avoir plus appris – de l'Orient dans la lecture de Plotin, de Paracelse ou de Böhme que dans les récits de leurs contemporains qui dévoilent un continent presque inconnu des Européens. Aussi importantes soient-elles, la découverte et la traduction de textes sacrés orientaux ne sont-elles pas au fond un prétexte pour transmettre à leurs contemporains leur amour d'un Orient légendaire, patrie inlocalisable et intemporelle du véritable mysticisme ? Bien plus qu'une région du monde récemment explorée, l'Orient n'est-il pas synonyme pour eux d'*origine* ? L'Orient est « la patrie véritable de l'humanité, de la langue, de la poésie, écrit Novalis, et par conséquent aussi de l'enthousiasme, à partir d'où toutes choses se sont transplantées en quelque sorte dans d'autres pays et dans d'autres régions comme à partir d'un tronc originel [1] ».

Si elle a servi de rampe de lancement efficace aux études orientales, cette liaison établie par les premiers romantiques entre « l'illuminisme finissant et l'orientalisme naissant » a peut-être finalement causé plus de tort à l'Orient véritable qu'elle ne l'a servi. « Cet Orient merveilleux, écrit René Girard, cet âge d'or, avec son humanité "parfaite", sa religion "sublime", ses institutions "millénaires", étaient trop beaux pour être vrais [...]. À mesure que le romantisme défriche cette terre ancestrale, il se rend compte que l'Orient, né de son rêve et du rêve de tous les illuminés, est frelaté, que sa civilisation "antédiluvienne" est contemporaine de l'ère chrétienne, que son monothéisme "primitif"

1. Friedrich Novalis, *La Chrétienté et l'Europe*, II, p. 90.

est issu du plus vulgaire polythéisme, que sa société hiérarchisée est l'expression d'un racisme colonialiste, que la patrie du spiritualisme est infestée par le panthéisme, le matérialisme et les cultes les plus barbares[1]. »

Cette désillusion, mais aussi ce passage du rêve romantique et de l'indiomanie à l'orientalisme scientifique, se déroule en trois grandes étapes et en moins de deux décennies (1810-1830). Ce sont d'abord les progrès de la philologie et de la linguistique qui prouvent la non-antériorité du sanscrit sur les autres langues européennes. C'est ensuite la traduction des Veda * qui révèle les origines polythéistes des spiritualités hindoues. C'est enfin, à travers le prisme de Hegel et de Schopenhauer, la découverte des doctrines du « néant » et de l'« athéisme » bouddhiques, aux antipodes de la vision romantique.

Avant de revenir sur cette dernière « découverte » qui est au cœur de notre sujet, voyons tout d'abord brièvement comment se sont développées les études savantes relatives au bouddhisme au cours de cette Renaissance orientale.

Images du bouddhisme en Europe au début du XIXe siècle

La mise au jour et la traduction en langues européennes des principales œuvres littéraires du mazdéisme et de l'hindouisme ont précédé de plusieurs décennies celles des grands textes du bouddhisme. Au début du XIXe siècle, tandis que les grands livres hindous livraient leurs secrets, on avait encore des connaissances historiques très superficielles et le plus souvent erronées sur la religion majeure de l'Asie. Quelles représentations les Européens se font-ils du Bouddha et de son message à l'aube de cette découverte savante qui révolutionnera les esprits ?

Depuis le XVIIe siècle, quelques-uns d'entre eux avaient

1. René Girard, *op. cit.*, pp. 1-2.

deviné l'origine indienne du Bouddha[1] et arrivaient tant bien que mal à situer son existence historique. En 1691 et en 1693, Simon de la Loubère, l'envoyé de Louis XIV à la cour du roi du Siam, publia de remarquables travaux établissant la possibilité d'un lien entre les différentes religions du Siam, de Ceylan, du Japon ou de la Chine et évoquant l'existence possible d'un fondateur unique bien antérieur au Christ[2]. Mais ces connaissances trop isolées n'eurent guère plus d'impact en Europe que le récit de Marco Polo, et les légendes invraisemblables au sujet du Bouddha continuèrent à fleurir tout au long du XVIIIe siècle.

C'est parfois à travers le prisme de l'hindouisme que l'on considère la doctrine bouddhiste. Ainsi découvre-t-on le Bouddha comme un *avatâra**, une émanation du dieu Vishnou. Dans son *Grand Dictionnaire* (1759), Moreri identifie le Bouddha à Râma*. Plus tourné vers la Chine, Trévoux, dans son *Dictionnaire* (1771), l'assimile au « premier des dieux, comme le Jupiter des Chinois » (t. IV). Kaempfer fait preuve d'encore plus d'imagination en estimant que le Bouddha devait être un prêtre de Memphis ayant quitté l'Égypte pour aller prêcher sa religion en Inde. Durant tout le XVIIIe siècle, la rumeur circule dans les milieux érudits que Bouddha, Phtah, Fo, Xaca et Pythagore constituent un seul et unique personnage dont on ne sait d'ailleurs pas très bien s'il est divin ou humain et, dans ce dernier cas, s'il vécut en Grèce, en Inde, en Chine ou en Égypte. Les divers articles de l'*Encyclopédie* de Diderot (1751-1765) qui parlent du Bouddha sont de la même veine : son nom serait synonyme d'Hermès, mais ce serait en fait un prêtre éthiopien venu s'initier à la sagesse égyptienne (à moins que ce ne soit aux livres hébreux) avant de fonder dans le sud de l'Inde – ou à

1. Par exemple, dans sa *Vie de saint François-Xavier* publiée à Lyon en 1666, Bartoli écrit : « Il est en tout cas certain que Xaca fut un des plus célèbres gymnosophistes de l'Inde ; son père était roi dans le bassin du Gange ; son surnom, Bouddha, signifie sage et lettré ; il vécut aux environ de l'an mil avant le Christ » (p. 153).

2. Simon de la Loubère, *Description du Royaume du Siam*, 2 vol., Paris-Amsterdam, 1691 et 1693.

Ceylan – la secte des « Hylobiens, les plus sauvages des gymnosophistes [1]. » Au début du XIXe siècle, parmi les pionniers des études hindoues, un Jones, un Colebrooke reconnaissent qu'ils ne savent presque rien du bouddhisme en dehors des sources védantines qui s'inspirent de l'enseignement de Shâkyamuni tout en l'attaquant. Ces dernières révèlent que les bouddhistes soutiennent la « périssabilité de toute chose » et sont des « négateurs d'un autre monde ».

Parmi les innombrables théories sur le Bouddha qui circulent en Europe durant les premières décennies du XIXe siècle, signalons aussi celle, très en vogue, des « deux Bouddhas ». Selon de nombreux auteurs (Constant, le baron d'Eckstein...), il est nécessaire de poser l'existence historique de deux Bouddhas : Bouddha Ier, personnage semi-mythique qui aurait influencé Pythagore et les Égyptiens, serait contemporain de Moïse et aurait vécu environ deux mille ans av. J.-C., tandis que Bouddha II aurait combattu le brahmanisme et tenté d'abolir le système des castes au VIe siècle av. J.-C. En 1833, l'article du *Dictionnaire de la conversation et de la lecture* consacré au bouddhisme est suivi d'un autre article sur « Boudha, qu'il ne faut pas confondre avec Bouddha », et qui serait « le génie de la planète Mercure [2] »...

À l'aube de la redécouverte savante, l'imaginaire occidental est la fois foisonnant et pauvre, varié et inculte. De nombreuses images et idées circulent, mais elles sont le plus souvent aberrantes ou approximatives, et, de toute façon, à l'exception notable du « lamaïsme », Bouddha ne fait pas encore recette en Europe. Les choses vont profondément changer en moins de vingt ans, entre 1830 et 1850, grâce aux progrès considérables des études scientifiques consacrées au bouddhisme.

1. Voir les articles « Asiatiques » (t. I, 1751) ; « Bramines » (t. II, 1751) ; « Xacabout » (t. III, 1753) ; « Foiriao » (t. VII, 1757) ; « Japonais » et « Indiens » (t. VIII, 1765) ; « Siaka » (t. XV, 1765).

2. H. Ahrens, *Dictionnaire de la conversation et de la lecture*, 1833, cité par Henri de Lubac, *op. cit.*, p. 131.

La découverte savante du bouddhisme

Les premiers essais publiés en Europe sur le Bouddha, celui du Français Michel-Jean-François Ozeray en 1817[1] et celui de l'Allemand Klaproth en 1823[2], rendent bien compte des préjugés du temps ; ils n'apportent aucune information ni aucun regard révolutionnaires sur le sujet. Ils constituent cependant un moment nouveau, révélateur d'une évolution globale de la connaissance : pour la première fois, le mot « bouddhisme » apparaît, signe que cette religion devient en Europe un objet de savoir précis. Reste à mieux connaître son fondateur, son message fondamental – jusqu'alors seulement effleuré – et son développement historique en Inde et à travers de nombreux pays asiatiques. Rien de cela ne peut se faire sans un énorme effort de traduction.

Le canon bouddhiste est écrit dans deux langues anciennes : le sanscrit et le pali. Il est aussi conservé, ainsi que de nombreux traités ultérieurs du Mahâyâna, dans plusieurs langues orientales correspondant à l'expansion du bouddhisme en Asie. Pour mettre au jour et parvenir à déchiffrer l'essentiel de la doctrine et des grands traités bouddhistes, il fallait non seulement percer le secret du pali* et du sanscrit, mais aussi progresser dans la connaissance des diverses langues d'Extrême-Orient : chinois, japonais tibétain... Un tel travail ne pouvait se faire en quelques décennies. Il a commencé avec les missionnaires du XVIIe siècle qui déchiffrèrent les langues asiatiques ainsi que les premiers rudiments de sanscrit. Le Jésuite Nobili, apôtre moderne de l'Inde, fut sans doute, au milieu du XVIIe siècle, le premier Européen à lire cette langue sacrée des Indiens, tandis qu'un autre jésuite, Henri Roth, publiait en 1664 la première grammaire sanscrite. Mais il faudra attendre la fondation de la Société

1. Michel-Jean-François Ozeray, *Recherches sur Buddon ou Bouddon, instituteur religieux de l'Asie orientale*, Paris, 1817.

2. « Vie de Buddha », in *Asia Polyglotta*, 1823, et *Journal asiatique*, 1824.

asiatique du Bengale, en 1784, pour voir une véritable école de savants s'atteler vraiment à l'étude de cette langue – qui n'est pas naturelle mais résulta d'un travail de codification, effectué par le grammairien indien Panini au IVe ou au IIIe siècle av. J.-C. – et traduire de nombreux textes de l'Inde. Les travaux de Jones, de Wilkins, de Colebrooke, de Wilson ne concernent cependant que des textes hindous. Entamés dans les années 1830, les premiers véritables travaux scientifiques concernant le bouddhisme sont consacrés à l'étude de ses sources à travers différentes langues.

C'est par le biais du Tibet et du « lamaïsme », une fois encore, que l'Europe verra publier les premières études savantes consacrées au bouddhisme. Un Hongrois, Alexander Csoma de Körös, qui séjourne de 1823 à 1842 dans les régions himalayennes proches du Tibet, fait découvrir aux Européens, par-delà l'exotisme, la richesse et la profondeur de la tradition religieuse tibétaine. Le personnage et son histoire sont assez extraordinaires. Convaincu de pouvoir trouver aux Himalayas les origines de la nation hongroise, ce jeune étudiant quitte en 1818 sa région natale en direction de l'Asie, à pied et sans ressources. Vivant de mendicité, apprenant les langues des nombreux pays qu'il traverse, Körös met cinq ans pour atteindre les portes du Tibet. Vivant dans une cabane à trois mille cinq cents mètres d'altitude, subissant sans chauffage des hivers glacials, il s'immerge totalement dans la langue et la religion tibétaines. Découvert et soutenu par la Société asiatique de Calcutta qui lui consent une petite rente, il voit rapidement ses travaux publiés en Occident où ils obtiennent une remarquable audience. Il s'agit tout d'abord d'une grammaire et d'un dictionnaire tibétain-anglais de trente mille mots, paru en 1834 ; puis de plusieurs articles d'érudition dans lesquels il montre que de nombreux livres sacrés tibétains (jugés primitifs par les missionnaires) sont en fait des traductions de textes sanscrits très anciens qui ont disparu de l'Inde avec le bouddhisme il y a plus de mille ans. Körös dévoile ainsi l'étonnante et jusqu'alors insoupçonnée érudition du bouddhisme tibétain qui comprend deux grandes collections d'ouvrages sacrés : le Kanjur (cent huit volumes), sorte de canon du bouddhisme tibétain, composé du Tripitaka (règles de discipline de la communauté bouddhiste primitive), des Sûtras* (enseignements du Bouddha et de ses disciples) et des Tantras* (instructions ésotériques plus tardives, en partie dérivées de l'hindouisme), et le Tanjur (deux cent soixante volumes), qui rassemble les interprétations et les commentaires théologiques élaborés au cours des siècles par les lamas tibétains [1]. Grâce aux travaux de Körös, complétés et poursuivis par l'anglais Bryan Hodgson, les Occidentaux peuvent enfin avoir accès aux textes religieux tibétains [2] qui se révèlent d'un incomparable intérêt pour comprendre le bouddhisme indien primitif, mais dont les développements théologiques ultérieurs paraissent encore indéchiffrables aux savants. Pourtant, saisissant parfaitement le caractère pragmatique de la transmission spirituelle des Tibétains, Körös, aujourd'hui considéré par les bouddhistes mahayanistes comme un authentique *bodhisattva**, écrira ces lignes prophétiques : « Une fois qu'ils seront familiarisés avec le côté pratique de la doctrine tibétaine, je pense que les Européens excuseront les extravagances dogmatiques de cette religion [3]. »

Tandis que le jeune Hongrois transmet à l'Europe ces précieuses informations sur le bouddhisme tibétain, un Français, Abel Remusat, consacre toute son énergie à comprendre et à traduire les grands traités du bouddhisme chinois. La publication en 1836, un an après sa mort, du récit de Fa-hien, *Foe koué ki* ou *Relation des royaumes bouddhiques*, révèle sans doute le premier grand texte bouddhiste jamais

1. Révélation publiée dans le vingtième volume des *Recherches asiatiques*, en 1836.
2. Plusieurs collections complètes du Kanjur et du Tanjur furent envoyées dans les grandes bibliothèques européennes.
3. Cité par T. Duka, *The Life and Work of Alexander Csoma de Körös*, 1937.

paru dans son intégralité en Europe. Si un exemplaire du Kanjur expédié par Körös fut alors déposé à la Bibliothèque royale de Paris, et si de grands savants ne cessaient à l'époque de progresser dans l'étude du sanscrit (Lassen, Bopp, Humboldt, Guillaume Schlegel, Chézy...), on manquait toujours de sources bouddhiques écrites dans cette langue. Cette lacune est comblée en 1837 avec l'envoi à la Société asiatique de Paris, par le diplomate anglais Bran Hodgson, d'un lot de quatre-vingt-huit ouvrages du canon bouddhiste sanscrit récupéré au Népal. Ce matériau exceptionnel est immédiatement exploité par un savant français hors du commun, Eugène Burnouf. Fils d'orientaliste, ce jeune philologue surdoué a réussi à percer en 1926, avec Lassen, l'énigme de la langue pali (il avait alors vingt-cinq ans). Successeur depuis 1933 de Chézy à la chaire de sanscrit du Collège de France, Burnouf attend depuis longtemps cette occasion de mettre enfin au jour les origines indiennes du bouddhisme. Il s'attaque à la traduction d'un des livres du canon bouddhiste, Le Lotus de la bonne loi, qu'il a l'intention d'accompagner d'un commentaire. Mais, en s'attelant à la rédaction de l'introduction qui est censée précéder la traduction, il rédige en fait un véritable livre d'un millier de pages qu'il faudra éditer en deux tomes ! Publié en 1844, son premier volume de l'*Introduction à l'histoire du buddhisme indien* est un événement scientifique, littéraire et religieux salué dans l'Europe entière. « C'est cet ouvrage qui posa les bases de l'étude systématique du bouddhisme », écrira Max Müller [1]. « Une œuvre prodigieuse », commente Émile Sénart [2]. En 1849, Renan lui dédie avec enthousiasme son livre *L'Avenir de la science*, et, en 1855, Michelet lui rend hommage dans son *Histoire de France* comme à un véritable bienfaiteur de l'humanité. Jules Barthélemy Saint-Hilaire écrit pour sa part dans le *Journal des*

1. Cité par Henri de Lubac, *op. cit.*, p. 142.
2. *Id.*, *ibid.*

savants : « *L'Introduction au buddhisme indien* [...] a fondé la véritable étude du bouddhisme. C'est désormais en suivant les traces de M. Eugène Burnouf et en s'adressant aux originaux sanscrits qu'on pourra la continuer. Grâce à lui, nous savons déjà quand est née cette religion à la fois si puissante et si absurde, comment elle s'est développée au sein du brahmanisme en essayant de le réformer, quels sont ses dogmes essentiels, les phases principales par lesquelles elle a passé à ses débuts ; et, comme le dit M. Eugène Burnouf lui-même, il nous a fait connaître le bouddhisme indien jusqu'au moment où il entre dans l'histoire [1]. »

En 1852, Burnouf publie *Le Lotus de la bonne Loi, traduit du sanscrit, accompagné d'un commentaire et de vingt et un mémoires relatifs au Buddhisme*, qui obtient un nouveau succès éclatant auprès de la plupart des intellectuels européens. Décédé la même année à l'âge de cinquante et un ans, il laisse une œuvre décisive, interrompue en plein essor, mais qui continuera de marquer en profondeur l'intelligentsia occidentale jusqu'à la fin du siècle.

L'impulsion donnée par Körös et Burnouf lance la vogue des études sur le bouddhisme au milieu du XIXe siècle. En Russie, en Grande-Bretagne, en Allemagne et surtout en France, les travaux savants et les traductions se multiplient. La traduction d'Edmond Foucaux du récit coloré de la vie légendaire du Bouddha, le Lalistavistara (1847), l'un des principaux ouvrages de la collection tibétaine, fait grand bruit. Le sinologue Stanislas Julien publie ses trois volumes de *Voyages des pèlerins bouddhistes* (1853, 1857 et 1859) qui comprennent la traduction de textes majeurs du Mahâyâna. En 1860, le Russe W. Wassilieff, professeur de chinois à l'université de Saint-Pétersbourg, publie en Allemagne une étude historique et doctrinale très fouillée sur le bouddhisme du Nord [2], et, deux années plus tard, le savant Max Müller

1. Jules Barthélemy Saint-Hilaire, *Journal des savants*, août-septembre 1952.
2. W. Vassilieff, *Der Buddhismus, seine Dogmen, Geschichte und Literatur*, 1860,

écrit un essai sur la doctrine du Bouddha qui renforcera l'intérêt qu'y portent les penseurs allemands. Dans ses quatre volumes d'*Antiquités indiennes* (1847 à 1861), Christian Lassen publie plusieurs études remarquées sur le bouddhisme et l'*Essai sur la légende du Buddha* (1875) d'Émile Sénart obtient un franc succès. Reprenant les travaux de James Prinsep, pionnier de l'archéologie indienne, et de Turnour, Sénart publie quelques années plus tard *Les Inscriptions de Piyadasi* (1881), qui révèlent au grand public la découverte et la teneur des édits de l'empereur bouddhiste indien Ashoka (IIIe siècle av. J.-C.). Durant toute la seconde moitié du XIXe siècle, les livres de vulgarisation sur le Bouddha se multiplient dans la plupart des pays européens [1], et leur diffusion rend compte de l'intérêt sans cesse croissant des Occidentaux vis-à-vis du bouddhisme.

Les polémiques savantes se développent également. L'une des plus virulentes est probablement celle déclenchée par Uassilieff et Kern, qui nient purement et simplement l'existence historique de Shâkyamuni [2]. Dans son *Essai sur la légende de Buddha* (1874), Émile Sénart faisait déjà remarquer que l'on accordait à Shâkyamuni trop de consistance historique. « Il n'est point de dieu avéré, ni Vishnou, ni Krishna, ni Héraclès, auquel on ne pût constituer une biographie suffisamment raisonnable en procédant comme on a fait jusqu'ici à l'égard de la légende de Buddha [3] », écrit-il. Parmi les savants opposés à ces thèses, Auguste Barth réaffirme avec force l'existence historique certaine du Bouddha, quelque nombreux qu'aient pu être les traits légendaires

traduit en français quelques années plus tard par G.-A. La Comte, *Le Bouddhisme, ses dogmes, son histoire et sa littérature*, 1865.

1. Notamment R. Spence Hardy, *Manuel of Buddhism*, Londres, 1853 ; Barthélemy Saint-Hilaire, *Le Bouddha*, 1858 ; Samuel Beal, *The Romantic Legend of Sakya Buddha*, Londres, 1875.

2. Voir *Revue de l'histoire des religions*, sept.-oct. 1881, janvier-février, mars-avril 1882.

3. Émile Sénart, *Essai sur la légende de Buddha*, 1874, p. 412.

dont la tradition a auréolé sa vie : « La vie de Krishna, dit-il, serait dépouillée de la moitié de ses merveilles, et celle de Bouddha serait plus chargée encore de surnaturel, qu'elles seraient toujours, celle-ci la vie d'un dieu, celle-là la vie d'un homme [1]. »

Mais ces querelles de savants sont peu de chose à côté des polémiques qui vont secouer les milieux intellectuels européens au fil de la publication des études érudites consacrées au bouddhisme. Principal objet de ces diatribes : la comparaison systématique entre le bouddhisme et le christianisme, à laquelle se livrent tous les commentateurs entre 1840 et 1890 sur fond de sécularisation croissante de la société et de tensions extrêmes entre chrétiens engagés, esprits religieux plutôt anticléricaux et athées purs et durs.

1. *Cf. Revue de l'histoire des religions*, janvier-février 1882, p. 23.

2

Le grand rival du christianisme

« Pour la première fois dans l'histoire humaine, rappelle Raymond Schwab, les écritures déchiffrées par les orientalistes firent de la terre un tout. Avec la fondation des orientalismes a commencé une toute nouvelle acception du mot homme [...]. Tout à coup, l'humanisme partiel des classiques devient l'humanisme intégral qui nous semble maintenant un produit de la nature [1]. » Les romantiques allemands du début du XIXe siècle avaient accueilli cet « humanisme intégral » dans une violente opposition à la Révolution et au rationalisme des Lumières. Il en va tout autrement avec la découverte du bouddhisme. Surtout en France, nombre d'esprits, saisis par l'humanisme bouddhique, par son aspect rationnel et le caractère universel de son message, l'interprètent dans la droite ligne de la Révolution et de l'universalisme des droits de l'homme. « La France, écrit l'orientaliste Sylvain Levi, nourrie de la tradition classique, cherche l'esprit humain à travers l'espace et le temps [...]. Tandis que l'Allemagne s'attache passionnément au Veda, considéré comme un document indo-germanique, l'indianisme français est surtout attiré par le bouddhisme, la seule production du génie indien qui soit d'ordre universel par son inspiration et par son histoire [2]. »

1. Raymond Schwab, *La Renaissance orientale, op. cit.*, p. 12.
2. Sylvain Levi, *L'Inde et le monde*, 1925, p. 1.

Michelet est l'exemple le plus typique de ces intellectuels français du XIXe siècle passionnément attachés à l'idéal de la Révolution et résolument anticléricaux, qui se réjouissent de la découverte de l'Inde, tout particulièrement du bouddhisme. Cette découverte favorise à ses yeux l'élargissement de l'horizon culturel européen à un humanisme plus universel que l'humanisme judéo-chrétien : « Tout est étroit dans l'Occident. La Grèce est petite, j'étouffe. La Judée est sèche, je halète. Laissez-moi un peu regarder du côté de la haute Asie, vers le profond Orient [1]. » Grâce à la découverte du bouddhisme, « on a vu le parfait accord de l'Asie avec l'Europe, celui des temps reculés avec notre âge moderne. On a vu que l'homme en tout temps pensa, sentit, aima de même. Donc, une seule humanité, un seul cœur, et non pas deux. La grande harmonie, à travers l'espace et le temps, est rétablie pour toujours. Silence à la sotte ironie des sceptiques, des docteurs du doute qui disaient que la vérité varie selon la latitude ! La voix grêle de la sophistique expire dans l'immense concert de la fraternité humaine [2]. »

Outre-Atlantique, le même idéal d'universalité anime une génération de poètes profondément marqués par l'Inde et le romantisme allemand : les transcendantalistes. Leurs principaux représentants – Thoreau, Emerson, Whitman – ont lu les Veda et la Bhagavad-Gîtâ, Les Upanishad et le Zend-Avesta. Mais la découverte du bouddhisme coïncide pour eux avec la révélation d'une plus grande parenté de ce dernier avec l'esprit occidental, donc avec celle d'une véritable universalité de l'esprit humain. Le 27 octobre 1845, Emerson écrit dans son journal intime : « Ramenées à leurs sources, les conceptions colossales du bouddhisme sont, au

1. Jules Michelet, *La Bible de l'Humanité*, *op. cit.*, p. 2.

2. *Id.*, *ibid.*, p. 13. Michelet n'hésite d'ailleurs pas à enrôler explicitement l'Inde au service des Lumières et de la Révolution française : « De l'Inde jusqu'en 1789 descend un torrent de lumière, le fleuve de Droit et de Raison [...]. Le Moyen Âge est l'étranger », *ibid.*, p. 485.

fond, l'expression nécessaire et comme structurale de l'esprit humain. »

Mis en lumière par les études savantes, le bouddhisme passionne les intellectuels européens durant toute la seconde moitié du XIXe siècle et suscite maintes controverses, prises de position enflammées, appréciations et interprétations les plus diverses [1]. Nous reviendrons, dans le prochain chapitre, sur l'importance des penseurs allemands, principalement Schopenhauer et Nietzsche, dans la réception philosophique du bouddhisme. En France, pays européen le plus impliqué dans les études qui lui sont consacrées, mais également en Grande-Bretagne et un peu en Allemagne, ce qui frappe aujourd'hui, à la lecture des jugements émis par les historiens, les journalistes, les écrivains, les philosophes de cette période, c'est le besoin systématique de comparer le bouddhisme au christianisme. Si la révélation de la religion du Bouddha constitue véritablement un choc, c'est parce qu'elle apparaît comme un formidable – ou dangereux – argument contre la religion du Christ. On est partout saisi par le caractère universel du bouddhisme et le nombre considérable de ses adeptes. Dès 1799, plusieurs décennies avant même que le bouddhisme ne soit clairement identifié par tous comme une même grande religion, Francis Buchanan attirait déjà l'attention de ses contemporains sur la question : « Aussi absurde que puissent être les dogmes de cette religion, elle a influencé une si large partie de l'humanité qu'elle devient un objet de grande importance dans l'histoire de la race humaine [2]. » Mais, c'est surtout à partir des

1. Comme au siècle précédent et depuis le début de la Renaissance orientale, les salons parisiens jouent un rôle essentiel de plaque tournante entre la création scientifique et la création littéraire. Savants, écrivains, poètes, journalistes, universitaires se rencontrent dans les salons de Mme de Staël, de Mme Récamier, de Mary Clarke, de Mme Cuvier. Le rôle des salons continue d'être déterminant dans la diffusion d'idées et de jugements sur le bouddhisme.

2. Francis Buchanan, « On the Religion and the Litterature of the Burmas », in *Asiatic Researches*, 6, 1799, p. 163.

années 1840 que les Européens prennent vraiment conscience de l'immensité du monde bouddhique. On compare alors les données statistiques : Bouddha compterait à travers le monde environ cent millions d'adeptes de plus que l'Église catholique [1]. « Le bouddhisme, écrit Renan, est à l'heure qu'il est la religion qui groupe le plus de consciences, et si jamais (ce qu'à Dieu ne plaise !) l'humanité mettait sa religion au suffrage universel, le grand lama obtiendrait au moins la majorité relative [2]. » Bref, que ce soit pour s'en réjouir ou s'en alarmer, pour en souligner les convergences ou les divergences, les intellectuels français ne parlent alors du bouddhisme que pour le confronter à la religion de leurs ancêtres.

Convergences du bouddhisme et du christianisme

Ce qui frappe avant tout la plupart des esprits, c'est la similitude des rôles historiques joués par ces deux grandes religions de l'Orient et de l'Occident. On s'attache à souligner le parallèle de leurs destinées respectives : « Et si le christianisme, quoi qu'il soit venu confirmer la loi de Moïse, n'a pu lui-même rester en Judée, comment le bouddhisme, qui reniait l'Ancien Testament de l'Inde, aurait-il pu rester sur le Gange [3] ? » s'interroge Edgar Quinet. Critiquant les clercs qui refusent d'admettre une quelconque parenté entre les deux religions, Michelet enfonce le clou : « Il faut être bien déterminé à ne rien voir pour nier une ressemblance de famille qui n'est pas seulement dans les grands traits généraux de la face et dans l'expression, mais dans les menus détails, dans les petits signes fortuits, jusque dans les plis et les rides. Non seulement les deux frères se sont

1. *Cf.* Garcin de Tassy, *Journal des débats*, 7 juillet 1854, p. 2.
2. Ernest Renan, *Nouvelles Études d'histoire religieuse*, *op. cit.*, p. 400.
3. Edgar Quinet, *Le Génie des religions*, *op. cit.*, p. 282.

ressemblés en naissant, mais aussi dans le progrès de la vie ; ils ont changé et vieilli de la même manière[1]. »

On remarque en effet que ces deux religions universelles ont constitué une profonde révolution religieuse. « Il est arrivé deux fois dans le monde, et sur deux grands théâtres, écrit Charles Renouvier, que des religions ont réagi profondément contre les dogmes de guerre et de sang, ont fait prévaloir la bonté sur la puissance et donné du bien et du mal des définitions plus morales, plus propres à la pure conscience... L'une de ces religions a effacé jusqu'à la trace des anciens sacrifices ; elle les a remplacés par le dévouement de ces hommes divins qui descendent des espaces célestes (les boddhisatvas) et viennent sauver leurs frères de la terre par l'exemple des sublimes vertus et l'enseignement de la vérité. L'autre, assumant dans un seul sauveur tous les péchés du monde, a fait de lui la victime unique livrée par Dieu à la colère de Dieu en la personne de Dieu fait homme[2]. »

Hippolyte Taine, qui montre une certaine sympathie pour le bouddhisme, dans lequel il retrouve des traits de sa propre philosophie, souligne que le christianisme est apparu cinq siècles après la mort du Bouddha, « parmi les frères occidentaux des conquérants de l'Inde, après une élaboration presque semblable, une rénovation presque semblable, et de tous les événements de l'histoire cette concordance est le plus grand[3]. »

De nombreux auteurs soulignent les similitudes entre les fondateurs – « Bouddha, ce grand Christ du vide[4] », écrit Edgar Quinet –, mais divergent sur l'interprétation à donner de ces troublantes ressemblances. On peut, à ce sujet, assez facilement identifier trois positions. Celle des anticlé-

1. Jules Michelet, *Histoire de France*, t. 10, 1876, p. 14.
2. Charles Renouvier, *Introduction à la philosophie analytique de l'histoire*, 1864, pp. 786-787.
3. Hippolyte Taine, *Nouveaux Essais de critique et d'histoire*, 1884, p. 377.
4. Edgar Quinet, *Le Génie des religions*, *op. cit.*

ricaux, d'abord, qui font valoir l'antériorité du bouddhisme sur le christianisme pour expliquer que Jésus s'est très certainement inspiré du message bouddhique [1]. Celle, ensuite, des apologistes chrétiens qui prétendent, à l'inverse, que ce sont les disciples de Shâkyamuni qui, au début de l'ère chrétienne, se sont inspirés de la vie et du message de Jésus pour réécrire la légende du Bouddha. Entre ces deux positions extrêmes, un certain nombre d'esprits moins partisans font tout simplement valoir l'unité de l'esprit et du genre humains comme explication plausible de l'apparition et du développement indépendants de courants religieux semblables par bien des aspects. C'est le point de vue développé en Grande-Bretagne, par exemple, par l'écrivain Robert Green devant la Société philosophique et littéraire de Liverpool [2], ou par l'historien anglican J. Estlin Carpenter [3].

Au-delà des polémiques, beaucoup sont frappés par le fait qu'il s'agit dans les deux cas d'une tradition « issue d'une autre qu'elle abolit ». On compare le rejet de Shâkyamuni de « l'érudition stérile des Veda » et le rejet christique et paulinien de la Loi juive en tant qu'expression d'un formalisme pharisaïque sans vie spirituelle [4]. Outre leur caractère commun de réforme religieuse, certains soulignent aussi la révolution sociale qu'ont représentée le bouddhisme et le christianisme. La doctrine du Bouddha a « pour conséquence immédiate l'idée de l'unité du genre humain, laquelle entraîne l'abolition des castes, note Edgar Quinet.

1. Voir, p. 108, le sous-chapitre « Bouddhisme moderne contre christianisme dogmatique ».

2. Robert Green, « Christianity and Buddhism », in *Proceeding of Literary and Philosophical Society of Liverpool*, 44, 1890, pp. 299-322.

3. J. Estlin Carpenter, « The Obligations of the New Testament to Buddhism », in *The Nineteenth Century*, 8, 1880, pp. 971-984.

4. Ces comparaisons qui associent systématiquement brahmanisme et judaïsme dans leur infériorité aux bouddhisme/christianisme doivent aussi se lire dans le contexte d'une époque fortement teintée d'antisémitisme. De nombreux intellectuels chrétiens du XIXe siècle applaudissent à la découverte de l'Inde parce qu'elle offre au christianisme une source possible autre que le judaïsme.

Cette conséquence a été en effet déduite par le bouddhisme avec une intrépidité de logique qui semble n'appartenir qu'à l'Occident. Le christianisme lui-même, dans sa charité la plus pure, n'a pas proclamé plus irrévocablement l'égalité de tous les hommes[1]. » Cette vision du Bouddha comme réformateur social revient sans cesse dans les commentaires : il est vrai que la question est d'actualité en Europe ! En Grande-Bretagne, Alexander Cunningham fait ainsi l'éloge du Bouddha en vantant ce « grand réformateur social qui avait à cœur de prêcher la parfaite égalité du genre humain et l'abolition des castes qui en découle, en dépit des menaces du clergé le plus puissant et le plus arrogant qui soit au monde[2] ». Ernest Renan, qui montre à la fois un vif intérêt et une attitude ambiguë – tantôt admirative, tantôt teintée de mépris – à l'égard du bouddhisme, soutient cette thèse originale : « Les objections des brahmanes contre le bouddhisme ne sont ni théologiques, ni philosophiques, mais toutes politiques. Le bouddhisme renversait les bases de la société indienne, et il fallait ou que le bouddhisme fût vaincu, ou que la vieille société croulât. L'institution sociale fut la plus forte et le bouddhisme disparut de l'Inde sans y laisser de souvenir. Les castes offrirent une résistance invincible. Aujourd'hui encore, elles forment un obstacle capital au christianisme qui n'a guère conquis dans l'Inde que quelques parias[3]. » Victor Cousin avait déjà insisté sur cet aspect social et sur « le caractère démocratique du bouddhisme[4] ». Dans le second versant du siècle marqué par les conflits sociaux et l'essor du socialisme, on n'hésitera évidemment pas à faire du Bouddha, parfois à l'instar du Christ, un des plus grands « apôtres socialistes[5] ».

1. Edgar Quinet, *Le Génie des religions, op. cit.*, p. 284.
2. Alexander Cunningham, *The Bhilsa Topes*, 1854, p. 33.
3. Ernest Renan, *Nouvelles Études d'histoire religieuse, op. cit.*, pp. 380-381.
4. Victor Cousin, *Histoire de la philosophie*, 1863, p. 94.
5. Gérard de Lafont, *Le Buddhisme*, Chamuel, 1895, p. 159.

Nombre d'esprits sont tout spécialement frappés par les convergences entre bouddhisme et catholicisme. Déjà, les premiers missionnaires qui s'étaient rendus au Tibet avaient établi de nombreux parallélismes entre le « lamaïsme » et l'Église catholique : hiérarchie, rituels, pèlerinages, vie monastique, etc. À telle enseigne que, depuis le XVIIe siècle, on qualifie assez communément en Europe le dalaï-lama de « pape de l'Asie ». Edgar Quinet reste « confondu en voyant comment, à travers toutes les différences de temps et de lieu, la même empreinte spirituelle a produit, dans le catholicisme du Moyen Âge et dans le bouddhisme de la haute Asie, des institutions, des mœurs, des singularités si parfaitement semblables qu'on croirait l'Orient et l'Occident plagiaires l'un de l'autre [...]. Le Christ des Mongols et des Thibétains vit, meurt, renaît dans une suite d'incarnations proclamées par le conclave asiatique. Des plateaux élevés du Thibet, il régit le haut Orient comme le pape, du balcon de Saint-Pierre, régit la ville et le monde. Pendant qu'en Occident l'extrême ambition du pâtre est de s'appeler un jour Grégoire VII, Sixte-Quint, l'ambition de l'Oriental a de plus hautes visées : il aspire, par la sainteté, à devenir le dieu lui-même (Bouddha), silencieusement assis au sommet des monts, sur le trône spirituel de l'Asie[1]. » On se plaît également à mettre en parallèle les œuvres catholiques et celles des bouddhistes ; ainsi Renan : « Cette religion athée a été éminemment morale et bienfaisante. C'est le catholicisme sans Dieu[2]. » La comparaison porte aussi sur le caractère ascétique et mystique des deux religions.

La plupart des auteurs soulignent la profondeur spirituelle et la quête de sainteté communes à ces deux grandes traditions. Certains, toutefois, les leur reprochent justement : « C'est un même état de vie contemplative et de paresse que le bouddhisme et le christianisme recommandent, mais que

1. Edgar Quinet, *Le Génie des religions, op. cit.*, pp. 286-287.
2. Ernest Renan, *Nouvelles Études d'histoire religieuse, op. cit.*, p. 374.

la morale elle-même condamne[1] », écrit ainsi Charles Renouvier. Les auteurs de pays protestants, très attachés à la valeur du travail, sont évidemment les plus critiques à ce sujet. L'historien Philip Almond, qui a retracé de manière très fouillée la réception du bouddhisme dans l'Angleterre victorienne, note ainsi : « À de rares exceptions près, le monachisme bouddhique rencontra une critique virulente. Celle-ci relève pour une part d'un parti pris anticatholique dans la société victorienne. Mais elle tire plus spécialement ses racines de l'évangile victorien du travail[2]. » Un bon exemple en est fourni par le philosophe David Hume qui avait placé le célibat, le jeûne, la pénitence, la mortification, le déni de soi, l'humilité, le silence, la solitude et toute la gamme des vertus monastiques dans le catalogue des vices[3].

Si, chez la plupart des intellectuels européens, le bouddhisme est perçu comme une sorte de Nouveau Testament indien par rapport à cet Ancien Testament qu'était le brahmanisme, certains développent une autre analogie, en comparant le bouddhisme à la Réforme protestante. Pour les auteurs protestants, il s'agit évidemment là d'un progrès. « L'ancien brahmanisme, écrit le savant Max Müller en 1862, devait nécessairement aboutir au bouddhisme comme le catholicisme du Moyen Âge à la Réforme[4]. » La comparaison entre le Bouddha et Luther s'impose avec force en Grande-Bretagne, non seulement du fait de leur commune mission réformatrice, mais aussi, comme le fait remarquer Philip Almond, « parce que la figure historique du Bouddha apparaît dans l'histoire de l'Occident au milieu du XIXe siècle durant une éruption particulièrement virulente d'anticatholicisme en Angleterre[5] ». Un bon exemple de cette assimilation des deux grandes figures réformatrices sur fond de

1. Charles Renouvier, *La Science de la morale*, 1869, p. 324.
2. Philip Almond, *The British Discovery of Buddhism*, *op. cit.*, p. 119.
3. David Hume, *Enquête sur les principes de la morale*, 1751, Aubier, 1978.
4. Max Müller, *Essais sur l'histoire des religions*, 1872, p. 306.
5. Philip Almond, *The British Discovery of Buddhism*, *op. cit.*, p. 73.

polémique anticatholique est fourni par le *Journal of sacred Literature* qui publie en 1865 un article expliquant que « Gautama a fait pour l'Inde ce que Luther et les réformateurs ont fait pour la chrétienté. Comme Luther, il trouva la religion enclose dans les mains d'une classe d'hommes qui pensaient avoir le monopole de sa gestion ; comme Luther, il affirma que la religion n'était pas seulement l'affaire du clergé, mais de tout homme doté d'une âme raisonnable... et comme l'Europe se leva à la voix de Luther, l'Inde répondit de tout cœur à l'appel de Gautama[1]. »

Mais, à l'inverse, pour des auteurs catholiques comme Schlegel ou l'abbé Bertrand aux yeux de qui la plénitude et la vérité sont d'autant plus parfaites qu'on remonte vers les origines, le bouddhisme est une corruption et une dégénérescence du védisme, comme le protestantisme en est une du catholicisme. Sans appartenir au monde chrétien, René Guénon soutiendra plus tard le même raisonnement. Résolument attaché au concept de « tradition primordiale », il reconnaîtra aux deux mouvements réformateurs « le même caractère négatif et antitraditionnel », les mêmes « tendances individualistes » préparant la voie « aux conceptions démocratiques et égalitaires[2] ». Mais le dernier mot dans cette manie comparatiste revient sans doute à Philarète Chasles pour qui, finalement, « le bouddhisme a ses catholiques et ses protestants[3] ».

Image positive ou négative du catholicisme pour les premiers, image positive ou négative du protestantisme pour les seconds : mieux que tout autre, ce débat montre bien comment le message du Bouddha devient, dès sa découverte savante, un nouvel enjeu au sein même du débat européen sur le christianisme. Immanquablement ramené au

1. *Journal of Sacred Literature*, 1965, p. 287. Cité par Philip Almond, *The British Discovery of Buddhism*, *op. cit.*, p. 73.

2. René Guénon, *Autorité spirituelle et pouvoir temporel*, éd. Traditionnelles, 1930, p. 118.

3. Cité par Henri de Lubac, *La Rencontre du bouddhisme et de l'Occident*, *op. cit.*, p. 163.

connu, le bouddhisme n'intéresse véritablement la plupart des intellectuels occidentaux qu'en tant qu'il peut être comparé au christianisme et s'insérer dans les joutes intellectuelles du moment, comme un argument qu'on s'approprie ou qu'on repousse – parfois les deux – selon les situations.

Autre point de convergence qui frappe l'imagination des Européens : l'*agapê* (charité) chrétienne et la *maitri** (compassion) bouddhiste. Alfred de Vigny, qui notait déjà en mars 1855 dans son journal : «J'ai l'esprit occupé de Bouddha», écrit en février 1862 : «Bouddha lui seul n'a point parlé des récompenses célestes. La charité est l'âme de sa religion, la plus profonde abnégation de soi-même.» En août 1859, il avait souligné : «La perfection du Bouddha est plus belle que celle du christianisme parce qu'elle est plus désintéressée.» Plus virulent, Jules Michelet interpelle en ces termes le christianisme : «S'il veut se définir la religion de la charité, il reconnaîtra le bouddhisme comme son frère, comme un autre lui-même ; il ne déclinera cette fraternité et cette ressemblance qu'en déclarant que la charité n'est point essentielle au christianisme[1].» Loin de tout accent polémique, De Vogüé constate : «Comme le christianisme pour l'Occident, le bouddhisme fut pour l'Extrême-Orient la révélation de charité, de douceur, de liberté morale et sociale qui devait rendre la vie plus supportable à des multitudes d'êtres humains courbés sous le joug d'une théocratie implacable[2].» Taine et Renan, qui exercent à cette époque une influence considérable sur le public cultivé français, mais aussi allemand, reviennent à plusieurs reprises sur ce thème. Lecteurs attentifs de Burnouf, Foucaux, Remusat, Hardy, Julien, Köppen, ils s'insurgent devant le «néant» du nirvana, mais manifestent leur admiration pour la compassion bouddhique qui évoque, pour eux aussi, la charité chrétienne. Renan surtout, veut montrer que l'amour boud-

1. Jules Michelet, *La Bible de l'Humanité, op. cit.*, p. 12.
2. Eugène Melchior de Vogüé, *Le Roman russe*, 1886, p. 3.

dhiste, à l'instar de l'amour chrétien, constitue le ressort et le fondement d'une dynamique prosélyte qui propagera le message du Bouddha bien au-delà de son berceau d'origine.

> « L'Inde ne connaît pas la mesure, écrit-il ; en fait de dévouement, comme en toute chose, elle l'a dépassée. On ne peut que sourire en voyant les efforts du Bouddha pour convertir les serpents, les oiseaux, les vampires, les harpies et tous les êtres fantastiques dont l'imagination indienne a peuplé le monde. Mais cet esprit de sympathie a été la cause du prosélytisme extraordinaire qui a inspiré les missionnaires bouddhistes, auquel les conquêtes des religions monothéistes peuvent seules être comparées. Le brahmanisme, le zoroastrisme, la doctrine de Confucius n'ont eu que des destinées nationales. Les apôtres de Cakya-Mouni, au contraire, ont cru que le monde devait devenir bouddhique, et ils ne se sont trompés qu'à demi. La doctrine la moins satisfaisante que l'homme ait jamais rêvée a séduit les pays les plus divers. Une religion qui ne semblait faite que pour les sceptiques raffinés, la moins claire, la moins consolante des religions est devenue le culte de races jusque-là très grossières. Ce fut la douceur de mœurs de ces pieux athées et le caractère général de mansuétude de leur prédication qui firent leur popularité[1]. »

Bouddhisme « moderne » contre christianisme « dogmatique »

Mais la comparaison entre les deux religions ne s'arrête pas, loin s'en faut, à la recherche des analogies et des points de convergence. Elle revêt le plus souvent un caractère beaucoup plus polémique. Dans cette seconde moitié du XIXe siècle, le bouddhisme est brandi comme un formidable argument contre le christianisme. La polémique touche particulièrement la France, pays catholique où la rupture est

1. Ernest Renan, *Nouvelles Études d'histoire religieuse, op. cit.*, pp. 374-375.

consommée entre partisans et adversaires d'une Église romaine farouchement hostile à l'évolution scientifique et libérale. « Le divorce semble [alors] absolu et irrévocable entre deux univers, deux sociétés, deux mentalités, écrit ainsi René Rémond. L'Église catholique représente le passé, la tradition, l'autorité, le dogme, la contrainte. La raison, la liberté, le progrès, la science, l'avenir, la justice sont dans le camp opposé[1]. »

Les similitudes observées plus haut permettent à certains écrivains et intellectuels de relativiser le caractère unique du christianisme, sa prétention à être la seule grande religion universelle. Presque toutes les allusions de Michelet à la doctrine du Bouddha visent manifestement cet objectif. Flaubert, en bon observateur de son temps, ne manque pas de rapporter en maints endroits cette objection que constitue l'existence même du bouddhisme face à la prétention des chrétiens à détenir l'unique vérité. Ainsi, dans *La Tentation de saint Antoine*, Hilarion expose au pauvre Antoine médusé les nombreux traits de la vie et de l'enseignement de Jésus qui apparaissent comme des décalques des écritures bouddhistes. Dans un truculent dialogue de *Bouvard et Pécuchet*, on sent bien la force de cette rivalité :

> « [...] Le scandale redoubla quand Pécuchet eut déclaré qu'il aimait autant le bouddhisme. Le prêtre éclata de rire : "Ah ! ah ! ah ! le bouddhisme !" Madame de Noares leva les bras : "Le bouddhisme !
>
> – Comment, le bouddhisme ! répétait le comte.
>
> – Le connaissez-vous ? dit Pécuchet à M. Jeufroy qui s'embrouilla.
>
> – Eh bien, sachez-le ! mieux que le christianisme, et avant lui, il a reconnu le néant des choses terrestres. Ses pratiques sont austères, ses fidèles plus nombreux que tous les chrétiens,

1. René Rémond, *Introduction à l'histoire de notre temps. Le XIXe siècle*, Seuil, 1974, p. 201.

et pour l'incarnation, Vishnou n'en a pas une, mais neuf ! ainsi, jugez !

– Des mensonges de voyageurs, dit Mme de Noares.

– Soutenus par les francs-maçons", ajouta le curé.

Et tous parlant à la fois : "Allez donc, continuez ! – Fort joli ! – Moi, je le trouve drôle. – Pas possible." Si bien que Pécuchet, exaspéré, déclara qu'il se ferait bouddhiste ! "Vous insultez des chrétiennes", dit le baron. Mme de Noares s'affaissa dans un fauteuil. La comtesse et Yolande se taisaient. Le comte roulait des yeux ; Hurel attendait des ordres. L'abbé, pour se contenir, lisait son bréviaire[1]. »

Pour certains intellectuels, la similitude entre les deux religions et l'antériorité du bouddhisme sur le christianisme discréditent radicalement la véracité du dogme chrétien. « J'avoue, malgré le respect que m'inspire le nom du Christ, écrit Proudhon, que ma raison ni ma conscience ne sauraient se plier à ce système dont le pendant avait été donné dans la Haute-Asie, plusieurs siècles auparavant, par le fameux Bouddha[2]. » Dans le dernier quart du XIXe siècle, de nombreux penseurs et hommes politiques européens militent activement en faveur d'une morale laïque qui puisse se substituer à la morale chrétienne jusqu'alors enseignée dans les écoles. À cet effort pour remplacer la morale religieuse par une morale laïque, qui menace l'un de leurs principaux moyens d'influencer sur la société, les Églises répondent qu'on ne saurait délier la morale chrétienne du dogme qui l'a soutenue, et, de manière plus générale, qu'aucune morale digne de ce nom ne peut tenir séparée d'une croyance en Dieu. Le bouddhisme, dont tout le monde s'accorde à reconnaître la haute moralité, vient à point nommé, pour les partisans de la laïcité, comme une objection dirimante à ces assertions. « Le Bouddha nous fournit un exemple vivant qui

1. Gustave Flaubert, *Bouvard et Pécuchet*, 1881.

2. Pierre Joseph Proudhon, *De la justice dans la Révolution et dans l'Église*, t. II, 1931, p. 342.

montre qu'une morale théorique, mais aussi pratique, d'un genre très élevé, peut être réalisée sans la foi en l'existence de Dieu», écrit en 1885 le journaliste anglais Samuel Kellog, en dressant l'inventaire des principales raisons de l'intérêt de nombre de ses contemporains pour le bouddhisme[1].

En France, dans son combat en faveur de l'école laïque, Jules Ferry ne manque pas l'occasion d'utiliser cet argument. Ainsi s'exclame-t-il, le 5 août 1875 : «Je pourrais démontrer que ce ne sont pas les dogmes qui ont soutenu la morale, mais tout au contraire la morale qui a fait que les dogmes se sont maintenus. La preuve, c'est le bouddhisme [...]. Cette religion encore si vivace, ce bouddhisme, a une morale, des principes, un idéal véritablement pour le moins aussi pur, aussi exquis que l'idéal chrétien le plus exigeant et le plus raffiné. Cette morale, qu'on l'étudie dans la pratique et l'on verra qu'elle est aussi pure que la morale chrétienne. Elle se confond avec elle, et cela est tellement étonnant que lorsqu'on s'en avisa, les catholiques dirent que c'était une secte chrétienne qui était allée s'installer dans les Indes, mais, malheureusement pour eux, cette religion a pris naissance cinq siècles avant le Christ ! De plus, dans la morale chrétienne, ces préceptes se retrouvent à un moindre degré, car dans la morale bouddhiste on étend la charité jusqu'aux animaux et aux plantes. Cela prouve qu'une morale fondée sur la pratique la plus exigeante, la morale du dévouement par excellence, peut exister avec des dogmes qui ne ressemblent en rien aux dogmes chrétiens. Dans le bouddhisme, il n'y a pas de peines et de récompenses. Vous le voyez, c'est une morale qui se tient debout toute seule. Cela est décisif : entre les dogmes et la conduite de l'homme, il n'y a aucun rapport. Nous qui sommes les tenants de la morale positive, à ceux qui nous demandent : où est-elle, cette morale, nous disons : la voici, c'est démon-

1. Samuel Kellog, *The Light of Asia and the Light of the World*, MacMillan, Londres, 1885, p. 14.

tré par les faits, elle est pratiquée par deux cents millions d'hommes, et depuis vingt-trois siècles[1] ! »

Sept ans plus tard, Jules Ferry parvient à faire voter la célèbre loi qui impose la laïcité dans l'enseignement public. Désormais, le catéchisme catholique est remplacé par des cours d'éducation morale et civique. Devant la nécessité de trouver des références séculières à cette nouvelle morale laïque, les rédacteurs des manuels d'instruction morale font feu de tout bois et agrègent aux principes issus de la tradition philosophique occidentale des éléments empruntés aux traditions asiatiques, principalement le confucianisme et, bien sûr, le bouddhisme.

Auguste Comte, le grand inspirateur du positivisme, se fait lui aussi le promoteur de la morale bouddhiste ; il vante le « rationalisme » bouddhique par opposition à une religion catholique « infantilisante », et intègre le Bouddha dans son calendrier positiviste. Son disciple Laffite prophétise avec enthousiasme « le spectacle qu'offrira au monde bouddhique le peuple de Paris, instituant dans son culte la fête du Bouddha et célébrant dans ses cantiques les services rendus à l'humanité par le réformateur hindou[2]. »

Dans un tout autre domaine, on voit aussi, parallèlement aux premières découvertes savantes, se développer une littérature comparatiste, peu soucieuse de rigueur historique et souvent teintée d'ésotérisme, qui établit le bouddhisme comme le grand inspirateur du christianisme. Ainsi que nous l'avons déjà signalé au premier chapitre de cette étude, ce genre littéraire très en vogue durant près d'un siècle a sans doute été inauguré par *La Vie inconnue de Jésus-Christ*, de Notovitch, publiée à Paris en 1834. L'auteur prétend avoir découvert un mystérieux document indien prouvant que Jésus aurait été initié en Inde par des brahmanes et des moines bouddhistes. En 1867, Adolf Hilgenfeld vulgarise en

1. Jules Ferry, discours à la Clémente Amitié, 5 août 1875. Inédit cité par Pierre Chevallier in *La séparation de l'Église et de l'école*, Fayard, 1981, pp. 438-439.

2. Laffite, *Les Grands Types de l'humanité*, 1875, huitième leçon, p. 307.

Allemagne une théorie un peu plus sérieuse, mais non moins dépourvue de véritables fondements scientifiques, selon laquelle Jésus aurait reçu sa doctrine des esséniens, lesquels auraient eux-mêmes été instruits par des prédicateurs bouddhistes de l'empereur Ashoka. Ces théories influencèrent plusieurs érudits comme Ernst von Bunsen, qui écrivit un livre à succès, *The Angel-Messiah of Buddhists, Essenes and Cristians* (Londres, 1880), ou Arthur Lillie, qui publia de 1881 à 1894 quatre ouvrages pour tenter de démontrer l'influence du bouddhisme sur le christianisme primitif. On édita même à Auxerre, en 1880, un *Jésus-Bouddha*[1] d'un auteur anonyme : peu soucieux de chronologie, il n'hésitait pas à faire remonter l'influence bouddhiste aux prophètes d'Israël qui, de Samuel à Esdras en passant par Isaïe et Jérémie, auraient été formés dans les monastères bouddhistes !

Dans le camp adverse, les partisans du christianisme ne sont pas à court d'arguments pour faire valoir l'« extrême différence entre les deux religions » ou démontrer l'« absurdité » des enseignements de Shâkyamuni. Victor Cousin, qui avait pourtant accueilli vingt ans plus tôt avec enthousiasme la découverte des textes sacrés de l'Inde, prend fermement, en 1847, la défense d'un christianisme assiégé par l'« objection » bouddhiste : « Je repousse les analogies qu'on a pu établir entre le christianisme et le bouddhisme ; les doctrines de l'un et de l'autre n'ont pas la moindre ressemblance, ou plutôt elles sont dans une opposition absolue. S'il y a au monde quelque chose de contraire à la doctrine chrétienne, c'est cette déplorable idée de l'anéantissement qui fait le fond du bouddhisme[2]. » Son disciple, Jules Barthélemy Saint-Hilaire, devient l'un des vulgarisateurs du bouddhisme les plus lus en France, et en même temps l'un des plus farouches adversaires de la doctrine qu'il tente d'exposer au public européen. En septembre 1852, il écrit dans le *Journal des*

1. *Cf.* Henri de Lubac, *op. cit.*, p. 208.

2. *Comptes rendus des séances de l'Académie des sciences morales et politiques*, 2e série, t. I, 1847.

savants : « Au fond, le bouddhisme n'est pas autre chose que l'adoration et le fanatisme du néant ; c'est la destruction de la personnalité humaine poursuivie jusque dans ses espérances les plus légitimes. Je demande s'il est au monde quelque chose de plus contraire au dogme chrétien, héritier de toute la civilisation antique, que cette aberration et cette monstruosité. » Dans la préface de son livre *Du bouddhisme*, publié en 1855, il présente la doctrine du Bouddha comme la solution « sans contredit la plus sombre qui ait jamais été donnée au problème de la destinée ». En 1862, dans *Le Bouddha et sa religion*, il ajoute le mépris et la suffisance à la critique : « Le Bouddha a été un de ces penseurs naïfs et aveugles qui, partant de l'être pour atteindre au néant, ne sentent en rien le poids écrasant de cette insoutenable contradiction ; qui se perdent dans leur propre pensée, faute d'en approfondir le principe ». Il faudra toutefois attendre 1880 pour que Saint-Hilaire dévoile sans doute le sens de tant d'efforts déployés en trente ans pour dénoncer « ce système hideux » : « Le bouddhisme n'a rien de commun avec le christianisme, qui est autant au-dessus de lui que les sociétés européennes sont au-dessus des sociétés asiatiques [1]. » À l'instar d'un certain nombre de ses contemporains, Saint-Hilaire craint plus que tout la menace d'une invasion bouddhiste qui saperait les fondements de la civilisation occidentale chrétienne.

Comme nous le verrons plus loin, Nietzsche, dans une tout autre perspective, envisagera sérieusement l'hypothèse de la conversion de l'Europe au bouddhisme. Sentant venir cette menace, son compatriote Friedrich Schlegel, converti au catholicisme après avoir été l'un des pionniers de la Renaissance orientale, avait cru bon d'écrire en 1825 : « La ressemblance qu'on veut bien trouver entre les deux religions n'est pas réelle. Elle est comme celle de l'homme et du singe [2]. »

1. Barthélemy Saint-Hilaire, *Trois Lettres à M. l'abbé Deschamps*, E. Leroux, 1880, p. 2.

2. Friedrich Schlegel, *Philosophie de l'histoire*, 1825, cité par Raymond Schwab, in *La Renaissance orientale*, *op. cit.*, p. 271.

En France, plusieurs apologistes chrétiens prennent la plume pour réveiller les consciences face à une telle menace. Dès 1842, Ozanam dénonce le bouddhisme comme la dernière vague des offensives panthéistes qui « ont menacé d'envahir la science, les arts, les mœurs. Elles sont arrêtées par ce qui reste de bon sens dans la société européenne. Mais des voix éloquentes les ont signalées comme le plus grand péril religieux de nos jours[1]. »

Tous les défenseurs du christianisme n'ont pas, toutefois, la perception d'un tel danger et adoptent à l'égard du bouddhisme un autre discours, finalement très proche du discours actuel de l'Église catholique. Dès 1829, Lamennais écrivait : « D'immenses travaux ont été entrepris depuis trente ans et se sont poursuivis avec ardeur par les savants de tous les pays. Il est temps que la science catholique vienne recueillir la riche moisson qu'on lui a préparée. L'Inde, le Thibet, la Chine, tout l'Orient dévoilent ces antiques traditions qui, par leur conformité merveilleuse avec les traditions chrétiennes, fournissent de nouveaux appuis à la foi, dont l'universalité, la perpétuité, ces deux grands caractères de ce qui est divin, deviennent chaque jour plus manifestes[2]. » Moins optimiste vingt-cinq ans plus tard devant l'onde de choc que le bouddhisme commence à susciter en Europe, Félix Nève exhorte aussi les théologiens et les clercs à ne pas mépriser, mais à étudier en profondeur « le seul adversaire moral que la civilisation occidentale trouvera prochainement en Orient[3] ».

1. Ozanam, *Essai sur le bouddhisme*, 1842, in *Œuvres*, t. VIII, pp. 209-234.

2. Félicité de Lamennais, *Des progrès de la Révolution et de la guerre contre l'Église*, 1829, p. 278.

3. Félix Nève, « Le bouddhisme, son fondateur et ses écritures », in *Le Correspondant*, 25 novembre 1853.

3

Schopenhauer et le « pessimisme bouddhique »

Que peuvent avoir en commun des personnalités aussi diverses que Nietzsche, Freud, Kierkegaard, Bergson, Wittgenstein, Maupassant, Tolstoï, Kafka, Mann, Proust, Camus, Céline, Borges, Wagner, Mahler, Schönberg, Einstein ou Chaplin ? Tous ont été marqués, d'une manière plus ou moins profonde selon les cas, par la pensée d'un philosophe allemand aujourd'hui presque totalement oublié, Arthur Schopenhauer (1788-1861). Celui que Tolstoï appelait « le plus génial de tous les hommes » fut en effet le maître à penser de plusieurs générations d'intellectuels et d'artistes, mais aussi de juristes, de bourgeois et de marginaux. Nietzsche précise en 1874 que, « dès à présent, plus de gens connaissent son nom que celui de Hegel [1] ». De fait, de 1880 à 1930, voire au-delà, presque tous les créateurs européens furent peu ou prou schopenhauériens [2]. Ces quelques lignes de Freud, reconnaissant Schopenhauer comme le véritable découvreur de l'inconscient, illustrent parfaitement l'estime dans laquelle ses contemporains portaient ce philosophe : « Peu d'hommes, sans doute, s'en rendent clairement compte : ce serait une démarche lourde de conséquences pour la science comme pour la vie que d'accepter l'hypo-

1. *Considérations inactuelles*, III, 1874-1876, in *Œuvres philosophiques complètes*, t. II, *op. cit.*, p. 78.

2. Voir à ce sujet le livre collectif publié sous la direction d'Anne Henry : *Schopenhauer et la création littéraire en Europe*, Klincksieck, coll. « Méridiens », 1989.

thèse de processus psychiques inconscients. Mais hâtons-nous d'ajouter que ce n'est pas la psychanalyse qui, la première, a fait ce pas. D'éminents philosophes peuvent être cités pour ses devanciers, avant tout autre le grand penseur Schopenhauer dont la "volonté" inconsciente équivaut aux instincts psychiques de la psychanalyse [1]. »

Or ce philosophe a joué un rôle crucial dans la réception du bouddhisme en Europe. De nos jours encore, certains jugements ou stéréotypes occidentaux sur le bouddhisme sont issus de cette influence schopenhauérienne. Peu importent ici les raisons qui ont présidé au succès, puis à l'oubli de la pensée de Schopenhauer. Le fait capital est que, pour une grande partie des Européens cultivés de la seconde moitié du XIXe siècle, pour les contemporains de Freud, de Marx, de Nietzsche, le bouddhisme s'est trouvé confondu avec la pensée du philosophe allemand. Ce phénomène est d'autant plus important qu'il survient à un moment où le bouddhisme est encore mal connu en Europe et où seuls quelques rares spécialistes seraient alors en mesure de jauger le bien-fondé de cette confusion. Faute d'un tel discernement, la pensée bouddhiste va être assimilée pendant des décennies à la philosophie de Schopenhauer. Or celle-ci est marquée du sceau d'un pessimisme radical.

Avant d'étudier la pertinence de cette assimilation et d'en voir les conséquences historiques, considérons comment et pourquoi s'est opérée cette confusion.

Le Monde comme volonté et comme représentation

Presque toute l'œuvre de Schopenhauer tient dans un livre magistral publié en 1818 à Leipzig, *Le Monde comme volonté et comme représentation.* Âgé de trente ans, l'auteur a

1. Sigmund Freud, *Essais de psychanalyse appliquée*, in *Essais*, Gallimard, 1933, p. 147.

conscience d'avoir réalisé dans ce volumineux travail l'œuvre d'une vie, qui marquera des générations entières : « Mais qui suis-je donc ? Je suis celui qui a écrit *Le Monde comme volonté et comme représentation* et qui a donné du grand problème de l'existence une solution qui remplacera peut-être les solutions antérieures, et, en tout cas, occupera les penseurs des siècles à venir[1]. » Jusqu'à sa mort, en 1861, Schopenhauer, qui vivait de ses rentes, ne fera que commenter ou compléter cet ouvrage majeur, soit par des additifs aux éditions antérieures, soit par la publication de quelques autres ouvrages tels que *Les Deux Problèmes fondamentaux de la morale* (1841), ou *Parerga et Paralipomena* (1851).

Entre 1813 et 1818, années durant lesquelles il conçoit et rédige *Le Monde comme volonté et comme représentation*, l'Europe intellectuelle est prise par la fièvre du romantisme. Fort éloigné des romantiques à bien des égards, le jeune Schopenhauer n'en partage pas moins leur vif intérêt pour les grands textes sacrés de l'Inde tout juste exhumés. Il est saisi en 1811 par la lecture de l'*Oupnek'hat*, recueil en deux volumes d'une cinquantaine d'Upanishad, traduites en latin d'après une version persane par Anquetil Duperron. Son œuvre est ainsi émaillée de nombreuses citations (environ deux cents) empruntées à la littérature védique, particulièrement aux Upanishad qui en constituent le sommet. En revanche, lors de la publication du *Monde comme volonté et comme représentation*, le bouddhisme est encore presque totalement inconnu des Européens, à l'exception, nous l'avons vu, de quelques rumeurs superficielles, confuses et contradictoires. De l'aveu même de Schopenhauer, son unique contact avec la pensée bouddhique se résume à deux lectures concernant la Birmanie[2]. C'est pourquoi la pre-

1. Cité par Marie-José Perrin, in *Schopenhauer, le déchiffrement de l'énigme du monde*, Bordas, 1992, p. 10.

2. Samuel Turner, *Voyage à la cour de Teshoo Lama*, *op. cit.*, et l'article de Buchanan, « On the religion of the Burmas », in *Asiatic Researches*, t. 6, 1799.

mière édition de son livre ne fait que très rarement mention du bouddhisme, et de manière on ne peut plus allusive. Voilà qui rend d'autant plus surprenante « cette admirable concordance » qui, selon l'expression même de l'auteur, existe entre sa pensée et la doctrine bouddhiste progressivement déchiffrée en Europe durant les trois décennies qui suivent. Schopenhauer suivra d'ailleurs attentivement les principales étapes de cette découverte[1] et ne manquera pas, dans les deux éditions ultérieures (1844 et 1859), de compléter le texte original de quelques références bibliographiques et surtout de montrer dans les suppléments, par quelques remarques appuyées, combien la doctrine bouddhiste vient corroborer les thèses essentielles de sa philosophie. Quelles sont-elles ?

Schopenhauer s'inscrit dans la tradition philosophique moderne de l'idéalisme qui stipule que le monde, tel que nous le connaissons, n'existe précisément que par notre connaissance, uniquement dans notre représentation et non en dehors d'elle. Admirateur de Platon dont il retient la théorie des Idées (il cite souvent le mythe de la caverne, *République*, VII), Schopenhauer se veut surtout un disciple de Kant. La distinction kantienne entre la chose en soi et le phénomène reste au cœur de sa philosophie. Mais il entend dépasser Kant en établissant d'une part l'identité du phénomène et du monde comme représentation et, d'autre part, l'identité de la chose en soi et du monde comme volonté[2]. Le monde phénoménal, celui que nous percevons, n'est que notre représentation. Il est soumis aux formes de l'espace, du temps et de la causalité qui n'existent que dans notre esprit. Mais, en soi, le monde est volonté : « Nous avons donné à cette essence première et universelle de tous les phénomènes le nom de la manifestation dans laquelle elle se

1. Ses principales sources sont Remusat (1838), Hardy (1853) et Köppen, (1857).

2. *Cf.* Arthur Schopenhauer, *Le Monde comme volonté et comme représentation*, Paris, P.U.F., 1966, pp. 522-528.

dévoile le plus franchement, le nom de volonté[1] », explique-t-il. « Et cette volonté, précise-t-il encore, grâce au monde représenté qui vient s'offrir à elle et qui se développe pour la servir, arrive à savoir qu'elle veut, à savoir ce qu'est ce qu'elle veut ; c'est ce monde même, c'est la vie, telle justement qu'elle se réalise là[2]. » Voilà pourquoi il nomme « vouloir vivre » la manifestation de la volonté comme chose en soi dans le monde phénoménal.

Or cette objectivation de la volonté dans le monde de la représentation n'entraîne que des souffrances. « La souffrance est le fond de toute vie[3] », n'hésite-t-il pas à écrire. « Les efforts incessants de l'homme pour chasser la douleur n'aboutissent qu'à la faire changer de face. À l'origine, elle est privation, besoin, souci pour la conservation de la vie. Réussissez-vous à chasser la douleur sous cette forme, elle revient sous mille autres figures, changeant avec l'âge et les circonstances ; elle se fait désir charnel, amour passionné, jalousie, envie, haine, inquiétude, ambition, avarice, maladie, et tant d'autres maux, tant d'autres ! Enfin si, pour s'introduire, nul autre déguisement ne lui réussit plus, elle prend l'aspect triste, lugubre, du dégoût, de l'ennui... Entre la douleur et l'ennui, la vie oscille sans cesse. Pensée désespérante[4] ! »

Ainsi l'homme doit-il se pénétrer de ces vérités que « souffrir, c'est l'essence même de la vie[5] » et que la souffrance ne s'infiltre pas en lui du dehors, mais qu'il porte en lui-même l'intarissable source d'où elle sort. Pour Schopenhauer, qui rejoint et cite abondamment ici la pensée hindoue, la clef qui va permettre à l'homme de s'affranchir de cette condition douloureuse consiste à percer le voile de *mâya**, de l'illusion cosmique qui rend notre intelligence –

1. *Ibid.*, p. 1040.
2. *Ibid.*, p. 350.
3. *Ibid.*, p. 393.
4. *Ibid.*, p. 398.
5. *Ibid.*, p. 402.

soumise au principe de raison suffisante – prisonnière du principe d'individuation. Il existe, selon lui, une expérience qui permet à l'homme de s'abstraire momentanément de cette condition existentielle douloureuse liée à l'illusion de sa propre individualité : la contemplation esthétique. S'inspirant de la théorie platonicienne des Idées, il a écrit des pages admirables sur l'art, qui lui vaudront l'estime des plus grands créateurs de son époque. Dans la contemplation esthétique, l'être est tout absorbé par ce qu'il contemple, et ce « qui est connu, ce n'est plus la chose particulière, c'est l'Idée, la forme éternelle, l'objectivité immédiate de la volonté ; à ce degré, par suite, celui qui est ravi dans cette contemplation n'est plus un individu (car l'individu s'est anéanti dans cette contemplation même), c'est le sujet connaissant pur, affranchi de la volonté, de la douleur et du temps[1]. »

Mais, aussi grande soit-elle, cette expérience n'en demeure pas moins fugitive et ne peut servir que de « calmant » au vouloir-vivre douloureux. Ce qu'il va falloir réaliser, c'est l'extinction complète de la volonté, du vouloir-vivre.

Pour cela, l'homme doit tout d'abord parvenir à la connaissance véritable – fondée, pour Schopenhauer, sur l'expérience philosophique – que son moi individuel n'est qu'illusion. « Quand le voile de *mâya*, le principe d'individuation, se soulève devant les yeux d'un homme au point que cet homme ne fait plus de distinction égoïste entre sa personne et celle d'autrui, quand il prend aux douleurs d'autrui autant de part que si elles étaient les siennes, et qu'ainsi il parvient non seulement à être très secourable, mais tout prêt à sacrifier sa personne s'il peut par là en sauver plusieurs autres ; alors, bien évidemment, cet homme, qui dans chaque être se reconnaît lui-même, ce qui fait le plus intime et le plus vrai de lui-même, considère aussi les

1. *Ibid.*, p. 231.

infinies douleurs de tout ce qui vit comme étant ses propres douleurs, et ainsi fait siennes les misères du monde entier. Désormais, nulle souffrance ne lui est étrangère[1]. »

Pour Schopenhauer, rien n'illustre mieux cette libération du voile de l'illusion du principe d'individuation que cette formule tirée des Upanishad : *Tat tvam asi*, « Tu es ceci ». « Celui qui peut se la redire à lui-même, écrit-il, avec une connaissance claire de ce qu'il dit et une ferme conviction, en face de chaque être avec lequel il est en rapport, celui-là est sûr de posséder toute vertu, toute félicité ; il est sur la voie droite qui va à la délivrance[2]. »

Mais il va plus loin et explique que l'homme qui a levé le voile de l'illusion du principe d'individuation, qui a la connaissance du tout, de l'essence des choses en soi, ne peut plus, par des actes incessants de volonté, affirmer la vie, s'y lier de plus en plus étroitement, en appesantir le poids sur son être : « La Volonté alors se détache de la vie ; les jouissances, elle y voit une affirmation de la vie, et elle en a horreur. L'homme arrive à un état d'abnégation volontaire, de résignation, de calme véritable et d'arrêt absolu du vouloir[3]. » Dès lors, poursuit Schopenhauer, « comme lui-même nie la Volonté qui se manifeste dans sa personne, il ne s'opposera pas à ce qu'autrui fasse de même, c'est-à-dire qu'on lui fasse tort ; aussi, toute souffrance qui lui vient du dehors, qu'elle soit le fait du hasard ou de la malice d'autrui, est la bienvenue pour lui ; et de même pour les outrages, les offenses, les dommages de toutes sortes ; il les accueille avec joie, y trouvant une occasion de se donner à lui-même la preuve que, désormais, il n'affirme plus sa volonté, qu'il prend volontiers le parti de quiconque est l'ennemi de cette manifestation de sa volonté, sa personne. Il endure donc ces injures et ces souffrances-là avec une patience, une douceur inépuisables ; il rend le bien pour le mal, sans ostentation ; il

1. *Ibid.*, p. 476.
2. *Ibid.*, p. 471.
3. *Ibid.*, p. 477.

ne laisse pas plus se rallumer en lui le feu de la colère que celui des désirs[1]. »

Schopenhauer pense ainsi mettre au jour et formuler de manière philosophique ce que vivent et ce qu'ont compris de manière intuitive les saints des grandes religions, tout spécialement ceux du « christianisme authentique », de l'hindouisme et du bouddhisme. Il pense avoir trouvé l'explication philosophique de ce qui constitue l'essence même de l'amour véritable (*agapê*), de la compassion (*maitrî*), de la pitié (*Mitleid*), du quiétisme, de l'ascétisme, de la sainteté, c'est-à-dire des manifestations authentiques et ultimes des religions. « Ainsi, écrit-il, c'est peut-être pour la première fois ici même que, sous forme abstraite, sans aucun mythe auxiliaire, l'essence profonde de la sainteté, de l'abnégation, de la guerre à mort faite à l'égoïsme, de l'ascétisme enfin, aura été traduite en ces termes ; la négation de la volonté de vivre, négation à laquelle la volonté arrive quand une connaissance entière de toute son essence opère sur elle comme un sédatif de la volition[2]. »

Schopenhauer parvient ici presque au terme de sa pensée. Hanté qu'il est par le désir de résoudre philosophiquement l'énigme de l'existence, il lui reste encore cependant à s'interroger sur le destin *post mortem* de l'homme : qu'advient-il après la mort pour l'homme encore soumis à l'illusion de l'individuation et au vouloir-vivre, et pour celui parvenu à la connaissance suprême et à la négation totale de sa volonté ? S'inspirant à nouveau de Kant, qui a montré que le temps ne saurait appartenir à la chose en soi, parce qu'il existe préformé dans notre faculté de comprendre, Schopenhauer établit une distinction entre l'éternité et le temps (image dans le monde de la représentation de l'éternité) ; entre l'être en soi et l'existence temporelle (image de l'être en soi dans le monde phénoménal) ; et il affirme que

1. *Ibid.*, p. 480.
2. *Ibid.*, p. 481.

«l'être en soi doit être situé dans l'éternité, justement parce que le temps n'est que la forme de notre connaissance; et c'est au temps seul que nous devons de connaître notre existence et celle de toutes choses comme périssables, finies et vouées à l'anéantissement[1]». Si l'homme en tant que phénomène – l'individu – est éphémère, il n'est pas atteint par la mort dans son être véritable; son essence est en soi indestructible. La mort constitue donc incontestablement la fin de cette existence temporelle, la fin de la conscience individuelle à laquelle nous nous identifions, mais elle ne peut atteindre l'essence de notre être, notre volonté en soi, qui se situe hors du temps. L'élément atteint par la mort n'est que la conscience connaissante; la volonté, au contraire, en tant que chose en soi, en tant que fondement de tout phénomène individuel, est indépendante de tout ce qui repose sur des déterminations temporelles, et est par suite impérissable. «Et si en nous-même elle redoute pourtant la mort, précise Schopenhauer, c'est parce que la connaissance ne lui présente ici sa propre existence que dans le phénomène individuel, d'où naît pour elle l'illusion qu'elle meurt en effet avec lui, à peu près comme mon image semble s'anéantir avec le miroir dans lequel elle se reflète, si on vient à le briser[2].»

Ainsi les notions de commencement, de durée et de fin appartiennent-elles au monde phénoménal, et c'est pourquoi les concepts de naissance et de mort n'ont en soi pas de consistance. L'essence intime de notre être peut au contraire affirmer : «j'ai toujours été» et «je serai toujours». «En tant que volonté de vivre qui s'affirme, l'homme trouve dans l'espèce la racine de son existence. La mort est ainsi la perte d'une individualité et l'acquisition d'une individualité nouvelle; c'est donc, pour l'homme, un changement d'individualité opéré sous la direction exclusive de sa propre volonté[3].»

C'est peut-être sur ce point que Schopenhauer emprunte

1. *Ibid.*, p. 1229.
2. *Ibid.*, p. 1246.
3. *Ibid.*, p. 1250.

le plus à l'Orient pour faire valoir sa pensée. Il cite à plusieurs reprises le « mythe de la transmigration des âmes », tant pour illustrer sa notion de justice éternelle similaire à la loi du karma que pour valider sa démonstration philosophique d'une incessante succession de renaissances produites par le vouloir-vivre. Dans ses suppléments à l'édition de 1859, Schopenhauer, qui possède alors une assez bonne connaissance des enseignements bouddhistes, critique la conception populaire de la métempsycose selon laquelle la transmigration atteindrait l'âme tout entière, c'est-à-dire l'être connaissant. Selon lui, seule la volonté transmigre, ce qui rejoint les vues les plus profondes du bouddhisme : « [...] Elle recevrait alors par une nouvelle naissance un nouvel intellect, et formerait avec cet intellect un être qui n'aurait aucun souvenir d'une existence antérieure, puisque l'intellect, seul capable de mémoire, est la partie mortelle ou la forme, et la volonté, l'élément éternel ou la substance de notre moi : d'où il résulte que le nom de régénération (palingénésie) convient mieux à cette doctrine que celui de métempsycose. Ces renaissances perpétuelles constitueraient alors la série des rêves d'une volonté en soi indestructible jusqu'au moment où, instruite et perfectionnée par des connaissances si étendues, si diverses, et successivement acquises par elle sous des formes nouvelles, elle en viendrait enfin à se supprimer elle-même. Avec cette théorie concorde aussi la doctrine propre et pour ainsi dire ésotérique du bouddhisme telle que nous l'ont fait connaître les dernières recherches. Le bouddhisme enseigne en effet non pas la métempsycose, mais une régénération toute particulière, fondée sur une base morale, qu'il développe et qu'il présente avec une grande profondeur[1]. »

La pensée de Schopenhauer rejoint le bouddhisme en son point culminant. Parvenu à ce stade, elle ne peut plus que nommer négativement – car aucun concept soumis à

1. *Ibid.*, pp. 1251-1252.

l'entendement ne peut l'appréhender – l'état ultime de l'homme qui a renoncé au vouloir-vivre. Ainsi écrit-il en conclusion de la première édition de 1818 : «Une fois amenés, par nos spéculations, à voir la sainteté parfaite dans la négation et le sacrifice de tout vouloir, une fois affranchis, grâce à cette conviction, d'un monde dont toute l'essence se réduit pour nous à la douleur, le dernier mot de la sagesse ne consiste désormais, pour nous, qu'à nous abîmer dans le néant[1].»

Schopenhauer, philosophe bouddhiste ?

Comme on peut le voir, la philosophie de Schopenhauer est un système complet d'interprétation du monde et de l'existence humaine. Il absorbe dans une vision unifiante les principaux courants philosophiques et religieux de l'humanité. Mais il ne faut pas se méprendre sur ses rapports avec les philosophies et spiritualités orientales : comme avec toutes les autres traditions, il les utilise plus qu'il ne les écoute, et va puiser en elles ce qui conforte sa propre pensée. La découverte des Upanishad en 1811 confirme certains aspects essentiels de sa philosophie, mais l'a-t-elle vraiment influencé ? La question ne se pose même pas pour le bouddhisme, qu'il n'a véritablement découvert que plusieurs décennies après la publication de son œuvre capitale. Mais, s'il est impossible de parler d'influence, on ne peut cependant qu'être troublé par ce qu'il appelait lui-même, à la fin de sa vie, «cette admirable concordance[2]» (*Übereinstimmung wundervoll*) entre sa pensée et les enseignements essentiels du bouddhisme.

Ce serait néanmoins une erreur de croire que Schopenhauer, comme on l'a inlassablement répété, était boud-

1. *Ibid.*, p. 512.

2. *Cf.* notamment sa lettre du 27 février 1856 à son disciple Adam von Doss, et *Le Monde comme volonté et comme représentation*, *op. cit.*, p. 861.

dhiste[1]. Dans son esprit, ce sont plutôt les bouddhistes qui seraient schopenhauériens ! Et si, quelques années avant de mourir, il a déposé sur sa cheminée une statuette du Bouddha à côté des portraits de Shakespeare, Descartes, Kant et Goethe, ce n'est pas pour manifester une quelconque foi bouddhiste, mais plutôt pour signifier que le Bouddha était désormais élevé au rang des grands génies de l'humanité, avec lesquels il se sentait uni par un lien de profonde parenté.

Toujours est-il que cette apparente confluence entre la philosophie schopenhauérienne et la doctrine bouddhiste va bientôt se transformer, dans l'esprit des hommes cultivés de la fin du XIXe siècle, en une assimilation du bouddhisme à la pensée de Schopenhauer. En ayant lu ce dernier, on estime avoir compris l'essentiel du bouddhisme. Autrement dit, le philosophe de Francfort a été, bien malgré lui, une sorte de vulgarisateur du bouddhisme. Nous sommes ici confrontés à une double synchronicité : celle, d'une part, d'une pensée qui en rencontre fortuitement une autre, pourtant fort éloignée dans l'espace et dans le temps ; celle, d'autre part, de l'émergence d'un nouveau continent intellectuel (le bouddhisme) et de la révélation concomitante d'un philosophe génial (Schopenhauer) qui semble parler la langue étrange des habitants de ce continent. Devenu en quelque sorte le « traducteur » de la philosophie bouddhiste, Schopenhauer a transmis à la postérité l'expression – qui a fait fortune – du « pessimisme bouddhique ».

Nous reviendrons plus loin sur les conséquences de cette assimilation. Posons-nous d'abord la question de savoir si la philosophie de Schopenhauer reflète bel et bien le message du Bouddha.

Peu de chercheurs se sont véritablement préoccupés de répondre à cette question, importante pour l'histoire de la

1. Ainsi, par exemple, l'article publié dans la *Revue des Deux Mondes* en mars 1870 et qui fit connaître Schopenhauer en France s'intitule : « Un bouddhiste contemporain en Allemagne ».

pensée au XIXe siècle. Certes, de nombreux articles ont été consacrés, surtout en Allemagne, au problème des rapports entre Schopenhauer et les philosophies indiennes[1]. Mais leurs auteurs se bornent souvent à souligner la forte parenté entre les deux systèmes philosophiques. Edward Conze écrit par exemple : «Sa pensée présente des coïncidences nombreuses, et presque miraculeuses, avec les doctrines fondamentales de la philosophie bouddhiste[2].» Guy Richard Welbon est encore plus affirmatif : «Dans sa continuelle recherche éthique et sotériologique, l'exposé de Schopenhauer est en accord absolu avec la perspective bouddhique[3].» Mais ces jugements ne s'appuient pas sur une comparaison minutieuse des textes.

Dans son ouvrage collectif consacré à Schopenhauer, Roger-Pol Droit est l'un des rares chercheurs à s'être penché attentivement sur la question en montrant à la fois la parenté profonde qui unit les deux doctrines et l'écart considérable qui sépare les deux systèmes de pensée. Il relève tout d'abord cinq pôles de convergence[4].

Le premier concerne l'équivalence de la vie et de la souffrance. La première noble vérité, dit le Bouddha[5], c'est que

1. On retiendra principalement :

– Helmuth von Glasenapp, «Schopenhauer und Indien», in *Schopenhauer Jahrbuch*, n° 36, 1955, pp. 32-48.

– Max Hecker, *Schopenhauer und die Indische Philosophie*, Hüscher & Teuffel, Cologne, 1897.

– Franz Mockrauer, «Schopenhauer und Indien», in *Schopenhauer Jahrbuch* n° 15, 1928, pp. 3-26.

– Icilio Vecchiotti, *La dottrina di Schopenhauer. Le teorie schopenhaueriane considerate nella loro genesi et nei loro rapporti con la filosofia indiana*, Ubaldini, Rome, 1969.

– Heinrich Zimmer, «Schopenhauer und Indien», in *Schopenhauer Jahrbuch*, n° 25, 1938, pp. 266-273.

2. Edward Conze, «Buddhist philosophy and its european parallels», in *Thirty Years of Buddhist Studies*, Oxford, 1967, p. 222.

3. Guy Richard Welbon, *The Buddhist Nirvana and its Western Interpreters*, *op. cit.*, p. 161.

4. Roger-Pol Droit, «Une statuette tibétaine sur la cheminée», in *Présences de Schopenhauer*, Le Livre de Poche, 1989, p. 211.

5. *Cf.* Walpola Rahula, *L'Enseignement du Bouddha*, 1970.

« tout est souffrance » (*dukkha*). « La souffrance est le fond de toute vie[1] », affirme de son côté Schopenhauer.

Le deuxième pôle de convergence concerne l'origine de la souffrance. La deuxième noble vérité du Bouddha, c'est que la source de la souffrance réside dans le désir, la « soif d'exister » (*tanha*). Schopenhauer montre parfaitement que la souffrance provient du désir jamais assouvi, dont la source radicale est le vouloir-vivre[2]. De même, la troisième noble vérité selon laquelle la cessation de la souffrance réside dans la « cessation de la soif » correspond assez bien aussi à la « négation du vouloir-vivre » schopenhauériene.

Troisième pôle de convergence : la doctrine bouddhique de l'*anata*, de l'absence de soi. Les individus comme les choses sont dépourvus de nature propre, de substance. Il s'agit alors de dissiper l'illusion d'un moi individuel, d'un principe personnel, engendrée par l'ignorance (*avidyâ*). La perte de cette illusion conduit à une compassion envers tout être vivant et toute souffrance. Comme nous l'avons vu, cette vision – qui n'est pas seulement le fait du bouddhisme, mais aussi d'autres grands courants philosophiques de l'Inde – est inscrite au cœur de la pensée de Schopenhauer pour qui la perte de l'« illusion du principe d'individuation » permet à l'homme « qui ne fait plus de distinction égoïste entre sa personne et celle d'autrui » d'éprouver une authentique « pitié » (*Mitleid*) pour toutes les souffrances d'autrui.

Un quatrième pôle concerne l'éthique. Pour le bouddhisme comme pour Schopenhauer, l'éthique ne se fonde pas sur une dogmatique issue d'une révélation religieuse ou d'une transcendance (ni même, pour Schopenhauer, sur un quelconque impératif catégorique de type kantien), mais jaillit de la perte de l'illusion de l'ego et du détachement qui en découle. Il s'agit, dans les deux cas, d'une morale immanente qui procède d'une prise de conscience individuelle.

Cinquième pôle de convergence, enfin : les deux sys-

1. *Le Monde comme volonté et comme représentation*, *op. cit.*, p. 393.
2. *Ibid.*, pp. 391-392.

tèmes de pensée procèdent d'une démarche négative. Le Bouddha s'est attaché à montrer les souffrances et les obstacles qui enferment l'homme et à y apporter des solutions concrètes, sans pour autant se prononcer de manière positive sur le terme atteignable au-delà de ce processus de libération. Il en va de même pour Schopenhauer : « Ma doctrine, arrivée à son point culminant, prend un caractère négatif et finit par une négation[1]. »

Nous sommes donc en présence de deux doctrines non théistes qui semblent bien partir du même postulat (tout est souffrance, la cause de la souffrance réside dans la soif et l'attachement), parvenir à un même terme (l'extinction de la soif) qui ne peut être défini que de manière négative (nirvana/néant), offrir une même vision de l'homme (il n'existe pas de nature propre, de substrat individuel), débouchant sur une éthique immanente du détachement et de la compassion. On comprend donc pourquoi les contemporains de Schopenhauer n'ont pas hésité à assimiler sa philosophie à la doctrine bouddhiste encore mal connue.

Mais cette « admirable concordance » est-elle aussi admirable qu'elle le paraît ? Une meilleure connaissance de la subtilité des enseignements bouddhistes permet aujourd'hui de se faire une opinion beaucoup plus précise sur la question. Il existe en fait, malgré cette apparente isomorphie, de profondes divergences entre les deux systèmes de pensée. À la suite de Roger-Pol Droit, nous en retiendrons au moins deux, essentielles.

Plus encore qu'une philosophie ou une religion, le bouddhisme est considéré par ses meilleurs connaisseurs comme une « doctrine-médecine[2] » à visée thérapeutique. Les questions fondamentales posées par le Bouddha sont celles du médecin : quelle est la maladie ? Quelle est sa cause ? Quelle est sa cessation ? Qu'est-ce qui conduit à sa cessation ? Dans

1. *Ibid.*, p. 1380.

2. Guy Bugault, *La Notion de Prajñâ ou de sapience selon les perspectives du Mahâyâna*, Institut de civilisation indienne, 1968, p. 105.

un sûtra* célèbre, le Bouddha se compare lui-même à un chirurgien au chevet de l'homme mortellement blessé par une flèche. Le chirurgien n'est pas là pour parler au mourant de l'identité du tireur, de la nature de l'arc, de la distance du tir, etc. Il lui faut uniquement enlever la flèche pour tenter de sauver la vie du blessé. Le Bouddha cherche à sauver l'homme du poison mortel du désir. Il entend guérir la vie. La quête de l'Éveil* est une quête du bonheur véritable, atteignable en cette vie. Il n'est pas juste de parler de « pessimisme bouddhique ». Certes, le Bouddha-médecin établit un diagnostic grave de la situation existentielle de l'homme. Mais il croit la guérison possible et propose un remède efficace pour y parvenir. En ce sens, il existe une profonde discordance entre la doctrine bouddhiste et la pensée de Schopenhauer. « Ce dernier, le plus souvent – souligne avec pertinence Roger-Pol Droit –, ne paraît voir d'autre issue que de guérir *de* la vie, qui, en elle-même, est jugée par lui incurable. D'un côté *la vie malade*, de l'autre la vie *comme* maladie. La vie *dans* le malheur ou la vie *comme* malheur. Ce n'est à l'évidence pas du tout la même chose[1]. » Pour les bouddhistes, ce n'est pas la vie comme telle qui est souffrance, mais le désir en tant que fruit de l'ignorance. Une fois ce lien rompu entre vie et désir, la vie est guérie, la souffrance cesse, le vrai bonheur est possible. Dans un petit article intitulé « Pessimisme bouddhiste ? », l'indianiste Olivier Lacombe avait déjà fort bien souligné ce fait et concluait que les disciples de Shâkyamuni n'accepteraient jamais « qu'une doctrine et une discipline conçues et élaborées pour mener à la "santé" définitive, et s'appuyant sur le bon *karman** pour affaiblir le mauvais et préparer l'avènement de l'illumination libératrice, puisse mériter l'épithète de pessimiste[2] ». Pour Schopenhauer, à l'inverse, le lien entre

1. Roger-Pol Droit, « Une statuette tibétaine sur la cheminée », *op. cit.*

2. Olivier Lacombe, « Pessimisme bouddhique ? », in *Indianité*, Les Belles Lettres, 1979, p. 83.

vie et désir semble si impossible à rompre que la seule issue, pour échapper au désir-souffrance, consiste à nier la vie elle-même. Le terme n'est pas guérison de la vie, mais abolition de la vie. «En fait, écrit le philosophe, on ne peut assigner d'autre but à l'existence que celui de nous apprendre qu'il vaudrait mieux pour nous ne pas exister[1].» Ou encore : «Il n'y a qu'une erreur innée : c'est celle qui consiste à croire que nous existons pour être heureux[2].» L'essentiel de son système repose sur ce pessimisme radical : la vie est souffrance et elle ne peut être guérie. La seule issue pour l'homme consiste à renoncer à vivre.

Seconde grande divergence entre les deux doctrines : la thérapeuthique bouddhiste se caractérise par le fait d'emprunter la «voie du milieu» entre des pratiques et les énoncés extrêmes et contradictoires. Ainsi le Bouddha a-t-il renoncé non seulement aux innombrables plaisirs de sa vie princière, mais également aux austérités et aux mortifications auxquelles il s'est ensuite soumis dans sa vie d'ascète avant de parvenir à l'Éveil. «Les forces de l'âme trop tendues tombent dans l'excès, trop détendues dans la mollesse», dit le Bouddha. La discipline physico-psychique bouddhiste tient donc dans un juste milieu entre la tension et le relâchement, la dispersion et la fixation obsessionnelle sur le détachement, l'hédonisme et l'ascétisme. Elle est fort éloignée de l'idéal de mortification du corps et d'écrasement de soi de l'ascète vanté par Schopenhauer : «La pauvreté est proprement son but, il veut s'en servir pour mortifier sa volonté, pour empêcher que jamais plus elle ne se redresse, excitée par un désir satisfait, ou par quelqu'une des douceurs de la vie; car cette volonté, il l'a prise en horreur depuis qu'il se connaît lui-même. Celui qui en est arrivé là ressent encore tous les désirs de la Volonté en tant qu'il est un corps animé et une manifestation concrète du vouloir;

1. *Le Monde comme volonté et comme représentation*, *op. cit.*, p. 1373.
2. *Ibid.*, p. 1407.

mais il les foule aux pieds exprès, il se contraint à ne rien faire de ce qu'il lui plairait de faire, et à tout faire de ce qui lui déplaît, n'y eût-il à en attendre que ce seul résultat, de contribuer à la mortification de la Volonté [1]. »

S'inspirant en partie des travaux de l'historien allemand Helmuth von Glasenapp [2], René Girard, dans son livre *L'Orient et la pensée romantique allemande* (1963), s'était également livré à une comparaison attentive entre la pensée de Schopenhauer, la métaphysique du brahmanisme (notamment védantin) et le bouddhisme. Comme dans l'idéalisme kantien, le savoir védantin établit une distinction entre le monde phénoménal, la réalité illusoire issue de *mâya* et le monde nouménal, la chose en soi, la réalité suprême. Mais, tandis que Schopenhauer identifie la chose en soi et la volonté en montrant que la volonté est mauvaise et qu'il faut l'anéantir pour échapper à un monde (en soi) absurde et douloureux, la sagesse védantine prétend libérer l'homme du monde phénoménal illusoire et le guider vers le monde de l'éternelle intelligence, fait de paix et de bonheur. Pour Schopenhauer, en revanche, le bonheur est toujours illusoire, et la douleur appartient non seulement au monde phénoménal, mais aussi au monde nouménal ; c'est pourquoi il n'y a pas de salut possible en dehors d'un anéantissement du vouloir-vivre.

Cette vision radicalement pessimiste, si elle n'est pas celle de la pensée hindoue, est-elle pour autant celle du bouddhisme ? L'auteur reconnaît que le bouddhisme est beaucoup plus proche de Schopenhauer que le brahmanisme. Car, dans le bouddhisme ancien, il n'existe pas un monde nouménal de paix et de bonheur : seul existe le monde phénoménal, et la douleur est au cœur de celui-ci. Mais il est

1. *Ibid.*, p. 480.

2. Helmuth von Glasenapp, « Das Gottesproblem bei Schopenhauer und in den metaphysischen Systemen der Inder », in *28 Jahrbuch der Schopenhauer-Gesellschaft*, 1941, pp. 151-195.

une différence considérable entre les deux doctrines : dans le bouddhisme, la cause de la douleur n'est pas un absolu (la volonté identifiée comme chose en soi chez Schopenhauer), elle réside dans l'ignorance (*avidyâ*) liée au karman (stock des fautes des existences antérieures), et peut être vaincue par la méditation et l'expérience de l'éveil. En dissipant l'ignorance, le bouddhiste rompt la chaîne des causes, échappe à la transmigration et accède au nirvana, c'est-à-dire à un état de libération définitive vis-à-vis du monde phénoménal. Si les deux systèmes ont bien pour but la cessation de la douleur, leur différence essentielle tient au fait que, pour Schopenhauer, la douleur est une sorte d'absolu, puisqu'elle caractérise la chose en soi, tandis que, pour le Bouddha, elle est relative, puisqu'elle fait partie du monde phénoménal – ce qui revient à dire, selon les positions idéalistes développées ultérieurement dans la pensée bouddhiste, qu'en réalité la douleur n'existe pas, puisque ce monde phénoménal est purement illusoire. «Si elle existait, dit le grand penseur Nâgârjurna, elle existerait toujours et il n'y aurait pas de salut possible[1].»

Telle est bien, à l'inverse du bouddhisme, la conclusion terrible à laquelle conduit la pensée de Schopenhauer, pour qui le monde est irrémédiablement et fondamentalement mauvais. Il l'est de toute éternité, et le vrai péché originel de l'humanité, c'est d'être née. Aucun compromis n'est possible entre l'existence et la suppression du mal et de la douleur : renoncer à souffrir, renoncer à l'absurdité de la vie, c'est renoncer à vivre, non seulement en cette vie, mais en toute autre forme de vie possible. En ce sens, Schopenhauer est fort éloigné de l'Orient, qui ne connaît pas de pensée aussi radicalement pessimiste. Ne s'inscrit-il pas, malgré lui, dans la logique du matérialisme occidental qu'il veut combattre ? «Malgré certaines ressemblances, conclut René

1. Cité par R. Grousset, in *Les Philosophies indiennes*, t. 1, p. 260.

Girard, la philosophie de Schopenhauer nous paraît donc irréductible et au vedanta et au bouddhisme. À cause de ces ressemblances, elle nous semble également incompatible avec la pensée occidentale. L'impression qu'elle laisse, en fin de compte, est celle d'un système hybride où Orient et Occident s'affrontent, se compénètrent sans jamais arriver à fusionner[1]. »

On peut se demander également si, malgré certaines divergences, la pensée de Schopenhauer n'est pas le fruit ultime de la pensée romantique. N'achève-t-il pas ce que l'indomanie romantique avait commencé : déjudaïser le christianisme (en lui ôtant l'optimisme et le théisme), montrer que le « christianisme authentique » est d'origine indienne, et annoncer que l'Europe va être profondément bouleversée par la redécouverte du brahmanisme et du bouddhisme, religions primitives de la « race » allemande[2] ?

> « C'est la pensée romantique pensée jusqu'au bout, sans hypocrisie, affirme sans hésiter René Girard. Même conception idéaliste du monde ; affirmation d'un principe spirituel identique dans l'homme et le monde, négation de la réalité du monde phénoménal, même tendance à devenir, par la contemplation de la nature, le "porteur du monde" ; même condamnation des théories atomistes et mécanistes ; même sens, profond, du péché et du salut. Mais il a osé dire, ce devant quoi tous les romantiques avaient reculé, que ce monisme idéaliste était athée, que le moi absolu, l'âme du monde de Fichte et de Schelling, le Dieu impersonnel du panthéisme n'était, somme toute, qu'une force aveugle, que le mysticisme consistait à le reconnaître, et l'ascèse à le nier. La différence semble énorme entre le romantisme et Schopenhauer quand on confronte la religiosité de l'un et l'athéisme de l'autre. En réalité, le romantisme avait cru que, pour combattre le maté-

1. René Girard, *L'Orient et la pensée romantique allemande*, *op. cit.*, p. 251.
2. Arthur Schopenhauer, *Grundlage der Moral*, IV, p. 112.

rialisme athée du XVIIIe siècle, il suffisait de remettre en honneur le spiritualisme traditionnel. Schopenhauer a montré que ce spiritualisme, purement philosophique comme l'était le matérialisme rationaliste, pouvait être et était en réalité athée. Les romantiques ont soit renié la philosophie de leur jeunesse pour se réfugier dans les bras du christianisme, soit tenté d'adapter leur système au christianisme, parfois aussi le christianisme à leur système. Schopenhauer, lui, a montré que l'idéalisme pensé jusqu'au bout débouchait sur l'athéisme. Il n'a donc fait que dégager la pensée romantique de sa gangue judéo-chrétienne, l'a fondée non sur les textes révélés, mais sur la raison, et a construit une mystique athée. À l'athéisme du XVIIIe siècle, le romantisme avait répondu par une profonde religiosité. Schopenhauer s'oppose à l'un et à l'autre et les continue l'un et l'autre en fondant une religion sans Dieu[1]. »

«Pessimisme bouddhique»

Ces quelques remarques illustrent l'écart considérable qui existe entre les deux doctrines, en dépit de leur indéniable similitude. Cet écart réside essentiellement dans le qualificatif «pessimiste» qui s'applique bien à la pensée de Schopenhauer – et dont on peut considérer qu'il l'a luimême forgé dans son acception philosophique, en opposition à l'«optimisme» de Leibniz –, mais que l'on a dès lors fort injustement accolé au message du Bouddha. Il est d'ailleurs intéressant de noter que les constats respectifs du Bouddha et de Schopenhauer sur «tout est souffrance» s'inscrivent dans un parcours de vie fort différent. Le Bouddha a connu une vie princière, semble-t-il, exempte de toute véritable souffrance et de toute frustration, avant de s'interroger sur le sens ultime de l'existence lorsqu'il fut soudainement confronté au spectacle de la vieillesse, de la maladie

1. René Girard, *op. cit.*, pp. 215-216.

et de la mort. Schopenhauer fut, quant à lui, marqué dans sa chair par la souffrance, et ses aspirations au bonheur avaient été contrariées par les événements de sa propre vie lorsqu'il formula sa pensée. Dans quelle mesure le pessimisme radical attaché à sa philosophie n'est-il pas avant tout le fruit d'une existence douloureuse[1] ? Ne pense-t-il pas d'abord à lui-même lorsqu'il écrit, un an avant sa mort : « Il n'y a qu'une erreur innée : c'est celle qui consiste à croire que nous existons pour être heureux... Tout dans la vie est disposé pour nous faire revenir de cette erreur originelle et nous convaincre que l'objet de notre existence n'est pas le bonheur. Bien plus, à qui la contemple de plus près et sans parti pris, la vie apparaît tout spécialement combinée pour que nous ne nous y sentions pas heureux : elle porte dans toute son essence le caractère d'une chose dont nous devons nous dégoûter, pour laquelle nous devons éprouver de la répugnance, d'une erreur dont il nous faut revenir pour guérir notre cœur de la soif de jouir, de vivre même, et le détourner du monde. En ce sens, il serait donc plus juste de placer le but de la vie dans la souffrance que dans notre bonheur[2]. »

Pour Schopenhauer, deux grandes visions du monde et de la destinée humaine s'affrontent radicalement : l'une,

1. Maladif depuis l'enfance, il est profondément marqué par le suicide de son père alors qu'il est âgé de dix-sept ans, et il connaîtra toute sa vie de singulières souffrances et des frustrations affectives. Ce fut d'abord une passion non réciproque pour une actrice qui lui causa une violente déception. Durant la composition du *Monde comme volonté et comme représentation*, il entretint une relation avec une femme de chambre qui mettra au monde un enfant mort-né. Puis il devra renoncer à se marier avec une femme qui tombera gravement malade. Plus tard, il sera amoureux d'une cantatrice qui ne pourra mener une grossesse à terme. Il renoncera dès lors à tout projet de mariage. Sa vie professionnelle ne lui donnait pas plus de joie. Malgré tous les espoirs placés en son livre, celui-ci passa totalement inaperçu et le demeurera pendant plus de trente ans. Sa carrière universitaire devait lui valoir aussi de fortes déceptions : ses cours à l'université furent régulièrement annulés... faute d'auditeurs ! À tel point qu'il dut renoncer, la mort dans l'âme, à enseigner.

2. *Le Monde comme volonté et comme représentation*, *op. cit.*, p. 1408.

partant de l'expérience objective, affirme la réalité du monde tel que nous le percevons à travers nos sens, et peut être qualifiée d'«optimiste», car elle met en avant la bonté du monde, la valeur positive de la vie et la possibilité pour l'homme d'accéder à un bonheur positif dès cette existence; l'autre, partant de l'expérience subjective de la conscience, affirme l'illusion du monde tel qu'il s'offre à nous et peut être qualifiée de «pessimiste», car, insistant sur la valeur négative du monde phénoménal et de l'existence humaine soumise à ses lois, elle affirme qu'aucun bonheur durable n'est accessible à l'homme dans ce monde impermanent et illusoire. À la première vision il rattache les Grecs, dont Aristote est l'archétype, le judaïsme, l'islam et le «mauvais christianisme» issu du judaïsme. À l'autre vision, il rattache toute l'Asie non islamique (hindouisme, bouddhisme), le néo-platonisme, le gnosticisme, le «christianisme authentique» (plus influencé par le néo-platonisme que par le judaïsme, et principalement représenté par Augustin, Eckart, les mystiques quiétistes), et bien sûr sa propre philosophie qui complète et achève la pensée idéaliste occidentale moderne inaugurée par Descartes et poursuivie par Kant.

Soulignons ici que son antisémitisme profond plonge ses racines dans l'analyse rationnelle qu'il fait de la pensée juive, et qui lui semble en tout point (à l'exception du mythe du péché originel) contraire à sa vision du monde. Ce qu'il reproche aux Juifs, c'est d'avoir introduit dans l'histoire de la pensée la notion absurde d'un Dieu bon qui crée un monde bon, et d'avoir transmis cette vision «optimiste» au christianisme. Sa manière très personnelle de classer les grands systèmes philosophiques et religieux en bons-pessimistes et mauvais-optimistes est très caricaturale et mériterait que l'on s'y arrête plus longuement. Bornons-nous à souligner ici qu'il déforme et parfois dénature profondément tous les systèmes philosophiques et religieux pour les tirer à lui et les faire tenir à tout prix dans cette opposition dont René Guénon remarquera à juste titre qu'elle est une catégorie purement occidentale, fort éloignée de l'esprit oriental : « La vérité est que nulle conception orientale n'est pessimiste et que le bouddhisme même ne l'est pas ; il est vrai que l'on n'y trouve pas davantage d'"optimisme", mais cela prouve tout simplement que ces étiquettes et ces classifications ne s'y appliquent pas... Pour envisager les choses en termes d'"optimisme" ou de "pessimisme", il faut le sentimentalisme occidental, ce même sentimentalisme qui poussait Schopenhauer à chercher des consolations dans les Upanishad, et la sérénité profonde que donne aux Hindous la pure contemplation intellectuelle est bien au-delà de ces contingences[1]. » Comme le constatera le même René Guénon une cinquantaine d'années après la mort du philosophe d'outre-Rhin, cette notion erronée de « pessimisme bouddhique » deviendra un lieu commun chez la plupart des intellectuels européens : « Du reste, en Allemagne, les philosophes eux-mêmes s'en sont mêlés directement, et Schopenhauer, en particulier, a certainement une bonne part de responsabilité dans la façon dont l'Orient y est interprété ; et combien de gens, même en dehors d'Allemagne, s'en vont répétant, après lui et son disciple von Hartmann, des phrases toutes faites sur le "pessimisme bouddhique"[2]. »

Même si Schopenhauer reste aujourd'hui relativement peu connu du grand public, l'assimilation du bouddhisme à sa pensée radicalement pessimiste est encore vivace chez un certain nombre d'intellectuels à forte culture philosophique mais qui n'ont pas ressenti le besoin d'étudier en profondeur le bouddhisme pour lui-même. Ainsi, en 1997, Joël Roman, rédacteur en chef de la revue *Esprit*, écrit : « On comprend que Schopenhauer ait pu retrouver dans le bouddhisme de nombreux accents de sa propre philosophie, avec

1. René Guénon, *Orient et Occident*, Guy Trédaniel, 1983, p. 140.
2. *Id. ibid.*, p. 139.

raison[1].» En 1999, dans l'avant-propos de son livre *Les Roses de la vie,* Jean Cazeneuve affirme que le philosophe de Francfort «puisait son inspiration dans les enseignements de Shâkyamuni», ou parle de «la philosophie de Schopenhauer, reflet du bouddhisme», pour expliquer que «le bouddhisme et la doctrine schopenhauerienne enseignent que la vie est essentiellement malheureuse[2]»...

1. Joël Roman, qui a pris connaissance des travaux de Roger-Pol Droit sur le sujet, explique qu'ils ne viennent pas, selon lui, «démentir, jusqu'à un certain point, le fondement de cette assimilation». («Les équivoques de la sagesse», *Esprit,* juin 1997). Qu'il y ait des points de convergence étonnants entre les deux systèmes philosophiques est une évidence que nous avons suffisamment soulignée. Mais il existe bien, comme nous avons tenté de le montrer à la suite de Roger-Pol Droit, des divergences fondamentales qui rendent l'assimilation impossible.

2. Jean Cazeneuve, *Les Roses de la vie,* Fayard, 1999, pp. 11-12.

4

Nietzsche et le « nihilisme bouddhique »

Un jeune homme d'une vingtaine d'années, étudiant de philologie à l'université de Leipzig, s'arrête devant la devanture d'un libraire, le regard soudain attiré par le titre d'un livre dont il ignorait jusqu'ici l'existence et l'auteur : il s'agit du *Monde comme volonté et comme représentation*, d'Arthur Schopenhauer. « Je ne sais, écrira-t-il, quel démon me souffla : "Rentre chez toi avec ce livre"... À peine dans ma chambre, j'ouvris le trésor que je m'étais acquis, et commençai à laisser agir sur moi cet énergique et sombre génie... » Ce jeune homme dont la vie fut transformée par la lecture de Schopenhauer s'appelle Friedrich Nietzsche.

Une dizaine d'années plus tard, le jeune Nietzsche, devenu professeur de philologie à l'université de Bâle, n'hésitera pas à écrire, dans sa troisième *Considération inactuelle* : « Je songe aujourd'hui au seul professeur, au seul maître dont j'ai à m'enorgueillir, Arthur Schopenhauer[1]... » L'influence du philosophe de Francfort ira toutefois en s'amenuisant à mesure que Nietzsche développera sa propre philosophie. À tel point qu'il écrira quatorze ans plus tard, quelques mois avant son effondrement mental : « Il faut nier Schopenhauer[2] ».

1. Friedrich Nietzsche, *Considérations inactuelles*, III, « Schopenhauer éducateur », 1874, in *Œuvres philosophiques complètes*, *op. cit.*, t. II, p. 21.

2. *Le Crépuscule des idoles*, 1888, § 36, in *Œuvres*, t. II, Laffont, coll. « Bouquins », 1993, p. 1010.

Ce que Nietzsche reprochera de plus en plus à son ancien maître, c'est sa négation de la vie, son pessimisme. Ayant découvert le bouddhisme par la lecture du *Monde comme volonté et comme représentation*, il restera toute sa vie tributaire de l'interprétation schopenhauérienne des doctrines bouddhistes. Mais, d'abord enthousiaste, il finira par rejeter le bouddhisme avec Schopenhauer comme les expressions – ancienne et moderne –, les plus poussées du pessimisme[1].

Le bouddhisme : un allié de Nietzsche contre le christianisme

La première passion de Nietzsche pour les enseignements du Bouddha, tels qu'il les avait découverts avec la lecture de Schopenhauer, fut surtout activée, dès 1868, par sa rencontre décisive avec Richard Wagner. Le compositeur se disait également disciple de Schopenhauer, qu'il considérait comme son « grand consolateur » depuis qu'il avait lu en 1854 *Le Monde comme volonté et comme représentation.* L'année suivante, il fut également bouleversé par la lecture de l'*Introduction à l'histoire du buddhisme indien*, de Burnouf, à telle enseigne qu'il y trouva matière à la composition d'une pièce qui restera inachevée, *Les Vainqueurs.* De même, derrière l'utilisation de symboles chrétiens, son *Parsifal* (1881) est profondément imprégné de philosophie bouddhique. Mais sa vision du bouddhisme est si personnelle qu'il ne peut s'empêcher de protester, lors de la publication d'ouvrages savants, contre des interprétations différentes de la sienne !

Durant les dix années qui le lieront à Wagner, Nietzsche tentera d'approfondir quelque peu sa propre connaissance du bouddhisme. On sait qu'il lut attentivement en 1870 le livre de Friedrich Köppen, *Die Religion des Buddha* (1857).

1. *Cf. Le Gai Savoir* (1882), § 346 ; *Par-delà le bien et le mal* (1885), § 56, Laffont, coll. « Bouquins », 1993.

Puis il s'alimenta directement aux sources en lisant vers 1875, dans sa traduction anglaise, le *Sutta Nipata*[1]. Après sa rupture avec Wagner, il lut encore au moins deux autres ouvrages généraux : ceux de Wackernagel, paru en 1880 et surtout d'Oldenberg, en 1881. Ces quelques notions – toujours reçues, rappelons-le, à travers le prisme schopenhauérien – lui permirent de se faire une opinion suffisamment claire sur le bouddhisme pour le citer assez souvent[2] en exemple dans ses livres, et surtout pour le comparer au christianisme. Un passage de *L'Antéchrist* mérite d'être reproduit intégralement, car il résume parfaitement la conception nietzschéenne positive du bouddhisme établie dans le cadre d'une comparaison critique avec le christianisme[3].

> «Le bouddhisme est cent fois plus réaliste que le christianisme, il a hérité par atavisme la capacité de poser des problèmes objectivement et froidement, il survient *après* un mouvement philosophique qui a duré des centaines d'années; la notion de "Dieu" est déjà liquidée quand il survient. Le bouddhisme est la seule religion effectivement *positiviste* que nous présente l'histoire, même dans sa théorie de la connaissance (un strict phénoménalisme), il ne déclare plus la "guerre au *péché*", mais, rendant à la réalité ses droits, la "guerre à la *souffrance*". Il a dépassé – ce qui le distingue profondément du christianisme – le leurre de soi-même que sont les notions morales – il se tient, pour employer mon langage à moi, *par-delà* le Bien et le Mal. Les *deux* faits physiologiques sur lesquels il repose et qu'il prend en considération sont : *premièrement*, une hyperesthésie de la sensibilité qui s'exprime sous la forme d'une capacité de souffrir raffinée, *ensuite* une surintellectualisation, une trop longue vie

1. *Cf.* sa lettre à Carl von Gerdsdorff du 13 décembre 1875, *in* Janz, *Nietzsche*, t. 2, 1984, p. 494.

2. J'ai relevé à travers toute son œuvre plus de quarante réflexions du philosophe sur le Bouddha et le bouddhisme.

3. Écrit en 1888, ce texte montre que, jusqu'au bout, Nietzsche a gardé une certaine estime pour le bouddhisme, dès lors qu'il s'agit de le comparer au christianisme.

dans les concepts et les procédures logiques, dans laquelle l'instinct personnel a été lésé au profit de l'instinct "impersonnel" (états qu'au moins certains de mes lecteurs, les "objectifs", aussi bien que moi connaîtront l'un et l'autre par expérience). En raison de ces conditions physiologiques s'est produite la *dépression.* Contre celle-ci, Bouddha procède hygiéniquement. Il emploie contre elle la vie en plein air, la vie vagabonde ; la modération et le discernement dans l'alimentation ; la prudence à l'égard des boissons spiritueuses ; la prudence également à l'égard de tous les affects qui font faire de la bile, qui échauffent le sang ; l'absence de *souci,* pour soi-même ou pour autrui. Il exige des représentations qui, soit procurent la paix, soit mettent de belle humeur – il invente des moyens de se déshabituer d'autrui. Il conçoit la bonté, le fait d'être bon comme ce qui encourage la santé. La *prière* est exclue, aussi bien que l'*ascèse* ; pas d'impératif catégorique, nulle *contrainte* d'aucune sorte, pas même à l'intérieur de la communauté monastique (on peut en ressortir). Tout cela ne serait que le moyen d'exacerber cette hyperesthésie. C'est aussi pour la même raison qu'il n'exige pas de guerre contre ceux qui pensent autrement ; sa doctrine se défend *plus que tout* contre le sentiment de vengeance, l'aversion, le *ressentiment* ("ce n'est pas l'hostilité qui met fin à l'hostilité" : tel est le touchant refrain de tout le bouddhisme...). Et cela à bon droit : voilà justement des affects qui seraient parfaitement *malsains,* du point de vue de l'intention principale du régime. Il combat la lassitude intellectuelle qu'il rencontre et qui s'exprime dans une trop grande "objectivité" (c'est-à-dire un affaiblissement de l'intérêt individuel, une perte de pesanteur et d'"égoïsme"), au moyen d'un strict retour des intérêts, même les plus intellectuels, à la *personne.* Dans la doctrine de Bouddha, l'égoïsme devient un devoir : le "une seule chose est nécessaire", le "comment te libérer, *toi,* de la souffrance ?" règle et délimite tout le régime intellectuel [1]. »

1. *L'Antéchrist* (1888), § 20, Garnier-Flammarion, 1994, pp. 63-65. Les mots en italique sont soulignés par l'auteur.

Plus froid, plus objectif, plus véridique, plus pragmatique, plus hygiénique, voilà ce qui résume, pour Nietzsche, la supériorité du bouddhisme sur le christianisme. Nietzsche précise encore que la «différence essentielle» entre les deux religions tient à ce que «le bouddhisme ne promet pas, mais tient; le christianisme promet tout, mais ne tient rien [1]». Jusqu'à la publication du *Gai Savoir* (1882), Nietzsche porte un regard très positif sur le bouddhisme; tout juste reproche-t-il au Bouddha, dans *Aurore* (1881), «une faute de goût [2]» pour avoir fait cette recommandation à ses disciples : «Laissez voir vos péchés devant le monde et cachez vos vertus.»

La menace d'un «nouveau bouddhisme européen»

Humain, trop humain (1878-1879) marque un tournant important dans la pensée de Nietzsche. Concomitant à sa rupture définitive avec Wagner, ce livre marque aussi celle du philosophe avec son maître Schopenhauer. Or ce rejet du pessimisme schopenhauérien s'accompagne du même coup du rejet du bouddhisme, que Nietzsche n'a jamais dissocié de la pensée de son ancien maître. Dans son avant-propos à la *Généalogie de la morale* (1887), il explique bien les raisons profondes de cette double rupture consommée dans *Humain, trop humain* : «Il s'agissait pour moi de la *valeur* de la morale – et, sur ce point, je n'avais à m'expliquer qu'avec mon illustre maître Schopenhauer, à qui s'adressait ce livre, comme à un contemporain, ce livre, avec toute sa passion et sa secrète opposition (car *Humain, trop humain* était aussi un "pamphlet"). Il s'agissait, en particulier, de la valeur du "non-égoïsme", des instincts de pitié, d'abnégation, de sacrifice, que Schopenhauer précisément avait si longtemps enjolivés à nos yeux – divinisés et transportés dans les régions de l'au-

1. *L'Antéchrist*, § 41, *op. cit.*
2. *Aurore* (1881), § 558, Laffont, coll. «Bouquins», 1993.

delà – qu'ils finirent par rester pour lui comme des "valeurs en soi" et qu'il se fonda sur eux pour dire non à la vie et à lui-même. Mais c'est justement contre *ces* instincts que s'élevaient en moi une défiance de plus en plus fondamentale, un scepticisme toujours plus profond! En eux je voyais précisément le *grand* péril de l'humanité, la tentation et la séduction suprême qui la conduirait... où donc?... Au néant? Je voyais là le commencement de la fin, l'arrêt, la lassitude qui regarde en arrière, la volonté qui se retourne *contre* la vie, la dernière maladie s'annonçant par des symptômes de tendresse et de mélancolie : je comprenais que cette morale de compassion qui se propageait de plus en plus, qui atteignait même les philosophes et les rendait malades, était le symptôme le plus inquiétant de notre culture européenne, inquiétante elle-même, son détour vers un nouveau bouddhisme! vers un bouddhisme européen! vers le *nihilisme*[1]!... »

Ce texte est particulièrement éclairant, car il résume les trois points essentiels de la nouvelle conception nietzschéenne qu'il ne cessera de développer dans ses œuvres à partir du *Gai Savoir* : son rejet du bouddhisme comme philosophie schopenhauérienne de négation de la vie; sa vision du bouddhisme – à l'instar du christianisme – comme doctrine *nihiliste*; sa crainte de l'émergence d'un nouveau bouddhisme européen.

Ce que Nietzsche, en effet, reproche surtout à Schopenhauer et au bouddhisme, c'est d'être contre la vie et contre le monde. Cette morale de « l'homme négateur du monde[2] » où « la volonté de néant l'emporte sur la volonté d'être[3] », qui conduit également à affirmer que « les médiocres ont plus de valeur que les êtres d'exception[4] », est la morale la plus

1. *Généalogie de la morale*, 1887, § 5, in *Œuvres*, t. II, Laffont, coll. « Bouquins », 1993, pp. 772-773.

2. *Le Gai Savoir*, § 346, *op. cit.*

3. *Fragments posthumes*, 1888-1889, in *Œuvres philosophiques complètes*, t. XIV, Gallimard.

4. *Ibid.*

dangereuse qui soit, car elle nie ce qu'il y a de plus important : la vie. C'est la forme la plus achevée du pessimisme[1]. Ce « désir de néant », cet « éloignement pessimiste de la vie », cette conception de l'existence qui apparaît comme « ne valant pas la peine d'être vécue[2] », cet « instinct dépressif et contagieux », « conservateur de toutes les misères », sont les instruments principaux pour « l'intensification de la *décadence*[3]... » Cette hostilité à la vie qui caractérise la *décadence*, selon Nietzsche, est le trait caractéristique du nihilisme. L'utilisation par lui du terme *nihiliste* est très particulière : il retourne en effet l'expression contre les partisans de la morale, qu'ils soient chrétiens, bouddhistes, schopenhauériens ou autres, contre ceux-là mêmes qui, derrière les grands mots de « Dieu », de « vie véritable », de « béatitude », d'« au-delà » ou de nirvana, prônent une morale hostile à la vie, de négation du monde, du néant, du *nihil*[4]. Ainsi, Nietzsche emprunte le mot aux révolutionnaires russes du XIXe siècle tout en en modifiant le sens : pour lui, c'est la morale qui est nihiliste, puisqu'elle s'oppose à la vie, puisque, derrière les « grandes valeurs », elle dissimule le néant, la négation de la vie. « L'instinct nihiliste dit non ; son affirmation la plus modérée est que ne pas être vaut mieux qu'être, que le désir de néant a plus de valeur que le vouloir vivre [...]. C'est bien la grande imposture de Schopenhauer [...]. Le pessimisme n'est pas un problème, mais un symptôme – ce nom devrait être remplacé par celui de nihilisme[5]. »

Si la philosophie de Schopenhauer est la version moderne du nihilisme, le bouddhisme et le christianisme en sont les deux grandes manifestations religieuses. Tous deux

1. *Ibid.*, et *Par-delà le bien et le mal*, § 56, *op. cit.*
2. *Généalogie de la morale*, 1887, § 21, *op. cit.*
3. *L'Antéchrist*, § 7, *op. cit.*
4. *Ibid.*
5. *Fragments posthumes*, 1888-1889, in *Œuvres philosophiques complètes*, *op. cit.*, p. 275.

ont trouvé leur origine et leur développement soudain dans « un énorme accès de maladie de la volonté[1] », écrit Nietzsche. « Toutes deux se valent en tant que religions nihilistes, religions de *décadence*[2] », car, non contentes de nier la vie, elles donnent aussi raison à tous les faibles, les ratés, à ceux qui « souffrent de la vie comme d'une maladie[3] ». La signification profonde du thème nietzschéen de la « mort de Dieu » se révèle dans cette appréhension de la religion comme nihiliste : le Dieu projection de notre propre faiblesse, le Dieu-néant, est mort[4]. L'homme est ainsi confronté à un formidable défi : dépasser ses propres faiblesses, vaincre ses peurs devant le risque du tragique de la vie, dire « oui » à la vie. Cela implique chez lui une métamorphose radicale : le passage de la faiblesse à la force, de la dépendance à l'autonomie, de l'humain au surhumain (*Übermensch*[5]). Or Nietzsche a de sérieux doutes sur la capacité de l'homme à se défaire définitivement de sa faiblesse. Bien plus, si celui-ci ne fait pas de la « mort de Dieu » une magnifique victoire sur lui-même, il paiera cher cette perte. Car, par cette mort, l'homme est renvoyé à l'énigme brute de la vie : sans abri, il est nu. Il n'y a plus de vérité solide, hormis celle de la vie, qui est précisément incertitude. La découverte de la « mort de Dieu » peut donc être l'occasion unique d'un dépassement de la faiblesse, d'un grand « oui » libérateur à la vie, mais elle peut aussi donner lieu – c'est ce que Nietzsche redoute par-dessus tout – à une confirmation de la faiblesse, qui, déçue, va continuer à dévaloriser la vie et s'enfoncer encore plus dans le pessimisme et

1. *Le Gai Savoir*, § 347, *op. cit.*
2. *L'Antéchrist*, § 20, *op. cit.*
3. *Par-delà le bien et le mal*, § 62, *op. cit.*
4. « La mort de Dieu est la reconnaissance du néant qui détermine la faiblesse comme telle, sous quelque forme qu'elle se présente et se masque », écrit Éric Blondel dans *Nietzsche, le 5e Évangile ?* Les Bergers et les Mages, 1980, p. 96.
5. Comme le fait remarquer Éric Blondel, le *über* signifie ici non pas « supérieur », mais « outre », « de l'autre côté ». Le « surhumain » de Nietzsche est une humanité « au-delà » de la faiblesse (*Nietzsche, le 5e Évangile ?*, *op. cit.*, p. 95).

les philosophies du néant dont le bouddhisme est l'archétype.

C'est la raison pour laquelle, dans ses dernières œuvres, Nietzsche ne cesse de mettre en garde contre le « suprême danger d'un nouveau bouddhisme européen [1] ». Dans une note intitulée « Le second bouddhisme [2] », le philosophe énumère les signes de la « catastrophe nihiliste » qui inaugure l'avènement d'un nouveau bouddhisme européen : expansion prépondérante de la compassion, de la pitié, de la fraternité ; surmenage intellectuel ; réduction des problèmes aux seules questions du plaisir et du déplaisir ; impossibilité pour les religions de continuer à s'appuyer sur des dogmes ou des mythes. Ailleurs, il lie cet avènement d'un nouveau bouddhisme à la « haine mortelle » que les Européens vouent à la souffrance, « dans l'incapacité presque féminine à voir souffrir, à *laisser* souffrir [3]. » Nietzsche lance en fait un véritable cri d'alarme face à l'état d'extrême friabilité de la culture européenne qui a renié ses fondements judéo-chrétiens sans pour autant avoir la force d'aller jusqu'au bout de sa logique du « meurtre de Dieu ». C'est pourquoi il redoute par-dessus tout l'avènement d'une « Chine européenne avec une douce croyance bouddhiste-chrétienne, et, dans la pratique, un savoir-vivre épicurien [4]. » Au fond, la « mort de Dieu » n'aura servi à rien. Nietzsche est convaincu que les Européens n'abandonneront la morale et le dogme chrétien que pour mieux se réfugier dans les bras d'un néo-bouddhisme indolore et compassionnel, parachèvement ultime du nihilisme. « Le christianisme approche de l'épuisement, écrit-il. On se contente d'un christianisme opacié parce qu'on n'a ni la force de chercher, de combattre, d'oser, et de vouloir être seul, ni la force nécessaire au pascalisme, à ce

1. *Fragments posthumes*, automne 1885-automne 1887, in *Œuvres philosophiques complètes*, t. XII, *op. cit.*

2. *Ibid.*, automne 1887-mars 1888.

3. *Par-delà le bien et le mal*, § 202, *op. cit.*

4. *Fragments posthumes*, printemps 1884, in *Œuvres complètes*, t. X, Gallimard, p. 86.

mépris de soi ratiocineur, à la croyance en l'indignité humaine, à l'angoisse du "peut-être condamné". Mais un christianisme qui doit surtout apaiser des nerfs malades n'a absolument pas besoin de cette terrible solution d'un "Dieu en croix" : c'est pourquoi, en silence, le bouddhisme progresse partout en Europe[1]. »

L'attitude de Nietzsche à l'égard du bouddhisme peut paraître complexe, changeante, mais, au fond, elle est cohérente. Partant d'une position bienveillante liée à l'admiration qu'il voue à Schopenhauer, il devient de plus en plus critique à mesure que se précise et se consomme sa rupture avec la pensée de son maître. Tandis qu'il en vient à rejeter le bouddhisme – à l'instar de la philosophie schopenhauérienne et du christianisme – comme une doctrine pessimiste, nihiliste, décadente, il n'en continue pas moins à souligner les qualités exceptionnelles de cette philosophie en la comparant au christianisme. Enfin dans un troisième temps, il s'inquiète de l'évolution de la culture et de la pensée européennes qui lui semblent mûres pour un nouveau bouddhisme, entendu ici de manière péjorative comme doctrine du refus de la souffrance. Car c'est fondamentalement ce point de la réponse à la souffrance qui est au cœur des « désaccordailles » entre Nietzsche et le bouddhisme. Ce dernier reconnaît que la souffrance est « sans doute une part essentielle de toute existence[2] », mais, à ses yeux, confronté à ce constat, le philosophe peut apporter deux réponses très différentes : soit vouloir éliminer la souffrance en se détachant des activités vitales qui sont source de souffrance, ce qui amène à vivre moins intensément, à chercher le bonheur dans l'abstention, le renoncement, l'indifférence ; soit vouloir la souffrance comme prix à payer d'une vie intense,

1. *Fragments posthumes*, automne 1885-automne 1887, in *Œuvres philosophiques complètes*, t. XII, *op. cit.*, p. 140.
2. *Ibid.*, t. XI, p. 360.

pleine, s'affirmant dans toute sa puissance. D'un côté, la peur de la souffrance et de la vie, la fuite du monde, le désir de ne pas être, la sagesse nihiliste bouddhique ; de l'autre, le «oui» à la vie et à la souffrance qu'elle implique, l'acceptation du monde tel qu'il est, la volonté d'être, la sagesse tragique de Nietzsche[1].

Comme dans le cas de Schopenhauer, on peut se demander si le bouddhisme dont parle Nietzsche correspond bien au bouddhisme traditionnel. Il est clair que Nietzsche reste toujours tributaire de la lecture «pessimiste» schopenhauérienne de la doctrine bouddhiste. Sa critique du bouddhisme comme religion nihiliste de la décadence n'est sans doute pas justifiée au regard des enseignements du Bouddha qui, comme nous l'avons vu, ne peuvent véritablement être taxés de «pessimistes» ni être compris comme une doctrine du néant. On pourrait critiquer tout autant la vision nietzschéenne du christianisme, le plus souvent perçu à travers ses visages les plus dégradés. En revanche, pour ce qui est de l'attitude bouddhiste face au constat de souffrance, la critique nietzschéenne semble beaucoup plus appropriée, et sa prophétie sur l'émergence d'un nouveau bouddhisme européen paraît fort pertinente. Il est incontestable que le bouddhisme propose un remède contre la souffrance (remède auquel le dernier Nietzsche préfère le tragique de la vie) et prône une compassion envers tout être vivant (rejetée par Nietzsche comme signe de faiblesse). Par ailleurs, la civilisation occidentale a bien continué d'évoluer vers une sorte d'hédonisme – détesté par Nietzsche – et vers une hypersensibilité à la souffrance qui peut l'incliner de plus en plus vers un christiano-boud-

1. Ce choix de Nietzsche de la «sagesse tragique» par opposition à la sagesse bouddhique est très bien mis en lumière par Marcel Conche dans une conférence intitulée «Nietzsche et le bouddhisme», donnée dans le cadre des séminaires du Collège international de philosophie (*Le Cahier*, n° 4, 1987, pp. 125-144).

dhisme où la souffrance est évacuée et où la compassion devient centrale.

À la suite de Schopenhauer, Nietzsche a donc continué de répandre dans l'imaginaire des Occidentaux un bouddhisme aux saveurs de néant. Pour l'exprimer, il a forgé et vulgarisé l'expression de « nihilisme bouddhique ». Mais, comme nous l'avons vu, cette expression est utilisée par Nietzsche dans un sens tout autre que celui employé communément par ses contemporains. Rappelons brièvement que le nihilisme est une doctrine philosophique qui s'est développée en Europe au début du XIXe siècle et selon laquelle il n'existe rien d'absolu. Cette doctrine a vite pris une connotation beaucoup plus tranchée en morale – comme doctrine niant toute vérité et valeur morale – et en politique – comme idéologie récusant toute contrainte sociale exercée sur l'individu. Or c'est également dans cette acception – tout à fait opposée à celle de Nietzsche – que de nombreux penseurs, notamment chrétiens, qualifieront le bouddhisme de doctrine « nihiliste ». Ainsi l'article « bouddhisme » du *Dictionnaire de théologie catholique* de A. Vacant et E. Mangenot (1936) explique que le bouddhisme a « une saveur de néant », qu'il constitue « une cruelle mutilation de l'homme », et aboutit à « un véritable nihilisme intellectuel ».

Cette interprétation est également abusive et caricaturale. Le nihilisme des révolutionnaires russes, par exemple, est fort éloigné de la perspective bouddhiste qui, certes, ne s'appuie pas sur des vérités ou des normes absolues, mais offre une morale exigeante, prône des valeurs hiérarchisées, appelle l'individu à une attitude responsable envers autrui, et l'amène concrètement, dans tous les pays où il s'est répandu, à respecter l'ordre social. Caractériser de « nihilistes » la doctrine et l'attitude bouddhiste revient une fois encore à les faire entrer dans des catégories occidentales spécifiques et à les dénaturer profondément.

5

« Christ athée de l'Inde » et « prophète du néant »

Comme pour les récits des franciscains du Moyen Âge ou des missionnaires de la Renaissance, parfaits reflets des querelles théologiques du moment, il faut systématiquement lire, en filigrane des interprétations philosophiques des doctrines bouddhistes au XIXe siècle, le souci des Occidentaux de trouver des arguments pour défendre leurs idées ou attaquer celles de leurs adversaires dans des disputes internes à l'Europe. Durant la seconde moitié de ce siècle, le bouddhisme a fortement pâti de cette manie de faire entrer tout savoir nouveau dans des cases préexistantes correspondant aux grandes polémiques de l'époque. Ainsi les étiquettes d'« athéisme », de « nihilisme », de « pessimisme » ou de « doctrine du néant » dont fut affublé l'enseignement du Bouddha le qualifient-elles fort mal et créent toutes sortes de malentendus et de contresens. Elles sont utilisées indifféremment par des philosophes ramenant tout à leurs propres catégories conceptuelles (Schopenhauer) ou mus par le goût du paradoxe et de la provocation (Nietzsche), par certains savants par facilité ou souci d'être mieux compris de leurs contemporains, par des apologistes chrétiens dans une intention polémique, ou par des journalistes soucieux de piquer l'attention de leurs lecteurs. Ernest Renan, qui est un peu tout cela à la fois, en offre une parfaite illustration en qualifiant le Bouddha de « Christ athée de l'Inde », son message d'« évangile du nihilisme », et les enseignements bouddhistes de « doctrine du néant [...], la plus désespérante qui ait jamais été [1] ». Ces étiquettes réductrices marqueront durablement l'imaginaire des Occidentaux et contribueront tant à la violente passion des Européens pour le bouddhisme lors de sa découverte qu'à son rejet et à son oubli progressif chez les philosophes du XXe siècle [2].

Mais, au-delà de la dénonciation de ce prisme culturel, il est particulièrement intéressant de souligner que le bouddhisme a toujours été une sorte de miroir dans lequel les Européens se sont observés en feignant de croire qu'ils regardaient une lointaine religion asiatique. Cette instrumentalisation du bouddhisme, qui nous éclaire utilement sur les querelles philosophiques, théologiques ou sur les enjeux et constats sociaux des Européens, traduit donc surtout leurs angoisses les plus secrètes. La conception d'un « pessimisme bouddhiste » qui découle de la fusion du message du Bouddha avec la pensée de Schopenhauer n'a sans doute connu un tel succès que parce qu'elle faisait résonner, comme en écho, le sentiment de profond pessimisme qui gagnait les sociétés européennes durant le dernier quart du XIXe siècle. Confrontés à des bouleversements religieux, sociaux et politiques qui ébranlent toutes leurs certitudes héritées du passé, les Européens de cette fin de siècle dissimulent mal leur inquiétude, face à un avenir qui leur semble de moins en moins prévisible [3] et quant au fond même de la nature humaine, derrière un optimisme de façade que les idéologues du siècle avaient presque érigé en dogme. En dis-

1. Ernest Renan, « Premiers travaux sur le bouddhisme », 1851, in *Nouvelles Études d'histoire religieuse*, *op. cit.*, pp. 353 et 348 pour la dernière citation.

2. *Cf.* Roger-Pol Droit, *L'Oubli de l'Inde*, P.U.F., 1989.

3. James Froude écrivait ainsi en 1899 : « *We have lived through a period of change – a change spiritual, change moral, social and political. The foundations of our most serious convictions have been broken up ; and the disintegration of opinion is so rapid that wise men and foolish are equally ignorant where the close of this waning century will find us. We are embarked in a current which bears us forward independant of our own wills.* » (*Short Studies on Great Subjects*, t. IV, Londres, Longmans, Green and Co., 1899, p. 5.)

courant sur le «pessimisme» bouddhique, on tente *consciemment* de sauver la vision «optimiste» propre à l'idéologie moderne – qu'elle soit positiviste, marxiste ou autre – marquée au sceau du mythe du progrès, tout en exorcisant *inconsciemment* une angoisse d'autant plus profonde qu'elle est le plus souvent niée.

On peut appliquer ce raisonnement à tous les qualificatifs dont on a affublé le bouddhisme en Occident au fil du temps, particulièrement en cette veille du XXe siècle, où il se prête d'autant mieux à ce jeu de miroir qu'on pense mieux le connaître. Nous prendrons seulement ici deux exemples particulièrement significatifs : les discours autour de l'«athéisme» et du «néant» bouddhistes, qui font alors couler tellement d'encre que son odeur n'est pas tout à fait dissipée plus d'un siècle après…

Le bouddhisme est-il un athéisme ?

À partir de la seconde moitié du XIXe siècle, un débat passionne nombre de savants et d'intellectuels : le bouddhisme est-il une philosophie ou une religion ? Cette question est née de la découverte progressive de ce que le «bouddhisme originel» ne fait référence à aucun dieu ni à aucune force surnaturelle. Or, jusque-là, la conception unanimement admise de la religion était tributaire des notions de dieux, d'esprits, de puissances surnaturelles. Comment, dès lors, considérer comme une religion une doctrine qui semble nier l'existence de Dieu, de divinités ou de toutes autres forces surnaturelles avec lesquelles les hommes peuvent entrer en relation ? Si le bouddhisme n'est pas une religion, il est une philosophie, puisque les Occidentaux entendent par là un système qui, à l'inverse du mythe ou de la religion, ne repose que sur la raison humaine. C'est la conviction de nombreux orientalistes comme Monier-Williams, Joseph Edkins ou Max Müller, lequel écrit en 1893 : «Si la religion est conçue comme un pont entre le visible et l'invisible, entre la temporalité et l'éternité, entre l'humain et le divin, le bouddhisme authentique ne peut dès lors être considéré comme une religion[1]. » Comme le sous-entend Max Müller, cette position prend appui sur la conviction qu'il existe un bouddhisme « authentique », pur de toute contamination religieuse ultérieure.

Telle est en tout cas la théorie la plus en vogue à cette époque. Elle privilégie les sources palies du bouddhisme Hinayâna dont on est alors convaincu qu'il constitue le « bouddhisme originel ». Ainsi que le fait remarquer Philip Almond, « on constate à partir du milieu du XIXe siècle une véritable obsession de la quête des origines – que ce soit en biologie, en géologie, en histoire. De manière sous-jacente à cette quête, il y avait l'hypothèse que l'originel était l'essentiel. Ainsi, l'antériorité chronologique du bouddhisme pali ayant été établi, celui-ci fut perçu comme contenant l'essence du bouddhisme[2]. » Dans cette logique, la plupart des orientalistes en viennent à distinguer de manière radicale le bouddhisme Hinayâna du Sud, considéré comme « authentique », du bouddhisme Mahâyâna du Nord, considéré comme « dégradé ». Rhys Davids, par exemple, oppose la « pureté » du bouddhisme primitif à la « corruption » du bouddhisme tibétain[3], et l'historien des religions Marcus Dods explique qu'il est difficile de « repérer de réelles parentés entre la religion superstitieuse et idolâtre du bouddhisme du Nord et la pensée originelle du Bouddha[4]. »

Contre cette opinion largement répandue, les partisans d'une acception religieuse du bouddhisme mettent en avant deux arguments. Certains n'hésitent pas à avancer d'abord l'hypothèse selon laquelle les sources mahayanistes sans-

1. Max Müller, « A Bishop on Buddhism », *The New Review*, 8, 1993, p. 109.
2. Philip Almond, *The British Discovery of Buddhism*, *op. cit.*, p. 95.
3. Rhys Davids, *Buddhism*, SPCK, Londres, 1877, pp. 208-209.
4. Marcus Dods, *Mohammed, Buddha and Christ*, Hodder and Stroughton, Londres, 1888, p. 177.

crites, bien que chronologiquement plus tardives, représentent le «bouddhisme originel». Pour ces auteurs [1], le bouddhisme primitif admettait l'existence de l'âme et la croyance en une sorte de Déité suprême, croyances qui ont survécu de manières diverses à travers le bouddhisme Mahâyâna, tandis que le bouddhisme Hinayâna a été l'aboutissement d'une réforme vers un athéisme pur et dur. D'autres, plus nombreux, reprennent à leur compte la distinction classique établie par les missionnaires du XVIIe siècle entre un bouddhisme élitiste et athée et un bouddhisme populaire polythéiste. L'orientaliste Joseph Edkins explique ainsi que l'athéisme bouddhique est réservé aux subtils logiciens et non au commun des mortels : «Le besoin humain naturel de croire qu'il existe une puissance divine présente dans l'univers s'exprime nécessairement... Les pouvoirs attribués aux bouddhas et aux bodhisattvas sont supposés s'exercer en réponse aux prières des hommes, et prennent la place de Dieu dans l'esprit du fidèle de cette religion [2].» Dès lors que l'immense majorité des fidèles bouddhistes adopte une attitude «typiquement religieuse», il n'y a pas de raison de ne pas considérer le bouddhisme – du moins sous sa forme populaire la plus répandue – comme une religion.

En fait, derrière les discussions savantes, ce débat sur le statut épistémologique et la définition du bouddhisme s'inscrit sur une toile de fond doublement idéologisée. Il s'agit d'abord, pour les Européens, de continuer une polémique vieille de trois siècles portant sur la notion très controversée d'une religiosité innée dans l'esprit humain. Pour les partisans d'une telle théorie, l'homme est naturellement religieux et ils en invoquent pour preuve qu'il n'existe aucune «nation athée», l'athéisme étant conçu comme un vice occidental contemporain. La découverte de l'«athéisme» bouddhique

1. Frederick Maurice, William Simpson, Alexander Cunningham, Arthur Lillie, entre autres.

2. Joseph Edkins, *The Religious Condition of the Chinese*, Routledge, Londres, 1859, p. 122.

apporte évidemment de l'eau au moulin de leurs adversaires. En 1870, Richard Amstrong exprime bien leur point de vue : « Le bouddhisme nous montre non seulement qu'il existe au moins une, mais même d'innombrables communautés d'hommes et de femmes nés, élevés, morts sans pensée ou désir de Dieu... On veut tenir pour certain que *nous* avons un sens inné de Dieu, mais il existe trois cent millions d'êtres humains en qui ce sens n'a pas été détecté[1]. » Face à cet argument, les partisans du sentiment religieux inné ont évidemment fait valoir que bien peu de bouddhistes peuvent être considérés comme « athées ». Tout en admettant que le message originel du Bouddha exclut toute religiosité, ils rappellent que le bouddhisme est vite devenu une religion comme les autres, justement du fait de l'inclination naturelle de l'esprit humain à la croyance religieuse. L'évêque anglican Peter Claughton explique ainsi : « Le système bouddhiste exclut l'adoration, mais les *hommes veulent* adorer, et si on leur explique qu'il n'y a pas de Dieu, ils vont malgré tout le ressentir ou bien même le découvrir... C'est la nature de l'homme de croire en Dieu[2]. »

Le débat sur la définition du bouddhisme s'inscrit également dans un registre sémantique hautement polémique et idéologisé : celui de l'« athéisme ». Que le bouddhisme soit une doctrine « non théiste », comme nous le rappellerons plus loin, est une chose ; que ce soit une doctrine « athée », au sens précis que recouvre ce terme en Europe depuis la Renaissance, en est une autre. Depuis ses origines antiques, le mot d'« athéisme » est employé par des auteurs profondément – bien que très diversement – religieux sur un mode péjoratif : l'athée est celui qui nie totalement l'existence – pourtant manifeste – de Dieu ou des dieux. On le retrouve aussi bien chez le philosophe Platon[1], qui entend montrer

1. Richard Amstrong, « Buddhism and Christianity », in *The Theological Review*, 7, 1870, p. 185.

2. Bishop Peter Claughton, « Buddhism », in *Journal of the Transactions of Victoria Institute*, 8, 1874, p. 145.

que Socrate n'est pas un athée au sens absolu, qui refuserait de croire en l'existence d'aucun dieu ; chez l'historien Flavius Josèphe[2], qui se plaint de ce que les païens traitent les Juifs d'« athées et de misanthropes », ou encore chez un père de l'Église comme Ignace d'Antioche[3] pour qualifier indifféremment les païens et les hérétiques docétistes. Les travaux d'Henri Busson[4] ont montré que l'expression a disparu au Moyen Âge (remplacée selon les cas par les vocables « insensés » ou « infidèles ») pour resurgir vers la fin du XVIe siècle chez des auteurs qui s'alarment du nombre croissant de gens qui ne croient pas en Dieu. Tout au long du XVIIe siècle, il continue essentiellement d'être accolé à ces « libertins » qui entendent ne s'assujettir à aucune croyance religieuse ou fonder leur engagement dans le monde à partir du refus de Dieu[5]. Comme nous l'avons signalé précédemment, c'est également au Grand Siècle que les missionnaires catholiques utilisent le mot « athée » pour désigner les « doctrines absurdes » des bouddhistes qu'ils rencontrent. Ils distinguent en général une « religion idolâtrique », pratiquée par le peuple, d'un « hideux système athée » professé par les lettrés. En 1700, le dominicain Noël Alexandre résumait ce point de vue, partagé par la plupart des missionnaires, en concluant à propos des moines chinois : « La doctrine secrète des ministres du dieu Fo est un athéisme tout pur[6]. » Le siècle des Lumières voit se répandre la notion d'athéisme comme confrontation ultime entre

1. Platon, *Apologie de Socrate*, 26 b-e, Garnier-Flammarion, 1991. Voir aussi *Lois*, X, Garnier-Flammarion, 1997.

2. Flavius Josèphe, *Contre Apion*, II, 148.

3. Ignace d'Antioche, *Lettre aux Tralliens*, III, 2.

4. Henri Busson, *Le Rationalisme dans la littérature de la Renaissance*, Vrin, 1957.

5. Signalons, au XVIIe siècle, le glissement du discours conservateur sur le libertin, d'abord accusé de ne pas croire en Dieu, puis de dépravation sexuelle, bien mis en lumière par Jean-François Revel (*Histoire de la philosophie occidentale*, Nil, 1996, p. 490.).

6. Noël Alexandre, *Apologie des dominicains missionnaires de la Chine*, *op. cit.*, p. 11.

chrétiens et libres penseurs. Certains orientalistes du XIXe siècle, eux-mêmes engagés dans cette polémique, ou par souci d'inscrire le bouddhisme dans les grands problèmes de leur temps, n'hésitent pas non plus à qualifier de doctrine « athée » les enseignements du Bouddha[1]. Dans la bouche des chrétiens, le terme est donc on ne peut plus péjoratif, alors même qu'il fait figure d'éloge chez les adversaires les plus résolus du christianisme.

Dans la seconde moitié du siècle, le terme revêt aussi une signification philosophique plus précise pour les penseurs de la « mort de Dieu ». Dans *L'Essence du Christianisme*, Feuerbach fonde en effet l'« humanisme athée » contemporain en montrant que l'homme commence de manière infantile par « projeter son essence hors de lui », dans la représentation du divin, avant de se réapproprier sa propre essence et de comprendre enfin qu'il possède en lui-même toutes les qualités qu'il a projetées sur Dieu. Réalisant que tous les bienfaits de la pensée et des actions religieuses proviennent de l'homme lui-même, il est enfin capable de se passer de Dieu et de saisir que « l'athéisme est le secret de la religion elle-même » en tant que, dans son essence profonde, « elle ne croit à rien d'autre qu'à la vérité et à la divinité de l'être humain[2] ». En renversant l'argument, Feuerbach ouvre la porte à tous les penseurs modernes, pour qui faire profession d'athéisme équivaut à faire profession d'humanisme. Le bouddhisme est dès lors mis en avant par les adversaires des Églises chrétiennes comme un modèle d'humanisme sans Dieu. C'est dans ce contexte que Jules Ferry et d'autres soulignent, nous l'avons vu, l'exemplarité d'une morale laïque.

1. Eugène Burnouf, par exemple, parle « d'une morale sans Dieu et d'un athéisme sans Nature » (*Introduction à l'étude du bouddhisme indien*, *op. cit.*, p. 464) ; Auguste Barth évoque une « doctrine résolument athée » (in *The Religions of India*, Londres, 1891, p. 110), etc.

2. Ludwig Feuerbach, *L'Essence du christianisme*, 1841, préface à la seconde édition (1843), 1968, et Gallimard, coll. « Tel », 1992, p. 104.

De ce qui aurait dû être la simple constatation que le message du Bouddha est sans référence à un Dieu personnel, on a préféré retenir et entretenir la conception d'une «doctrine athée», dans des termes polémiques visant soit à discréditer le bouddhisme (perspective chrétienne), soit, au contraire, à l'exalter contre le christianisme. Pour couronner le tout, certains, tel Eitel, iront même jusqu'à affirmer que Feuerbach, Schopenhauer, von Hartmann, Comte et tous les penseurs athées du siècle «ont été plus ou moins imbibés de ce doux poison et consommèrent aussi docilement que n'importe quel Asiatique cet opium bouddhiste[1]».

Sur cette question aussi, l'assimilation de l'athéisme philosophique de Schopenhauer à la doctrine bouddhiste a largement contribué à entretenir la confusion entre une négation catégorique et militante de toute divinité, conforme à ce que signifie l'adjectif «athée» dans l'univers conceptuel occidental du XIXe siècle, et l'élaboration, dans le subtil contexte oriental, d'une doctrine non théiste. Car le bouddhisme n'est assurément pas, tel qu'il apparaît aux philosophes européens des XVIIIe et XIXe siècles, une pensée construite sur la négation absolue de Dieu, mais bien plutôt une doctrine qui s'inscrit dans un cadre de référence sans Dieu. Le *Sangarava-sutta*[2] rapporte que le Bouddha répartissait les maîtres spirituels de son temps en trois catégories : les «révélationistes» (*anussavika*), tels les brahmanes, prétendaient tenir leur connaissance des Écritures sacrées ; les métaphysiciens rationalistes (*takki-vimansi*) fondaient leur connaissance sur des conclusions tirées d'arguments et de spéculations logiques et métaphysiques ; enfin, il y avait ceux qui, à l'instar du Bouddha lui-même, tiraient leur connaissance d'expériences personnelles : refusant toute valeur aux révélations comme aux spéculations métaphysiques, il

1. Ernest Eitel, *Buddhism, its Historical, Theorical and Popular Aspects*, Trüberard and Co, Londres, 1884, p. 102.

2. *Majjhima-Nikaya*, vol 2, PTS, 1888-1902, p. 211.

entend transmettre un enseignement uniquement fondé sur l'expérience personnelle, tant sensorielle que psychique. Le Bouddha, qui se comparait lui-même à un médecin, s'est attaché à montrer les obstacles qui enferment l'homme dans la souffrance et à y apporter des solutions concrètes, sans pour autant se prononcer de manière positive sur le terme accessible au-delà de ce processus de libération. La tradition rapporte explicitement qu'il a refusé de répondre aux grandes questions métaphysiques sur Dieu, l'origine de l'Univers, etc.

Un jour, une idée vint à son disciple Malunkyaputta : « Je dois demander une explication au Bienheureux à propos de ces questions… Si le Bienheureux ne donne pas de réponses valables, je l'abandonnerai. » Il se rendit auprès du Bouddha et l'interrogea. Ce dernier répondit que ces questions n'avaient aucun intérêt pour le salut et qu'elles devaient être considérées comme des « questions auxquelles le Bouddha n'a pas apporté de réponses [1] ». Cette formulation précise montre que le bouddhisme n'est pas une doctrine « athée » qui nierait l'existence de Dieu, mais qu'il considère cette question comme invérifiable par l'expérience humaine, et donc comme non pertinente dans sa perspective pratique de libération. Sans remettre fondamentalement en cause cette donnée première, les développements doctrinaux ultérieurs du Mahâyâna apporteront des distinctions nouvelles – Trois corps du Bouddha, vérité ultime et vérité relative, etc. – qui rendent cette problématique plus subtile et complexe. Il est vrai, par ailleurs, que s'est développée dans tous les pays bouddhistes – qu'ils soient du Grand ou du Petit Véhicule – une religiosité populaire qui recèle tous les traits classiques de la plupart des autres religions : rituels, offrandes, sacrifices, culte de divinités bénéfiques et peur de divinités maléfiques, etc. Mais, comme l'ont montré de

1. Voir la traduction intégrale de la discussion entre le Bouddha et Malunkyaputta dans M. Wijayaratna, *Sermons du Bouddha*, Le Cerf, 1987, pp. 111-117.

nombreux ethnologues au XXe siècle [1], il est vain de vouloir séparer, comme le faisaient dans une perspective polémique, les orientalistes du siècle précédent, une philosophie bouddhiste rationaliste et élitiste d'une religion populaire païenne et chamanique. Les deux se sont toujours présentées à nous comme indissociablement imbriquées.

« Athéisme » d'un côté, « polythéisme » de l'autre, ce débat, sur fond de définition de la religion qui renvoie à des catégories typiquement européennes, apparaît aujourd'hui comme totalement biaisé pour les spécialistes [2]. Il subsiste toutefois dans certains médias et chez un public non averti, parfois même dans des termes identiques. Mais il est surtout significatif de la manière dont le bouddhisme a été idéologisé et a finalement constitué une sorte de *laboratoire* où se sont enrichies les notions modernes d'athéisme ou de religion. Plusieurs penseurs de la fin du XIXe et du début du XXe siècle ont ainsi tenté de surmonter ces antagonismes en abandonnant l'opposition radicale entre philosophie athée et religion déiste – Hermann Oldenberg qualifie le bouddhisme de « religion sans dieu [3] » et Thomas Rhys Davids ne parle plus d'un Bouddha « athée », mais « agnostique [4] » – et de repenser, à partir de l'exemple du bouddhisme, la définition de la religion. Tel est le cas d'Émile Durkheim, qui cite le bouddhisme comme exemple de « grandes religions d'où l'idée de dieux et d'esprits est absente, où, du moins, elle ne joue qu'un rôle secondaire et effacé [5] », et qui essaie de redéfinir la religion

1. On pourrait citer toutes les études ethnologiques réalisées depuis cinquante ans en Asie, qui montrent que la voie métaphysique et pratique du salut bouddhique est partout indissociablement mêlée à des cultes populaires, magiques, chamaniques, etc.

2. Le dépassement de l'antagonisme philosophie/religion sert de fil conducteur à l'excellent essai de Bernard Faure, *Bouddhismes, philosophies et religions*, Flammarion, 1998.

3. Hermann Oldenberg, *Buddha*, 1882, P.U.F., 1894, p. 51.

4. Thomas Rhys Davids, « The Ancient buddhist Belief concerning God », in *Modern Review*, 1, 1880, pp. 219-223.

5. Émile Durkheim, *Les Formes élémentaires de la vie religieuse* (1912), P.U.F., 1960, p. 41.

non plus en fonction de la croyance en des puissances invisibles, mais à partir de la distinction du sacré et du profane[1].

Le bouddhisme est-il un culte du néant ?

De tous les aspects de la doctrine bouddhiste dont les contemporains de Victor Hugo eurent à débattre, la question de la nature du nirvana fut sans conteste la plus haute en couleur, et probablement aussi la plus mal comprise. Roger-Pol Droit[2] ayant déjà parfaitement traité du sujet, nous nous contenterons ici de brosser à grands traits l'évolution d'un débat particulièrement révélateur des angoisses profondes des Européens.

Une fois encore, tout commence mal avec l'interprétation que donnent les missionnaires du terme désignant le salut bouddhiste, nirvana en sanscrit. Dès les premières décennies du XVIIe siècle, les jésuites commencent à souligner dans leur correspondance l'« absurdité » du concept bouddhiste de nirvana, qu'ils traduisent purement et simplement par « annihilation[3] ». Tel n'est pas, pourtant, le sentiment des tout premiers orientalistes, qui mettent en garde contre cette interprétation rapide. Loubère, envoyé de Louis XIV à la cour du roi de Siam, précise ainsi, en 1691 : « *Nireupan* (nirvana) n'est pas un lieu, mais une manière d'être… Cela signifie aussi que l'âme n'est plus là et ne reviendra plus en aucun monde. Et c'est ce mot que les Portugais ont traduit par "être annihilé", ou encore, dans un tout autre sens, "devenir Dieu". Mais, selon les gens d'ici, il

1. Distinction qui, par ailleurs, cadre fort mal avec le bouddhisme, comme le feront remarquer ultérieurement plusieurs chercheurs (*cf.* Marco Orru et Amy Wang : « Durckheim, Religion and Buddhism », in *Journal for the Scientific Study of Religion*, 1992, 31, pp. 47-61).

2. Roger-Pol Droit, *Le Culte du néant*, *op. cit.*

3. Voir les citations des pères de Frois et Alexandre au chapitre 4 de la présente étude.

ne s'agit ni d'annihilation, ni de l'acquisition d'une quelconque nature divine[1]. » Cet avertissement reste sans frais, et, en 1787, dans un ouvrage remarqué, l'abbé Grosier brosse du message bouddhiste un tableau peu reluisant qui résume assez bien l'opinion de ses confrères : « Toute la sainteté consiste à cesser d'être, à se confondre avec le néant ; plus l'homme se rapproche de la nature de la pierre ou d'un tronc d'arbre, plus il se perfectionne [...]. C'est une doctrine extravagante qui anéantit toute morale, tend au renversement de la société et à l'extinction de tous les rapports qui lient les hommes entre eux[2]. »

Ce jugement sera aussi, en France, en 1827, celui d'un Benjamin Constant pour qui, « de quelque manière qu'on interprète et qu'on torture la doctrine de Fo, le terme et la base de cette doctrine sont le vide et le néant[3] ». Mais, surtout, la même année, il sera repris presque mot pour mot par Hegel dans ses cours sur la *Philosophie de l'histoire* et la *Philosophie de la religion* : « Le néant, dont les bouddhistes font le principe de tout, l'ultime but final et l'ultime fin de tout[4]. » Pourtant très attentif aux progrès de l'orientalisme[5], Hegel, sur le bouddhisme, reste curieusement tributaire de l'interprétation missionnaire et, comme le souligne Roger-Pol Droit, « installe dans l'imaginaire philosophique le lien du Bouddha au néant qui perdurera plusieurs dizaines d'années[6]. » Repris, tel un leitmotiv, par la plupart des intellectuels français anglais et allemands, le thème du « culte du néant[7] » suscite l'effroi et l'indignation : malgré des traits positifs, le bouddhisme est de plus en plus souvent perçu

1. Cité par Guy Richard Welbon in *The Buddhist Nirvana and its Western Interpreters*, *op. cit.*, p. 22.

2. Abbé Grosier, *Description générale de la Chine*, 1787, t. II, pp. 225-228.

3. Benjamin Constant, *De la religion*, t. II, 1827, p. 172.

4. Friedrich Hegel, *Encyclopédie des sciences philosophiques*, Gallimard, 1970, p. 144.

5. Voir, sur la question, Michel Hulin, *Hegel et l'Orient*, 1979, pp. 218 et suiv.

6. *Le Culte du néant*, *op. cit.*, p. 92.

7. L'expression est de Victor Cousin.

comme un « fanatisme du néant[1] », et l'on s'interroge sur la capacité de cette véritable « Église du nihilisme[2] » à faire surmonter à des millions de fidèles « l'horreur instinctive du néant[3] ». Reprenant la traditionnelle distinction entre bouddhisme savant et bouddhisme populaire, certains auteurs ne manquent pas de souligner que le nirvana n'est conçu comme un anéantissement que par les élites. Ainsi, pour Max Müller, il est clair que « dans l'esprit des masses, le nirvana évoque plutôt l'idée d'un paradis mahométan ou les bienheureux champs Élysées[4] ».

Alors que l'influence de la lecture chrétienne, reprise par Hegel, commence à s'estomper au cours des années 1860 grâce aux travaux de plus en plus précis d'orientalistes qui nuancent ces jugements trop sévères et réducteurs, l'assimilation du nirvana au néant prend presque simultanément un nouvel essor par un biais nouveau : celui de la lecture de Schopenhauer. Nous avons vu précédemment que, parvenu au terme de sa pensée, le philosophe débouche sur le « néant ». Schopenhauer s'expliquera plus longuement, dans les éditions ultérieures de son œuvre, sur le sens qu'il donne à ce mot. Il précisera surtout, « pour toute consolation », que ce néant est seulement relatif, et non pas absolu : « Car si quelque chose n'est rien de ce que nous connaissons, il ne saurait rien être pour nous en général. Il ne s'ensuit pas pour autant que ce soit un néant absolu, que ce doive être un néant à tous les points de vue et dans tous les sens possibles ; mais simplement que nous nous trouvons bornés à une connaissance toute négative de la chose, ce qui peut très bien

1. Jules Barthélemy Saint-Hilaire, *Le Bouddha et sa religion*, 1862, avant-propos à la troisième édition.

2. Ernest Renan, « Premiers travaux sur le bouddhisme », in *Nouvelles Études d'histoire religieuse*, 1851, *op. cit.*, p. 348.

3. Victor Cousin, *Histoire de la philosophie depuis les temps les plus reculés jusqu'au XIXe siècle*, C. Scribner, New York, 1863, p. 94.

4. Max Müller, « Lecture on buddhist nihilism », in *Lectures on the Science of Religion*, C. Scribner, New York, 1872, p. 143.

tenir à l'étroitesse de notre point de vue[1]. » Ici aussi, la doctrine bouddhiste vient au secours de la pensée de Schopenhauer, qui cite en note le *prajñâpâramitâ* * des bouddhistes, à savoir le point « au-delà de toute connaissance », où sujet et objet cessent d'être, et qui conclut : « En général, la mort de tout homme de bien est douce et tranquille ; mais mourir sans répugnance, mourir volontiers, mourir avec joie est le privilège de l'homme résigné, de celui qui renonce à la volonté de vivre et la renie : car seul il veut une mort réelle, et non plus seulement apparente ; par suite, il ne sent ni le besoin ni le désir d'aucune permanence de sa personne. L'existence que nous connaissons, il la quitte sans peine ; ce qui la remplace est *néant* à nos yeux, parce que justement notre existence, comparée à celle-là, n'est qu'un *néant.* La foi bouddhiste nomme cette existence *nirwana*, c'est-à-dire extinction[2]. » On voit donc qu'au terme de toute son œuvre Schopenhauer semble avoir reculé devant l'abîme d'un néant absolu. « Schopenhauer, écrit René Girard, ne s'est jamais demandé qui ou quoi, en nous, échapperait à la destruction nouménale et phénoménale et atteindrait le nirvana. Ce n'est pas l'âme, inexistante par principe ; ce n'est pas l'intellect, mortel par nature ; ce n'est pas le vouloir, mort par définition. Ses disciples ont été beaucoup plus logiques, Mainländer, notamment, qui soulignait que la conclusion normale des prémices schopenhaueriennes était un néant absolu. [...]. Aussi sa solution, plutôt que logique, est-elle psychologique et sentimentale. Tout se passe comme si, à l'avant garde de la pensée occidentale, Schopenhauer était convaincu, bien avant Nietzsche, que Dieu était mort, mais voulait que l'humanité continuât à vivre comme s'il existait encore. Sa doctrine est une tentative de construire sur les ruines du théisme un humanisme qui serait l'équivalent de celui des anciennes religions[3]. »

1. *Le Monde comme volonté et comme représentation, op. cit.*, pp. 1380-1381.
2. *Ibid.*, pp. 1258-1259.
3. René Girard, *L'Orient et la pensée romantique allemande, op. cit.*, pp. 248-249.

Comme le souligne René Girard, la postérité ne fera guère cas des subtiles distinctions apportées par le philosophe entre un néant absolu et un néant relatif. On retiendra le terme logique de son système, qui est le « néant » au sens philosophique de non-être, de non-existence, de rien absolu, et l'on gardera à l'esprit son assimilation du nirvana au néant, faisant ainsi entrer la notion bouddhiste dans une catégorie philosophique occidentale bien précise : celle d'un anéantissement absolu. Lecteur attentif de Schopenhauer, Freud entamera ainsi son élaboration de la notion de pulsion de mort sous l'appellation de *Nirwanaprinzip*.

La compréhension et la traduction du mot « nirvana » posent une fois encore la question de la transposition dans les catégories mentales, les concepts, le vocabulaire occidentaux d'une notion orientale complexe et subtile. Si le mot occidental « néant » correspond à l'une des acceptions possibles du concept de nirvana, il en réduit le sens et le connote fortement. Les premiers savants européens qui eurent à traduire les enseignements bouddhistes avaient bien conscience du problème. Eugène Burnouf est tenté d'utiliser le mot « néant » pour traduire « nirvana », mais il ne manque pas de pointer la subtilité de l'expression et sa grande difficulté d'interprétation comme de traduction : « Le Nirvana, écrit le savant dans son *Introduction à l'histoire du buddhisme indien*, c'est-à-dire, d'une manière très générale, la délivrance ou le salut, est le but suprême que le fondateur du buddhisme a proposé aux efforts de l'homme. Mais qu'est ce que cette délivrance, et quelle est la nature de ce salut ? Si nous consultons l'étymologie, elle nous répondra que c'est l'anéantissement, l'extinction. Maintenant, comment entendre cet anéantissement, et sur quoi porte-t-il ? Est-ce sur les conditions relatives de l'existence, ou sur l'existence elle-même, sur la vie ? Le Nirvana est-il pour l'homme cet état de repos dans lequel il se trouve lorsqu'il a, par la méditation, rompu les liens qui l'attachaient au monde extérieur, et qu'il rentre en possession de sa force propre considérée en elle-même, et indépendamment de tout ce qui l'entoure ? Ou bien est-ce l'état plus élevé où, faisant abstraction et du monde extérieur et du monde intérieur, il se détache des phénomènes de sa vie propre, comme il s'est détaché des phénomènes de sa vie relative, et ne sent plus en lui que l'existence universelle au sein de laquelle coexistent toutes les parties de l'univers ? En d'autres termes, l'homme, dans le Nirvana, est-il à l'état de vie individuelle, gardant, avec le sentiment de sa personnalité, celui de son activité ? Ou est-il à l'état d'être universel, de sorte qu'ayant perdu, avec le sentiment de sa personnalité, celui de son activité, il ne puisse plus être distingué de l'existence absolue, que cette existence soit Dieu ou la Nature ? Enfin, dans l'hypothèse où l'anéantissement porterait sur l'existence elle-même, le Nirvana est-il l'extinction, la disparition non seulement de la vie individuelle, mais encore de la vie universelle : en deux mots, le Nirvana est-il le néant[1] ? »

L'étymologie ne fournit pas de réponse à ces questions. Pour en avoir, il faut considérer les diverses doctrines bouddhistes qui emploient et définissent le terme. Mais les réponses varient considérablement selon les courants et les écoles. Les Tibétains retiennent l'idée d'affranchissement, de délivrance : le terme « nirvana » est traduit par les mots *mya-ngan-las 'das-pa*, qui signifient littéralement l'« état de celui qui est affranchi de la douleur ». Ce qui semble vrai pour toutes les écoles bouddhistes, c'est que le salut réalisé dans l'état de nirvana supprime le monde phénoménal, la transmigration et la douleur vitale. Essentiellement phénoméniste, le bouddhisme répugne néanmoins à qualifier positivement cet état de libération. C'est ce qu'avait bien saisi un pionnier des études indiennes comme Henry Thomas Colebrooke, qui exhortait à de ne pas assimiler le nirvana bouddhiste à une simple annihilation, comme l'affirmaient

1. Eugène Burnouf, *Introduction à l'histoire du buddhisme indien*, *op. cit.*, p. 16.

les adversaires brahmaniques du bouddhisme[1], mais plutôt comme un « calme profond, une situation de bonheur tranquille et sans mélange, ou d'extase[2] ».

Si telle est bien la conception la plus répandue actuellement en Occident, tant dans la communauté scientifique que dans l'imaginaire du grand public, ce ne fut pas le cas en cette seconde moitié du XIXe siècle où la critique hégélienne, l'assimilation du bouddhisme à la pensée de Schopenhauer et la polémique catholique contribuèrent à répandre l'idée que le nirvana consistait en une annihilation pure et simple de la personnalité. « Dans les multiples pages du XIXe siècle où furent en question le bouddhisme, l'Asie et le culte du néant, écrit Roger-Pol Droit, il ne s'agit bien sûr que de l'identité européenne... Ce fut une Europe inquiète, incertaine de son identité, qui inventa, avec le culte du néant, un miroir où elle n'osait encore se reconnaître[3]. » Ainsi, la rencontre du bouddhisme a constitué pour l'élaboration du nihilisme européen une sorte de « laboratoire caché » où « les paroles européennes purent s'inquiéter d'elles-mêmes et du néant qui leur venait à l'idée tout en discourant d'ailleurs lointains et de sages antiques[4] ». C'est dans la synchronicité de la découverte de ce nouveau continent intellectuel et de la confuse prise de conscience de l'effondrement de ses propres fondements judéo-chrétiens que l'Europe a projeté sur le bouddhisme ce qu'elle craignait par-dessus tout d'elle-même : le meurtre de Dieu, la disparition, l'anéantissement.

1. Dans une perspective polémique, ces derniers qualifiaient les bouddhistes de *nastikas*, « gens du néant ».

2. Henry Thomas Colebrooke, « Observations on the Jains », in *Transactions of the Royal Asiatic Society*, 1827, vol. I, p. 578.

3. Roger-Pol Droit, *Le Culte du néant*, *op. cit.*, p. 231.

4. *Id. ibid.*, p. 238.

Tous ces stéréotypes et ces malentendus hérités de l'époque missionnaire et du XIXe siècle n'ont pas totalement disparu et subsistent encore aujourd'hui dans des cercles de pensée qui, pour des raisons idéologiques, ont intérêt à conserver cette image négative du bouddhisme. Tel est le cas de certains courants théologiques du monde catholique. Le pape Jean-Paul II, par exemple, fin connaisseur de Schopenhauer, semble être encore tributaire de cette lecture occidentale « pessimiste » et « quiétiste » du bouddhisme, oubliant de surcroît sa notion centrale de compassion. Dans son récent livre, *Entrez dans l'espérance,* il écrit : « L'illumination expérimentée par le Bouddha peut en effet se résumer dans la conviction que le monde est mauvais, qu'il est une source de malheurs et de souffrances pour l'homme. Pour se délivrer de ces maux, il convient donc de se délivrer du monde ; il faut couper nos liens avec la réalité extérieure, donc les liens que nous impose notre constitution humaine, psychique et corporelle. Au fur et à mesure de cette libération, nous devenons de plus en plus indifférents à tout ce qu'il y a dans le monde, et nous nous libérons de la souffrance, c'est-à-dire du mal qui provient du monde. » Le pape assimile ensuite le nirvana, « sommet de la démarche spirituelle du bouddhisme », à une « indifférence totale envers le monde [1] ».

À l'inverse, nous allons voir, dans les chapitres qui suivent, que le stéréotype du « rationalisme » d'un prétendu « bouddhisme originel », présenté au XIXe siècle par les adversaires du christianisme comme le pendant parfait de la rationalité scientifique occidentale, perdurera tout autant dans les milieux agnostiques et servira d'argument à l'éclosion d'une véritable apologétique bouddhiste en Occident au XXe siècle.

1. Jean-Paul II, *Entrez dans l'espérance,* Plon, 1994, p. 142. Ces critiques suscitèrent l'indignation des communautés bouddhistes cinghalaises qui menacèrent de boycotter son voyage à Ceylan et des mises au point de certains spécialistes (*cf.* l'article de Dennis Gira dans le quotidien catholique *La Croix* : « Comprendre la colère des bouddhistes », janvier 1995).

TROISIÈME PARTIE

Ésotérisme et modernisme bouddhique
(1875-1960)

1

Le bouddhisme romantique

Au début du dernier quart du XIXe siècle, tandis que la pensée de Schopenhauer se diffuse partout en Europe et, avec elle, la notion de « pessimisme bouddhique », que nombre d'intellectuels se figent d'effroi devant cette fameuse « doctrine du néant », le bouddhisme connaît un nouvel essor par des voies radicalement opposées à celles qui avaient présidé à l'engouement dont il bénéficia trois décennies plus tôt. Aux alentours de 1875 se développe une nouvelle représentation du bouddhisme, non plus à partir de sa philosophie « rationnelle » et « athée », mais, inversement, autour de son aspect de religiosité populaire et dévotionnelle, d'une part, du mythe du Tibet magique, d'autre part. Dans les deux cas, on fait appel à l'imaginaire, au cœur, au rêve, à l'émotion.

Deux événements précis marquent cette nouvelle étape – qui n'est d'ailleurs pas sans rapport avec des représentations anciennes – de la réception du bouddhisme en Occident : la fondation, en 1875, de la Société Théosophique par le colonel Olcott et Helena Blavatsky, et la publication, en 1879, du livre de sir Edwin Arnold, *La Lumière de l'Asie*.

Le premier événement constitue une sorte de « réenchantement » du bouddhisme par la réactivation du mythe du Tibet, et, plus largement, une tentative de concilier le « modernisme » bouddhique avec la pensée magique occidentale dans un souci de dépasser l'opposition alors dominante entre religion dogmatique et science positiviste. Le deuxième événement renvoie à un phénomène qui traverse alors toutes les Églises chrétiennes, et particulièrement le catholicisme, alors même que la sécularisation de la société s'accentue et que les institutions chrétiennes perdent de plus en plus de leur influence : celui d'une redécouverte de la « religion du cœur », de la dévotion, de l'émotion religieuse, mouvement qui s'accompagne de nombreuses conversions d'intellectuels. Ces deux phénomènes concomitants – retour de la pensée magique hors des institutions et de l'émotion religieuse dans les Églises – se manifestent au moment même où scientisme et positivisme sont à leur apogée. Ne constituent-ils pas justement, dans deux aires différentes, une soudaine réaction religieuse face au matérialisme triomphant ?

Considérons tout d'abord la nouvelle lecture « romantique » du bouddhisme dans un contexte marqué par le « retour » du religieux parmi certaines couches les plus sécularisées de la société.

La Lumière de l'Asie

En 1879, Edwin Arnold publie *The Light of Asia*, un long poème en huit livres sur la vie et le message du Bouddha. L'œuvre rencontre un immense – et durable – succès : trois décennies après sa publication, il avait connu une cinquantaine d'éditions en Grande-Bretagne, et quatre-vingts aux États-Unis, où sa diffusion a dépassé le million d'exemplaires. En 1894, le pasteur anglican George Cobbold décrit *The Light of Asia* comme le livre qui a « probablement, plus qu'aucun autre ouvrage, su attirer l'attention du public anglophone sur le bouddhisme [1] ». Rick Fields estime quant

1. George Cobbold, *Religion in Japan : Shintoism, Buddhism, Christianity*, SPCK, Londres, 1894, p. 32.

à lui que c'est par le livre d'Arnold, « plus que par n'importe quel autre ouvrage, que les Américains ont pour la première fois découvert l'histoire et les enseignements du Bouddha[1] ». Traduit dans les principales langues européennes, il l'est bientôt aussi en sanscrit, en hindi et en bengali, et il devient un classique en Inde ainsi que dans plusieurs autres pays bouddhistes d'Asie.

Sans être un savant, Arnold est un excellent connaisseur de la littérature indienne. Ayant vécu en Inde durant plusieurs années, sachant lire le sanscrit, il publie divers ouvrages dont les titres traduisent bien le caractère religieux éclectique et romantique de leur auteur : *Le Cantique des cantiques indien*; *Les Perles de la foi ou le Rosaire de l'islam*; *Le Livre de l'amour*, etc. C'est après avoir visité les lieux saints du bouddhisme en Inde, et constaté avec tristesse leur état de complet abandon, qu'il décide de composer un long poème sur la vie et les enseignements du Bouddha. Écrit dans le plus pur style victorien, le livre reprend toutes les légendes bouddhistes autour de la naissance « miraculeuse » et de l'enfance de Siddharta, et fait du Bouddha une sorte de héros romantique, véritable sauveur du monde dont, souligne Arnold dans sa préface, « la personnalité apparaît comme la plus haute, la plus aimable, la plus sainte et la plus bienfaisante – sauf une seule exception – dans l'histoire de la pensée[2] ». Dans son ardent désir « d'aider l'Orient et l'Occident à mieux se connaître mutuellement[3] », Arnold a profondément « adapté » la vie et le message du Bouddha aux oreilles chrétiennes du public occidental. Bien des scènes de la vie de son héros résonnent comme des passages connus du Nouveau Testament. Arnold décrit ainsi les tentations du Bouddha qui, à l'instar du Christ, fut éprouvé par le diable avant de s'engager dans sa mission salvatrice : « Alors la nuit tomba au moment où notre Maître s'asseyait sous l'arbre.

1. Rick Fields, *How the Swans Came to the Lake...*, *op. cit.*, p. 69.
2. Edwin Arnold, *Lumière de l'Asie*, trad. de L. Sorg; Adyar, 1981, p. 20.
3. *Id.*, *ibid.*, p. 23.

Mais le Prince des ténèbres, Mara, sachant que c'était Bouddha qui était là, le libérateur des hommes, et que l'heure était venue où il devait trouver la Vérité et sauver le monde, donna des ordres à toutes les puissances du Mal. Alors tous les démons qui combattent la Sagesse et la Lumière, sortis de tous les profonds abîmes, se réunirent [1]. »

Présentant le Bouddha comme une sorte de Christ d'Orient, Arnold entend toucher non pas seulement l'intelligence de ses lecteurs, mais aussi et surtout leur cœur. Il peut sans doute être considéré comme le premier apôtre occidental du bouddhisme, et d'un bouddhisme particulièrement empreint de sentimentalité et de ferveur religieuse, ainsi qu'en témoignent les dernières lignes de son livre : « Ô Seigneur béni ! Ô puissant Libérateur ! Excuse la faiblesse de cet écrit qui Te fait mal connaître, car il mesure avec une faible intelligence Ton amour sublime. Ô Toi qui nous aimes, Frère, Guide, Lampe de la Loi, je me réfugie en Ton nom et en Toi ! Je me réfugie en Ta Loi du Bien ! Je me réfugie dans Ta Règle ! *Om* ! La rosée brille sur le Lotus ! Lève-toi, grand Soleil ! Soulève ma feuille et mêle-moi à la vague. *Om mani padmé om* ! L'aurore se lève, la goutte de rosée se perd au sein de la mer éclatante [2] ! »

Rejet du matérialisme et retour de la pensée magique

Il va sans dire qu'Arnold prend le contre-pied total de l'interprétation, encore dominante en Occident, d'un bouddhisme « rationnel » et « athée », et s'inscrit en faux contre l'interprétation nihiliste du nirvana, fermement convaincu que « jamais le tiers de l'humanité n'aurait pu être amené à croire en des abstractions vides et au Néant comme fin et couronnement de l'Être [3] ». C'est un bouddhisme profondément

1. *Id.*, *ibid.*, p. 158.
2. *Id.*, *ibid.*, pp. 220-221.
3. *Id.*, *ibid.*, p. 23.

religieux, dévotionnel, populaire, romantique et « préchrétien » qu'il entend présenter aux Occidentaux. L'incroyable succès de son entreprise témoigne du climat alors propice à une telle représentation. Réagissant tout autant contre le rationalisme et le matérialisme scientifique que contre un formalisme ou un dogmatisme étroits des Églises, de nombreux Occidentaux sont en quête d'une nouvelle ferveur religieuse, de la redécouverte d'un « christianisme palpitant ». Ce retour de l'émotion revêt des formes très diverses. En France, on assiste à un renouveau des pèlerinages et du culte marial, en partie lié à une recrudescence d'apparitions – Lourdes (1858), Pontmain (1871), Pellevoisin (1876), etc. – et à la recherche d'une spiritualité aimante et filiale aux accents souvent lyriques, dont Thérèse de Lisieux (1873-1897) et Charles de Foucault (1858-1916) deviendront des figures de proue. On constate également de nombreuses conversions d'intellectuels et d'artistes : Huysmans, Claudel, Péguy, pour ne citer que les plus connus [1].

C'est dans ce climat de redécouverte d'une religiosité du « cœur » qu'on assiste en Occident aux premières conversions au bouddhisme [2]. En ces deux dernières décennies du XIXe siècle, le bouddhisme n'est plus seulement perçu comme une philosophie rationnelle, mais comme une religion où l'amour, la dévotion, l'émotion ont toute leur place. Dans une société qui valorisait avant tout la science et la raison, le bouddhisme était jusqu'ici essentiellement interprété en termes rationalistes. Dans une société qui redécouvre l'émotion et le sentiment religieux, le bouddhisme est réinterprété en termes religieux et dévotionnels. On découvre subitement que les enseignements du vieux sage indien ne sont pas uniquement aptes à éclairer l'intelligence, mais qu'ils sont aussi susceptibles de faire vibrer le cœur. Jules Barthélemy Saint-Hilaire ne s'y est pas trompé. À quatre-vingt-dix-huit ans, le

1. F. Gugelot, *Conversions au catholicisme en milieu intellectuel, 1885-1935*, Paris, Presses du CNRS, 1998.

2. Nous reviendrons dans le chapitre 3 sur ces premières conversions.

25 février 1893, le vieil adversaire du bouddhisme fait un ultime *come-back* devant ses pairs de l'Académie des sciences morales et politiques pour dénoncer les dangers de l'« épidémie morale » que constitue cette nouvelle diffusion du bouddhisme : « Le bouddhisme doit entrer dans l'histoire et y occuper désormais la place qui lui est due, mais il ne faudrait pas qu'il entrât dans les cœurs[1]. »

Autre grand mouvement spirituel qui, en cette fin de siècle, a permis au bouddhisme d'entrer non seulement dans les cœurs, mais plus encore, et très durablement, dans l'imaginaire occidental : l'ésotérisme. On assiste en effet, depuis le milieu du XIXe siècle, à un retour puissant et très divers de la pensée magique et ésotérique, laquelle s'épanouit pleinement au cours des deux dernières décennies du siècle. C'est principalement sur la côte est des États-Unis qu'on voit apparaître les premiers symptômes de ce phénomène, à travers le surgissement de nouvelles religions spiritualistes d'inspiration biblique. En publiant le *Livre de Mormon* en 1830, Joseph Smith est probablement le premier des nombreux « prophètes » modernes qui affirment détenir – le plus souvent par des voies surnaturelles – une « nouvelle révélation » : de Charles Russell (qui est à l'origine des Témoins de Jéhovah) à Ellen White (fondatrice des adventistes) en passant par Mary Baker Eddy (inspiratrice de la Christian Science).

Parmi ces nombreux mouvements, l'un d'eux va connaître un destin exceptionnel. En 1847, dans l'État de New York, les sœurs Fox affirment dialoguer avec les morts et lancent la mode du *modern spiritualism*. Exporté en France, le courant « spirite » est codifié par un ancien instituteur devenu célèbre sous son nom spirite d'Allan Kardec, qui publie *Le Monde des esprits* en 1857. Au cours du der-

1. Jules Barthélemy Saint-Hilaire, « Le néo-bouddhisme », Paris, mémoire de l'Académie des sciences morales et politiques, 1896, t. XIX, p. 434.

nier tiers du XIXe siècle, la vague du spiritisme va déferler sur de nombreux cercles artistiques et intellectuels européens, et l'on ne compte plus les célébrités, tel Victor Hugo, qui se sont consacrées – avec une passion frénétique mêlée de scepticisme – au dialogue avec les morts.

Dans la foulée du spiritisme surgit un nouveau courant au sein de cette nébuleuse ésotérique : l'occultisme. Le mot est inventé par le Français Alphonse-Louis Constant, alias le mage Éliphas Lévi, qui publie en 1861 *La Clef des grands mystères*. L'occultisme se présente comme un ensemble de recherches et de pratiques portant sur des « sciences traditionnelles » telles que l'astrologie, le tarot, la kabbale, la magie, l'alchimie, etc.

Ces deux grands courants alternatifs – spiritisme et occultisme –, fort en vogue au cours du dernier tiers du XIXe siècle, comptent des milliers de réseaux et de clubs, et plusieurs millions d'adeptes informels. Ce qu'on qualifiera en termes rationalistes de « dangereux retour de l'irrationnel » n'est évidemment pas perçu comme tel par ses promoteurs. Les spécialistes de la pensée ésotérique ont montré comment ces courants voulaient proposer une solution alternative entre un « scientisme desséchant » et une « religion dogmatique étouffante[1] ». Allan Kardec a fait du spiritisme une religion teintée de sentimentalisme et de rationalisme. La plupart des occultistes prétendaient prouver « scientifiquement » la réalité des phénomènes occultes. « Généralement, les occultistes ne condamnent pas les progrès scientifiques ou la modernité, qu'ils cherchent plutôt à intégrer dans une vision globale propre à faire apparaître la vacuité du matérialisme », écrit Antoine Faivre[2]. Edgar Morin souligne, quant à lui : « L'occultisme semblait promis à un irrémédiable dépérissement aux yeux de l'observateur

1. Pour une bonne synthèse de ces travaux, voir Jean-Baptiste Martin et François Laplantine (dir.), *Le Défi magique. Ésotérisme, occultisme, spiritisme*, P.U.L., Lyon, 1994.

2. Antoine Faivre, *L'Ésotérisme*, P.U.F., 1992, p. 88.

rationaliste du XIXe siècle. En fait, nous voyons aujourd'hui qu'il constituait un bouillon de culture. Dès 1848, en Grande-Bretagne, quelques années plus tard en France, la très archaïque croyance aux fantômes renaissait non plus dans les campagnes arriérées, mais au cœur des maisons urbaines, et se répandait très rapidement. Le spiritisme se répandait par la grande brèche que la science conquérante et la religion refluante, loin de colmater, ouvraient encore plus : la brèche de la mort. En effet, la civilisation scientifique-technique-capitaliste-bourgeoise-urbaine est en même temps la civilisation du développement de l'individu, et tous les progrès de l'individualisme ne pouvaient – surtout avec le reflux de l'immortalité chrétienne – qu'élargir et approfondir l'insupportable douleur causée par la mort des proches, l'angoisse de sa propre mort, la recherche d'un au-delà de survie. Et, dernier venu ressuscitant le premier remède à la mort, le spiritisme inaugurait le retour de l'archaïsme au sein de la modernité[1]. »

C'est au sein de ces divers courants ésotériques que le bouddhisme va être valorisé – et une nouvelle fois instrumentalisé – à partir du dernier quart du XIXe siècle. Nous avons vu que la plupart des romantiques allemands qui initièrent la Renaissance orientale à la charnière du XVIIIe et du XIXe siècle appartenaient à des sociétés secrètes. Nombreuses et diverses, celles-ci avaient en commun de cultiver une sorte d'éclectisme philosophique et mystique qui s'inspirait des courants néo-platoniciens, de la kabbale juive et de la gnose chrétienne, de l'alchimie médiévale ou de la théologie mystique rhénane. Ce vaste courant de pensée multiforme, bien que typiquement occidental, revêt certains points communs avec les philosophies orientales : monisme, équivalence du microcosme et du macrocosme, intuition intellectuelle, théologie négative ou apophatique, mythe d'un âge d'or, etc. Comme nous l'avons déjà souligné, c'est une

1. Edgar Morin, *Sociologie*, Fayard, 1984, pp. 368-369.

des raisons pour lesquelles les romantiques se sont emparés de l'Inde avec une telle ferveur. Persuadés d'avoir trouvé dans cet immense continent intellectuel et spirituel encore inexploré la patrie du véritable mysticisme, l'antre sacré de la sagesse primordiale de l'humanité, ils projetteront dans cet Orient lointain leurs conceptions tirées de la tradition ésotérique occidentale, ainsi que leurs rêves d'une sagesse immaculée, non encore souillée par l'esprit machiniste et mercantile des Européens. Si cette «indiomanie» des romantiques va servir de rampe de lancement aux études orientales, la découverte savante des langues et des pensées de l'Inde mettra vite, quant à elle, un terme à ces rêveries en révélant des différences irréductibles entre les visions orientale et occidentale sur certaines grandes questions d'ordre philosophique. Aussi, dès les années 1820, les principales sociétés secrètes se désintéresseront-elles de l'Orient et réinvestiront-elles le vaste champ du christianisme.

Il faudra attendre le dernier quart du siècle pour assister à une nouvelle et vaste entreprise de rapprochement entre un courant ésotérique occidental et certaines philosophies orientales, à commencer par le bouddhisme. Cette entreprise est l'œuvre de la Société Théosophique, une société occulte fondée en 1875 et qui va connaître en quelques décennies un développement spectaculaire à travers le monde entier. Encore forte de nos jours de plusieurs dizaines de milliers de membres, la Société Théosophique est aussi à l'origine de multiples autres sociétés initiatiques et sectes contemporaines. Nous verrons également l'influence idéologique considérable qu'elle exercera sur la mouvance du «Nouvel Âge» et de la «nébuleuse mystique-ésotérique» qui se développera un peu partout à partir des années 70[1]. Or, la Société Théosophique aura mis le bouddhisme au cœur de sa doctrine, non sans lui faire subir de sérieuses contorsions. La représentation que se feront du

1. *Cf.* conclusion du chapitre suivant.

bouddhisme de nombreux Occidentaux tout au long du XXe siècle sera directement issue de la doctrine des théosophes. Il est donc essentiel à notre propos de s'attarder sur cette « assimilation », source d'un nouvel imaginaire dont les conséquences sont encore très tangibles aujourd'hui.

2

Le bouddhisme ésotérique

La Société Théosophique (*Theosophical Society*) a été fondée à New York le 8 septembre 1875 par un groupe d'individus passionnés par l'étude des phénomènes occultes. Le colonel Henry Steel Olcott est élu président de la nouvelle société. Mais c'est une femme d'origine russe, alors âgée de quarante-quatre ans, qui en est l'âme véritable : Helena Blavatsky. Réécrite par ses soins et ceux de ses hagiographes théosophes, la vie d'Helena Blavatsky avant 1875 conserve pas mal de zones d'ombre. On sait que Helena Petrovna Hahn naquit en 1831 au sein de la noblesse russe et fut mariée à seize ans à un général fort âgé, Nicéphore Blavatsky. Un an plus tard, en 1848, elle abandonne définitivement son vieil époux, vraisemblablement pour parcourir l'Asie Mineure, la Grèce et l'Égypte en compagnie d'une riche comtesse de ses amies. Au terme de ce « voyage initiatique » de plusieurs années, elle s'installe quelque temps à Londres où elle fréquente avec la même passion les cercles spirites[1] et les milieux révolutionnaires. En 1858, elle retourne en Russie et y demeure quelques années auprès de son père, avec qui elle se réconcilie. Puis elle aurait rejoint les carbonari italiens, et combattu en 1866 auprès de Garibaldi. Grièvement blessée, elle aurait achevé sa convales-

1. Groupes de personnes réunies le plus souvent autour d'un médium et qui tentent d'entrer en contact avec l'esprit des morts.

cence à Paris où l'on sait avec certitude qu'elle a fréquenté l'école spirite française d'Allan Kardec. De 1870 à 1872, elle exerce la profession de médium au Caire et fonde le « Club à miracles ». Convaincue de fraude, elle quitte précipitamment Le Caire pour Paris, puis s'embarque pour l'Amérique où elle exerce à nouveau le métier de médium et fréquente assidûment plusieurs cercles occultes et spirites, juste avant de participer à la fondation de la Société Théosophique. Devenue une personnalité en vue, Helena Blavatsky tente de dissimuler certains épisodes peu reluisants de sa vie et prétend également avoir passé sept années au Tibet, ce qui est rigoureusement faux.

Malgré un physique ingrat et un comportement souvent grossier qui tranche curieusement avec ses origines aristocratiques, elle fascine la plupart de ses interlocuteurs, même les plus enclins à se méfier d'un tel personnage. Charismatique et magnétique, elle semble cumuler tous les symptômes des femmes hystériques à « personnalités multiples » qui pullulent à l'époque et que son contemporain Charcot – le grand médecin de la Salpêtrière, qui étudia de nombreux cas de femmes médiums – a parfaitement mis en lumière.

Le premier conquis fut le colonel Henry Stell Olcott. Né dans le New Jersey en 1832, il reçut une austère éducation presbytérienne dans un milieu bourgeois. Après une trajectoire professionnelle chaotique et une vie conjugale pénible, il s'affilie à une loge franc-maçonne et trouve quelque consolation dans le spiritisme, alors en plein renouveau aux États-Unis. Auteur occasionnel d'articles sur les phénomènes spirites, il décide d'enquêter sur d'étranges manifestations psychiques censées avoir lieu à Chittenden, petit village du Vermont. C'est à cette occasion, le 14 octobre 1874, qu'il fait la connaissance d'Helena Blavatsky, venue également assister à ces phénomènes. L'amitié est immédiate entre ces deux amateurs d'occultisme. Comme l'exprime bien Peter Washington, l'un des meilleurs historiens critiques du mouvement théosophiste, cette amitié « reposait sur la reconnaissance instinctive de leur besoin mutuel. Le colonel était en manque de sensations fortes et d'une mission dans sa vie ; madame convoitait l'admiration et une source de revenus. Olcott avait besoin de quelqu'un qui le convainque de l'existence du monde spirituel, Blavatsky cherchait quelqu'un à convaincre. Olcott fut-il le complice de Blavatsky ou sa dupe, c'est difficile à dire. Le colonel était un cas classique de ces personnes dont le désir de croire est difficile à distinguer de la croyance elle-même [1] ». Peu de temps après cette rencontre, les deux nouveaux amis partagent un grand appartement à New York, qui devient vite un lieu couru d'échanges spirites et occultes. Comme Schopenhauer, ils disposent sur le manteau de la cheminée du salon une petite statuette du Bouddha, signe de leur sympathie pour la doctrine bouddhiste qui commence à être connue dans les milieux intellectuels américains. Il est difficile de savoir si la fondation de la Société Théosophique a été longuement mûrie, comme le suggère Peter Washington, ou bien fortuite et spontanée, à l'issue d'une réunion de quelques passionnés d'occultisme, le 7 septembre 1875, ainsi que l'affirment ses fondateurs.

Helena Blavatsky et les « maîtres » de la sagesse primordiale

Les buts de la Société Théosophique ont quelque peu varié au fil des années. Mais les trois principaux, qui passeront à la postérité, sont clairement exprimés en 1889 dans *La Clef de la théosophie*, un ouvrage sous forme de questions-réponses dans lequel Helena Blavatsky, répondant à ses propres questions, résume bien la doctrine de la Société.

« Notre premier but est de constituer le noyau d'une Fra-

1. Peter Washington, *La Saga théosophique*, Éditions Exergue, 1999, p. 25.

ternité universelle de l'Humanité sans distinction de race, de couleur ou de croyance ; notre deuxième but est d'encourager l'étude des Écritures aryennes et autres, ainsi que des religions et des sciences du Monde, de démontrer l'importance de l'ancienne littérature asiatique, notamment des philosophies brahmaniques, bouddhistes et zoroastriennes ; notre troisième but est d'approfondir sous tous les aspects possibles les mystères cachés de la Nature, et tout spécialement les pouvoirs psychiques et spirituels latents dans l'homme [1]. »

Les fondateurs de la Société Théosophique entendent lutter contre les deux courants de pensée dominants de l'époque : ce qu'ils appellent la « science matérialiste » et la « religion dogmatique ». Dans un premier temps, ils cherchent à s'associer au mouvement spirite, dont la plupart sont issus, en tentant de lui apporter une doctrine philosophique. Mais, devant l'échec de cette tentative, ils deviennent également très critiques envers les spirites et développent leur mouvement de manière autonome, recrutant la plupart de leurs membres parmi les amateurs de sciences occultes et de phénomènes psychiques, très en vogue à l'époque.

Par le choix de son nom, la nouvelle société entend s'affilier à un courant ésotérique, la théosophie (littéralement : « sagesse divine »), qui remonte selon Helena Blavatsky aux philosophes d'Alexandrie du IIIe siècle apr. J.-C., lesquels se considéraient, par-delà tous les dogmes, comme des « amants de la vérité [2] ». Ainsi la devise adoptée par la société : « Il n'y a pas de religion plus élevée que la vérité [3] », reflète bien le désir de ses fondateurs de dépasser toutes les religions historiques

1. Helena Blavatsky, *La Clef de la théosophie*, La Compagnie Théosophique, 1946, p. 47.

2. Cette filiation est totalement mythique. Les spécialistes de l'ésotérisme occidental datent la naissance de la « nébuleuse théosophique » dans le climat mystique germanique de la fin du XVIe siècle, dont Jakob Böhme, que Mme Blavatsky a lu, est sans doute le plus illustre représentant. *Cf.* Antoine Faivre, « Le courant théosophique, essai de périodisation », in *Politica Hermetica* n° 7, L'Âge d'homme, 1993.

3. Helena Blavatsky, *ibid.*, p. 14.

pour mettre au jour la « religion primordiale » de l'humanité, celle d'où sont issus tous les systèmes religieux et philosophiques. Comme le rappelle Antoine Faivre, « débordant le domaine de l'occultisme proprement dit, la recherche – favorisée par une meilleure connaissance de l'Orient et par l'apparition du comparatisme religieux dans les universités – d'une Tradition « primordiale » qui surplomberait toutes les autres de l'humanité, devient, à partir du dernier tiers du XIXe siècle, une idée obsessionnelle chez nombre de représentants de l'ésotérisme[1] ». Cette tradition primordiale, qu'ils nomment plus volontiers « Religion-sagesse » ou « Theosophia », qui se transmettrait secrètement d'initié à initié (d'où son caractère ésotérique, c'est-à-dire secret) depuis l'aube des temps, les fondateurs de la Société Théosophique affirment en être les ultimes dépositaires. Leur mission est de la révéler, de la « dévoiler » au monde entier.

C'est ce qu'entend faire Helena Blavatsky, deux ans après la fondation de la Société, en publiant un premier ouvrage au titre suggestif : *Isis dévoilée* (1877). Tiré à mille exemplaires, le livre est épuisé en quelques semaines, malgré les critiques virulentes de la presse[2] et le jugement sans appel de l'orientaliste Max Müller – pourtant passionné d'études comparatistes et assez enclin à développer l'idée d'un substrat commun à toutes les religions – qui accuse l'auteur d'incompétence. Dédaigné par les universitaires et les journalistes, l'ouvrage touche les amateurs d'occultisme et les autodidactes de la spiritualité parmi les classes moyennes et aisées. Helena Blavatsky publiera deux autres ouvrages, *La Doctrine secrète* (1888) et *La Clé de la théosophie* (1889), auxquels il faut ajouter *Le Monde occulte* (1881) et *Le Bouddhisme ésotérique* (1883), deux livres d'Alfred Sinnett (qui adhère à la Société Théosophique en 1879). Toute

1. Antoine Faivre, *art. cit.*, p. 26.

2. Le *New York Sun* parla de « déchets bons pour la poubelle » (*discarded rubbish*), et le *Springfield Republican* d'un « copieux plat de restes réchauffés » (*large dish of hash*).

la doctrine de la Société est exposée dans ces ouvrages, d'ailleurs non sans quelques contradictions d'un livre à l'autre. Résumons-en les grands axes.

Selon Helena Blavatsky, la théosophie est « l'essence de toute religion et de la vérité absolue, dont une goutte seulement constitue la base de chaque croyance [...]. Notre Société Théosophique est l'humble semence qui, si on l'arrose et la laisse vivre, produira finalement l'Arbre de la Connaissance du Bien et du Mal, greffé sur l'Arbre de la Vie éternelle. Car ce n'est qu'en étudiant les diverses grandes religions et philosophies de l'humanité, et en les comparant sans passion et sans parti pris, que l'on peut espérer atteindre la vérité[1] ».

Précisons d'emblée que les théosophes n'ont pas du tout la même considération pour les diverses religions : le judaïsme est abominable[2], le christianisme ne vaut rien en dehors de la personne même de Jésus (ainsi que l'islam en dehors de quelques mystiques), et c'est en Inde, « berceau spirituel de l'humanité », que gît la sagesse véritable. C'est d'ailleurs l'une des raisons qui poussera la jeune société à y installer son siège dès 1879, à Bombay d'abord, puis à Adyard, près de Madras, où il se trouve toujours à l'heure actuelle. Parmi toutes les doctrines indiennes, les théosophes témoignent d'une nette préférence pour le bouddhisme, jugé la plus accomplie, car restée la plus fidèle à la Religion-sagesse primordiale. Il convient toutefois pour eux de distinguer entre le bouddhisme exotérique (extérieur), déchiffré par les savants et pratiqué par les foules asiatiques, et le bouddhisme ésotérique, transmis uniquement par les « Initiés », qui exprime la *Theosophia* véritable. Certes, il y a des points de recoupement entre les deux, mais il s'est glissé dans le bouddhisme exotérique quelques graves erreurs (que les théosophes ne manqueront pas de corriger), et ce

1. Helena Blavatsky, *op. cit.*, p. 64-65.

2. *Cf.*, entre autres aimables citations envers le judaïsme, Helena Blavatsky, *op. cit.*, pp. 48 et 50.

dernier, destiné à être enseigné à des foules incultes, ne recèle pas les clefs ultimes du sens de l'univers et de la destinée humaine.

Quelles sont-elles ? Selon les théosophes, l'homme est un « Ego spirituel » qui, par la loi de causalité universelle du karma, se réincarne selon un processus d'évolution à travers une multitude d'existences. Ces réincarnations ont lieu sur différentes planètes (Mars précède la Terre, et Mercure la suivra) selon les sept différents âges d'évolution de l'humanité. Depuis environ un million d'années, nous sommes entrés dans le cinquième âge du quatrième monde. Le Bouddha est le plus grand initié de ce cinquième âge. C'est lui qui est venu rappeler à l'humanité actuelle les vérités éternelles de la *Theosophia*. Il possédait déjà les qualités de l'homme à venir du sixième âge : pouvoirs psychiques développés, conscience de toutes ses incarnations passées, bonté et sagesse immenses... Au terme de ce parcours évolutif de plusieurs milliards d'années, tous les « Ego spirituels » incarnés atteindront le nirvana, c'est-à-dire qu'ils rejoindront le principe divin universel d'où ils sont issus.

La Société Théosophique fournit aussi quantité de détails sur la vie *post mortem* et le processus de réincarnation. On apprend par exemple que tous les hommes vont se reposer entre chaque incarnation dans un paradis subjectif, le *Dévachan*. Après ce repos paradisiaque qui dure en moyenne mille cinq cents ans (sauf pour les enfants morts en bas âge, chez qui la réincarnation est immédiate), la loi du karma se remet inexorablement en marche et chacun se réincarne en fonction des fautes et des mérites de ses vies passées.

On peut se demander où les fondateurs de la Société Théosophique sont allés chercher ces « vérités éternelles » censées constituer le « bouddhisme ésotérique ». Dans l'imagination fertile d'Helena Blavatsky, affirment bien vite les nombreux détracteurs de la Société. Ces enseignements ont été recueillis de la bouche même des mahatmas (expression hindoue qui signifie « grandes âmes »), rétorquent les théosophes. Ceux-ci, que les théosophes appellent aussi indifféremment « Maîtres », « Adeptes » ou « Instructeurs ésotériques », sont la clef de voûte de tout l'édifice de la Société. Selon Helena Blatavsky, « ce sont des hommes vivants, nés comme nous et destinés à mourir comme tous les mortels [...]. Nous les appelons "Maîtres" parce qu'ils nous instruisent, et parce que c'est d'eux que nous tenons toutes les vérités théosophiques. Ce sont des hommes d'une grande érudition et d'une sainteté de vie plus grande encore [...]. Des passages entiers de nos ouvrages ont été dictés par eux mot à mot ; mais, en général, ils se bornent à inspirer les idées, tout en laissant à ceux qui écrivent le soin de la forme littéraire[1] ». Helena Blavatsky – et à sa suite de nombreux théosophes – affirmera ainsi recevoir des messages de Maître Morya et de Maître Koot Hoomi. Ces mahatmas, qui sont censés inspirer toute la doctrine théosophique, sont les membres du degré le plus élevé de la « Grande Loge blanche », la hiérarchie occulte qui gouverne secrètement le monde, selon les théosophes. La plupart des membres actifs de cette Grande Loge sont d'ailleurs des philosophes ou des fondateurs de religions connus de tous : Abraham, Moïse, Salomon, Confucius, Bouddha, Lao Tseu, Socrate, Platon, Jésus, Jakob Böhme, Francis Bacon...

Rappelons que cette idée de « maîtres invisibles » est présente dans la plupart des organisations initiatiques des XVIIe, XVIIIe et XIXe siècles. Le mouvement Rose-Croix est fondé au XVIIe siècle et postule l'existence d'une mystérieuse fraternité d'« Adeptes », fondée en l'honneur de Christian Rosenkreutz, un non moins énigmatique chevalier du XIVe siècle qui avait pour mission d'unifier toutes les sagesses de l'humanité en vue du jugement dernier. Ce mythe s'inspire de celui des Templiers, cet ordre militaro-religieux fondé pour les croisades et persécuté par Philippe le Bel avec le soutien du pape. Depuis la mort sur le bûcher du dernier

1. Helena Blavatsky, *op. cit.*, pp. 272-273.

grand maître de l'Ordre, Jacques de Mollay, l'imaginaire occidental est hanté par cette croyance dans la connaissance et les pouvoirs occultes des Templiers. Aux « Initiés » de l'ordre du temple succèdent ainsi les « Adeptes » du rosicrucisme – lesquels enflammèrent l'imaginaire de nombreux penseurs du XVIIe siècle comme Descartes, Leibniz ou Swedenborg – et les « Supérieurs inconnus » de la haute maçonnerie du XVIIIe. Vers le milieu du XIXe siècle, l'occultiste français Alphonse Éliphas Lévi se fait encore l'écho de mystérieux « Instructeurs ésotériques » qui enseignent une doctrine secrète, sorte de synthèse des plus hauts enseignements religieux de l'Orient et de l'Occident.

Helena Blavatsky pioche allégrement dans toutes ces théories ésotériques et s'inspire aussi directement du romancier anglais Edward Bulwer Lytton (1803-1873), auteur de romans occultistes reproduisant les théories de son ami Alphonse Éliphas Lévi. Mais, par rapport aux autres sociétés secrètes qui situaient plutôt leurs Maîtres en Égypte, voire en Asie Mineure, les théosophes ont une originalité : ils affirment que la plupart de ceux-ci vivent désormais au Tibet. Cette affirmation est rendue d'autant plus plausible aux yeux des adeptes de la Société Théosophique qu'elle est invérifiable. Comme nous le verrons plus loin, le Tibet est un pays non seulement très difficile d'accès, mais aussi rigoureusement interdit aux étrangers. Par ailleurs, cette localisation géographique n'est pas neutre : elle est symptomatique d'un déplacement vers l'Orient du centre de gravité spirituel du monde. Il est intéressant d'observer au fil des siècles, à travers le courant de l'ésotérisme occidental et la localisation des « Maîtres invisibles », ce glissement progressif vers l'est. Helena Blavatsky avance au demeurant une explication de ce phénomène : devant l'invasion planétaire du virus matérialiste et scientiste, les « Maîtres » ont dû trouver refuge au Tibet, dernier bastion préservé de la Sagesse éternelle.

Ce sont donc les « Frères du Tibet », pour reprendre l'appellation d'Alfred Sinnett, qui sont censés inspirer la doctrine secrète de la société. Comme l'explique Helena Blavatsky, les « Maîtres » communiquent avec les responsables de la théosophie par télépathie, ou bien envoient directement des lettres. Elle exhibe ainsi à ses visiteurs crédules de nombreuses lettres, d'écritures fort différentes, censées provenir des fameux mahatmas. Ici aussi, les théosophes ne font que s'inspirer d'une tradition spirite classique qui veut que certains défunts communiquent avec les vivants en leur dictant des messages, voire en les « précipitant » directement. L'historiographie religieuse est également fertile en révélations où un messager de Dieu transmet un nouveau livre saint à un élu, que ce soit le Coran dicté par l'ange Gabriel à Mahomet, ou bien, tout proche d'Helena Blavatsky, le *Livre de Mormon* révélé par l'ange Moroni à Joseph Smith.

Toujours est-il que cette référence aux « Maîtres invisibles » assure le succès de la Société Théosophique. Mais elle constitue aussi le talon d'Achille de la société qui fait reposer tout son édifice sur l'existence improuvable de ces instructeurs énigmatiques...

Crise et développement de la Société Théosophique

De fait, la première grande crise survient en 1883 à l'occasion d'une tragique affaire de plagiat mettant en cause un frère du Tibet. Deux ans auparavant, Alfred Sinnett avait publié son premier ouvrage, *Le Monde occulte*. Or, une des lettres de Maître Koot Hoomi reproduite dans cet ouvrage se révéla être une copie presque conforme d'un discours prononcé en août 1880 par le médium Henry Kiddle et reproduit un mois plus tard dans le journal spirite américain *Banner of Light*. N'obtenant aucune réponse à ses demandes d'explications, Kiddle finit par rendre publique l'affaire en 1883. Le président de la Société Théosophique de Londres quitta le mouvement, imité par de nombreux adeptes qui avaient cru jusqu'alors à l'existence des mahatmas. Mais le scandale a une autre conséquence fâcheuse pour la Société : il attire l'attention de la Société de recherches psychiques de Londres, organisme réputé pour le sérieux de ses investigations – des personnalités aussi éminentes que John Ruskin, William James ou Henri Bergson en étaient membres – et qui tente d'introduire un peu de rigueur scientifique dans le foisonnement de manifestations de phénomènes psychiques et occultes (on dirait aujourd'hui « parapsychologiques »). La Société nomme une commission pour étudier la nature des phénomènes invoqués ou présentés par Helena Blavatsky. Cette dernière ne peut refuser l'enquête sans risque de perdre toute crédibilité auprès de ses adeptes. Mandaté par la commission, le docteur Richard Hodgson se rend pour six mois à Adyard, en Inde, au siège de l'organisation. Rendu public en 1885, le rapport de la commission est accablant pour la Société Théosophique. Détaillant tous les « trucs » utilisés par Helena Blavatsky et ses complices, il conclut formellement « qu'elle n'est pas le porte-parole de voyants que le public ignore, ni une aventurière vulgaire, mais qu'elle a conquis sa place dans l'histoire comme un des plus intéressants imposteurs dont le nom mérite de passer à la postérité[1] ». Lâchée par plusieurs de ses complices – dont un couple français vivant à Adyard, qui l'aidait dans l'écriture des lettres des mahatmas, et de manière plus générale dans ses tours de passe-passe depuis le « Club des miracles » du Caire –, l'inspiratrice de la Société Théosophique passe les six années qui lui restent à vivre à répondre aux critiques qui pleuvent de toutes parts. Elle se brouille plus ou moins avec Olcott et fonde sa propre branche ésotérique au sein du mouvement, ainsi qu'une nouvelle revue : *Lucifer*.

Après sa disparition en 1891, une terrible lutte de succession oppose Olcott au président de la section américaine du mouvement, William Judge. Cette dissension est source

1. *Proceeding of Society for Psychical Research*, Londres, décembre 1885, p. 207.

d'une véritable tragédie pour les adeptes du mouvement : la désunion des mahatmas. Maître Morya apporte en effet son soutien inconditionnel à Olcott, tandis que Judge brandit des lettres de Maître Koot Hoomi le pressant de déposer le colonel et de prendre sa place à la tête de la Société. Malgré ces scandales à répétition, des démissions à la chaîne de responsables du mouvement et d'innombrables luttes internes, le succès de la Société Théosophique ne cesse de s'affirmer. Dix ans après sa fondation, elle compte déjà plusieurs milliers de membres actifs répartis dans cent vingt et une loges à travers une dizaine de pays. Certains personnages célèbres la fréquentent assidûment et elle recrute même des scientifiques de renom, tels Edison ou Alfred Russel Wallace. Elle incarne probablement le plus grand réveil de l'ésotérisme des temps modernes.

Prétendant englober toutes les religions dans une synthèse supérieure, les enseignements des théosophes s'emploient d'abord à les dénaturer toutes, à commencer par le bouddhisme, son principal support. Il serait trop long d'énumérer ici toutes les déformations que la Société Théosophique a fait subir au « bouddhisme exotérique » (en fait, le bouddhisme réel) pour le transformer en « bouddhisme ésotérique ». Bornons-nous à mentionner celles qui eurent le plus de conséquences sur la représentation que les Occidentaux se firent du bouddhisme.

Assimilation du bouddhisme à la théosophie

Ainsi en va-t-il tout spécialement des enseignements du Bouddha sur la non-existence d'un Dieu créateur et sur la non-existence d'une âme individuelle, transformés par les théosophes en un théisme et en une croyance dans un « ego individuel » : « Une des plus grandes distinctions qui existent entre la théosophie et le bouddhisme exotérique, explique Helena Blavatsky, c'est que celui-ci, représenté par l'Église

Au milieu du XIIIe siècle le frère franciscain Guillaume de Rubrouck mandaté par le pape auprès des chefs mongols, fait parvenir en Occident la première description, plutôt admirative, des moines tibétains. DR

Les chefs-d'œuvre artistiques de l'ancienne province du Gandhâra attestent de la symbiose, durant la période hellénistique, des cultures grecque et bouddhiste en Orient.
Paris, musée Guimet
© Lauros Giraudon

Au début du XIVe siècle, ayant sillonné l'Extrême-Orient pendant près d'un quart de siècle, Marco Polo transmet le récit biographique de la vie de Bouddha et fait naître dans l'imaginaire européen le mythe du Tibet magique.
Venise, bibliothèque Correr © Pages - Viollet

A l'image de la plupart des missionnaires chrétiens rendus en Asie à partir de la Renaissance, saint François Xavier s'attache à montrer le caractère diabolique de l'étrange religion des bonzes chinois ou japonais. © LL - Viollet

Après avoir été initié au bouddhisme par la Société Théosophique, l'exploratrice française Alexandra David-Neel écrit de nombreux ouvrages qui vulgarisent le bouddhisme tibétain auprès d'un large public. En 1924, elle réussit, à l'âge de 56 ans, à pénétrer à Lhassa, déguisée en mendiante. © Harlingue-Viollet

© Harlingue-Viollet

En 1949, les Chinois envahissent le Tibet. Son chef spirituel et temporel, reconnu enfant (en haut, à gauche) comme la réincarnation du XIVe dalaï-lama, doit prendre la route de l'exil dix ans plus tard.
Silverstone © Magnum Photos

De nombreux maîtres spirituels accomplis le suivent dans son exil. Parmi eux Kalou rinpoché (à droite) et Dilgo Khyentsé rinpoché (à gauche), créeront de nombreux centres bouddhistes en Occident à partir des années 70.
© Karma-Ling

Le journaliste et réalisateur Arnaud Desjardins filme ces grands lamas en Inde. Ses documentaires seront diffusés de nombreuses fois à la télévision française au milieu des années 60. Il jouera un rôle déterminant dans l'implantation du bouddhisme tibétain en France au cours des décennies suivantes. Photo Dominica Herbin

Arrivé en France sans un sou en poche en 1967, le maître Zen Taisen Deshimaru fondera plusieurs centaines de dojos à travers toute l'Europe et apprendra à des milliers d'Européens à pratiquer la méditation assise silencieuse (*zazen*). © Association Zen Internationale

Ardent défenseur des droits de l'homme dans son pays, le maître Zen vietnamien Thich Nhât Hanh est aussi un poète et un écrivain prolixe qui connaît un succès grandissant en Occident, depuis une dizaine d'années. © Village des pruniers.

Hiérarque de l'école tibétaine Kagyupa, le XVIe karmapa (décédé en 1981) est à l'origine de la fondation de près de cinq cents centres et monastères en Occident. DR

Chögyam Trungpa rinpoché a fondé en Ecosse en 1967 le premier centre tibétain en Occident. Il deviendra le grand apôtre du Vajrayana aux Etats-Unis jusqu'à sa mort prématurée en 1987. © Vajradhatu Archives.

Après avoir médité pendant plus de vingt ans dans des grottes au Tibet, le yogi tibétain lama Guendune est envoyé en France en 1975, à l'âge de 56 ans, pour y fonder un centre de retraite de trois ans. Il formera de nombreux lamas occidentaux et fondera en Auvergne le principal monastère du Vajrayana en Occident. Il est décédé en 1997. © Lodoc Sangpo.

Médecin psychiatre grenoblois, Jean-Pierre Schnetzler se convertit au bouddhisme dès 1958 et participe activement à la fondation de plusieurs centres du Vajrayana après avoir rencontré son maître spirituel, Kalou rinpoché, en 1972. DR

Lama Denys Teundroup est l'un des premiers disciples de Kalou rinpoché et le premier Français à recevoir officiellement le titre de lama en 1980. Il dirige actuellement l'institut Karma-Ling en Savoie. © Karma-Ling

Depuis qu'il a reçu le prix Nobel de la paix en 1989, le XIVe dalaï-lama est devenu l'une des personnalités les plus connues de la planète. Il a su rallier de nombreuses stars du show-biz à la cause du Tibet (ici en compagnie de l'acteur américain Richard Gere, lui même bouddhiste). © Brad Rickerly/Sipa Press

du Sud, nie absolument l'existence d'une divinité quelconque, et toute vie consciente outre-tombe, voire toute individualité soi-consciente survivant à l'homme [...]. Quoi qu'il en soit, les écoles de l'Église bouddhiste du Nord, établies dans les pays où les *arhats** initiés se retirèrent après la mort du Maître, enseignent tout ce que l'on appelle aujourd'hui les doctrines théosophiques parce que celles-ci font partie de la connaissance des initiés [1]. » La distinction entre Église du Sud et Église du Nord, qui renvoie aux deux grands courants du bouddhisme, le Petit Véhicule (Hinayâna) et le Grand Véhicule (Mahâyâna), sert ici uniquement à justifier la terrible contorsion que la Société Théosophique entend faire subir à la doctrine du Bouddha, puisque aucun érudit bouddhiste du Petit comme du Grand Véhicule n'admettra l'existence d'un Dieu personnel ni une survivance de la conscience individuelle après la mort. Mais peu importe : ce qui est capital, pour les théosophes qui ont décidé d'utiliser le bouddhisme comme support pour développer leurs idées, c'est de rendre ce dernier acceptable pour les Occidentaux susceptibles de suivre les enseignements théosophiques. Or, il est deux points auxquels aucun Occidental féru de mysticisme et d'occultisme ne sera prêt à renoncer, c'est l'existence d'une « divinité quelconque » et celle d'un principe individuel immortel. Il était donc impératif, pour les dirigeants de la Société, d'occidentaliser le bouddhisme sur ces deux points essentiels. Ce faisant, ils ruinent sa spécificité, puisque c'est justement sur ces deux points-là que le Bouddha s'est séparé du brahmanisme, lequel stipulait l'existence du *brahman**, principe divin impersonnel, et de l'*âtman**, l'âme individuelle qui survit après la mort, appelée au terme d'une longue série de réincarnations à se fondre dans le brahman.

D'une certaine manière, on le voit, la doctrine théosophique est beaucoup plus proche du brahmanisme que du

1. Helena Blavatsky, *op. cit.*, p. 24.

bouddhisme. On peut dès lors se demander pourquoi ses inspirateurs n'ont pas utilisé les doctrines hindouistes comme supports de leurs théories, et parlé de « brahmanisme ésotérique » ? Nous voyons au moins trois bonnes raisons à cela.

Tout d'abord, le bouddhisme était bien plus à la mode que l'hindouisme lorsque fut élaborée la doctrine des théosophes. C'est le moment où Schopenhauer est au sommet de sa gloire posthume, où Nietzsche lit avec passion les textes du bouddhisme ancien, où Laffite propose d'instituer un culte républicain à Bouddha, et où Renan s'écrie : « Cette religion athée a été éminemment morale et bienfaisante. [1] »

Ce dernier aspect nous semble constituer une deuxième excellente raison pour expliquer la fascination qu'exerçait le bouddhisme sur Helena Blavatsky. Rien ne l'indispose plus, en effet, que les institutions religieuses en général, et le catholicisme en particulier. Elle est, en revanche, fascinée par le pacifisme et la tolérance bouddhiques, cette « religion sans dogme ». Alfred Sinnett expliquera à son tour que la tentative bouddhiste a consisté à « faire aimer la vertu pour la vertu même et pour sa bienfaisante répercussion sur les incarnations futures des hommes, et non pas de les assujettir à un système ecclésiastique ou à un dogme religieux en terrifiant leur imagination par la doctrine d'un juge personnel, prêt à les punir plus qu'ils n'ont péché, lorsque, après leur mort, ils paraîtront devant lui [2] ». Les théosophes affirment qu'une étude faite en Inde sur deux millions de personnes de toute religion, prises au hasard, montre que le nombre de crimes est le plus élevé chez les chrétiens et le plus faible chez les bouddhistes [3]. Allergique à quelque sorte de clergé que ce soit, Helena Blavatsky ne se montre

1. Ernest Renan, *Nouvelles Études d'histoire religieuse, op. cit.,* 1884, p. 374.
2. Alfred Sinnett, *Le Bouddhisme ésotérique*, Adyar, Paris, 1993, p. 270.
3. Revue théosophique *Lucifer,* avril 1888, p. 147.

d'ailleurs pas plus tendre avec les brahmanes hindous, qu'elle a vus à l'œuvre en Inde, qu'avec les clercs chrétiens. N'ayant, en revanche, jamais séjourné au Tibet, elle a une image idéalisée du clergé local. Pour elle, les lamas tibétains – elle n'en a jamais rencontré aucun – sont de véritables initiés, de saints hommes, des sages désintéressés.

Cette vénération spécifique pour les moines tibétains nous semble être la troisième raison qui explique la fascination qu'exerce le bouddhisme sur les fondateurs de la Société Théosophique. Le mythe d'un Tibet secret, de lamas aux pouvoirs magiques, était déjà assez répandu en Occident durant le dernier quart du XIXe siècle. De surcroît, à l'époque, le Tibet était totalement interdit aux Occidentaux, ce qui ne faisait qu'amplifier les fantasmes foisonnant à son sujet. Les théosophes pouvaient-ils trouver meilleur refuge mythique pour leurs fameux maîtres que ce Tibet inaccessible ? Meilleurs experts en sciences occultes que ces lamas prétendument capables des plus grandes prouesses psychiques ? « Il existe partout dans le monde des occultistes de divers degrés d'avancement, et même des confréries occultes qui ont beaucoup de points communs avec la confrérie principale établie au Tibet, écrit Alfred Sinnett. Mais toutes nos recherches à ce sujet m'ont convaincu que la confrérie tibétaine est de beaucoup la plus élevée, et qu'elle est considérée comme telle par toutes les autres[1]. »

Effet de mode et exotisme ; religion tolérante et sans dogme ; mythe d'un Tibet secret et de lamas aux pouvoirs occultes : voilà trois bonnes raisons pour expliquer sans conteste la fascination exercée par le bouddhisme sur les théosophes de la fin du XIXe siècle. Nous avons pu vérifier au fil d'une ample enquête[2] que ces motivations sont très semblables à celles qui animent nombre d'Occidentaux attirés par le bouddhisme tibétain un siècle plus tard.

1. Alfred Sinnett, *op. cit.*, p. 28.
2. *Cf.* Frédéric Lenoir, *Le Bouddhisme en France*, *op. cit.*

Autre trait essentiel de l'enseignement bouddhiste que les théosophes modifient profondément : la théorie de la réincarnation. Pour le Bouddha, en effet, l'homme est un processus, un composé provisoire d'agrégats psychophysiologiques. Il ne peut donc exister aucune continuité substantielle d'une existence à l'autre. La conscience individuelle se dissout après la mort. Ce qui transmigre d'un corps à l'autre, c'est non pas un principe permanent (qu'on l'appelle âme, ego ou esprit), puisqu'il n'en existe pas, mais un complexe de phénomènes psychiques organisés par l'attachement et par l'ignorance. La croyance théosophique en la réincarnation est très éloignée de cette doctrine. Nous avons vu que les théosophes sont convaincus de l'existence d'un principe individuel permanent qu'ils appellent l'« Ego spirituel ». Pour eux, c'est cet Ego qui se réincarne, assurant ainsi une unité substantielle entre les diverses incarnations. S'inspirant de l'exemple tout à fait exceptionnel des *tülkous** tibétains, ils font valoir que le bouddhisme ésotérique, celui des Initiés, admet le principe d'une conscience post mortem. C'est trahir la conception tibétaine, qui ne conçoit pas l'existence d'un principe permanent ni d'une conscience individuelle se réincarnant de naissance en naissance, mais qui admet à titre tout à fait exceptionnel que certains individus, parvenus au stade ultime de l'« Éveil », puissent maintenir, au moment de la mort, l'unité de la personnalité et de la conscience. N'étant plus mus par la loi du karma, ils choisissent volontairement de renaître dans le dessein d'aider les autres hommes à atteindre la libération définitive. Ces êtres de compassion, connus dans le bouddhisme tibétain sous le nom de *tülkou* (le plus connu d'entre eux est le dalaï-lama), ont fait de leur vivant le vœu de bodhisattva, celui de ne pas atteindre le nirvana, de ne pas quitter définitivement la roue des existences tant que des êtres souffriront sur Terre.

Or, mal comprise, la doctrine tibétaine peut engendrer une confusion qui permet à certains Occidentaux pour qui la doctrine de l'*anâtman*, du non-soi, est inacceptable, de réintroduire l'idée de la survie d'une conscience personnelle et celle de la réincarnation d'un principe permanent.

Autre déformation importante : les théosophes ne peuvent accepter l'idée, tant hindouiste que bouddhiste, d'une transmigration possible de l'animal à l'homme ou de l'homme à l'animal. Ils inscrivent en effet leur théorie de la réincarnation dans la perspective philosophique typiquement occidentale d'un *évolutionnisme*. L'âme ou l'Ego spirituel, quel que soit le nom que l'on donne à ce principe individuel immortel propre à chaque homme, ne peut en aucun cas régresser en deçà du plan humain. Il ne cesse au contraire de progresser à travers ses vies successives.

Il est intéressant de noter que la découverte par les Européens de la théorie orientale d'une transmigration de l'animal à l'homme est contemporaine des théories évolutionnistes de Darwin qui font du singe l'ancêtre de l'humain. Ce sont souvent les mêmes penseurs qui s'attaqueront aux deux théories au nom de la spécificité du genre humain. Les théosophes, quant à eux, adhèrent à la théorie darwinienne de l'évolution des espèces, tout en en critiquant vivement la philosophie matérialiste qui la sous-tend, et ils croient en la réincarnation selon la vision moderne d'un progrès linéaire. « Cette doctrine de la réincarnation n'a pas son égale au monde, explique ainsi Helena Blavatsky. C'est la croyance dans le progrès perpétuel de tout Ego, de toute âme divine qui se réincarne, dans l'évolution de ce qui est extérieur vers ce qui est intérieur, depuis le matériel jusqu'au spirituel, pour arriver à la fin de chaque étape parcourue à l'union absolue avec le Principe divin [...]. Franchir chaque nouveau cycle avec un accroissement de gloire, de connaissance et de puissance nouvelles, telle est la destinée de tout Ego [1]. »

Comme l'a très justement fait remarquer René Guénon

1. Helena Blavatsky, *op. cit.*, p. 151.

dans son ouvrage sur la Société Théosophique – un terrible réquisitoire ! –, Helena Blavatsky a emprunté cette doctrine de la réincarnation évolutionniste au mouvement spirite français fondé par Allan Kardec, dont la devise est : « Naître, mourir, renaître et progresser sans cesse, telle est la Loi. » Contrairement aux autres écoles spirites qui ne croyaient nullement en la réincarnation, l'école de Kardec affirmait en effet que l'âme individuelle progressait de naissance en naissance selon une loi universelle d'évolution de l'ensemble de la Création. Cette idée, Allan Kardec l'avait lui-même empruntée à certains théoriciens socialistes du XIXe siècle (Charles Fourier, Pierre Leroux) qui tentaient ainsi de rendre compte des inégalités sociales, et qui adhéraient eux-mêmes à cette conception du « progrès » née durant la seconde moitié du XVIIIe siècle (Condorcet, Turgot).

Ainsi, contrairement à ce qu'on pourrait croire, la croyance occidentale moderne en la réincarnation ne provient pas de l'Orient, mais de philosophes européens acquis à l'idée de progrès. Le premier à l'avoir clairement formulée est sans doute le penseur allemand Lessing, qui publie *L'Éducation du genre humain* en 1780.

Entièrement acquis à cette théorie évolutionniste de la réincarnation, typiquement occidentale, les théosophes tenteront de faire croire qu'il s'agit là de la véritable doctrine bouddhiste. Or, rien n'est plus étranger aux Orientaux que cette idée d'un progrès linéaire de l'humanité. Hindouistes et bouddhistes croient, à l'inverse, en un temps cyclique, et admettent donc parfaitement la possibilité d'une régression tant pour l'homme individuel que pour l'humanité en général.

René Guénon fait aussi remarquer la contradiction des théosophes lorsqu'ils tentent de lier la croyance en un âge d'or, en une religion primordiale parfaite, à cette doctrine de l'évolution : « On ne voit pas très bien comment la croyance au progrès peut se concilier avec l'attachement à une “doctrine archaïque”. Pour quiconque admet l'évolution, la doctrine la plus moderne devrait logiquement être la plus parfaite ; mais les théosophes, qui ne sont pas à une contradiction près, ne semblent même pas se poser la question[1]. »

Même si Guénon est parfois injuste dans sa critique implacable de la Société Théosophique[2] – cette critique part aussi d'une position spirituelle bien précise –, nous nous rangeons à sa conclusion selon laquelle « le théosophisme ne représente absolument rien de la pensée orientale authentique ». Le bouddhisme n'est ici qu'un alibi pour présenter une doctrine qui reste fondamentalement marquée du sceau de la tradition occidentale, notamment chrétienne. En fait, avec le théosophisme, nous assistons à la première tentative occidentale consciente d'assimilation du bouddhisme. Certes, cette assimilation fait surtout songer à une annexion. Mais peut importe : il se passe là quelque chose de radicalement nouveau. La canonisation du Bouddha sous le nom de Josaphat était une assimilation inconsciente. Les interprétations malencontreuses du « pessimisme » ou du « nihilisme » bouddhiques relèvent surtout de mécanismes projectifs sur fond de malentendus conceptuels et sémantiques, probablement inévitables entre deux univers intellectuellement fort différents et qui se rencontrent pour la première fois. Il en va tout autrement avec l'entreprise menée par la Société Théosophique. Il s'agit là d'une organisation qui s'empare du bouddhisme pour forger son propre corps de doctrine et sa propre mythologie. On assiste à une véritable entreprise intellectuelle, lucide et volontaire, d'assimilation.

1. René Guénon, *Théosophisme, histoire d'une pseudo-religion,* Valois, 1921 et 1928, p. 108.

2. Il méconnaît par exemple les efforts fournis par les théosophes, sous l'impulsion d'Olcott et d'Annie Besant, pour l'émancipation de la culture indienne par rapport à l'Occident, ou bien leur fait parfois des reproches infondés parce qu'il commet lui-même des contresens sur certaines conceptions bouddhistes.

Or, que se produit-il, que constate-t-on en fait ? On voit naître une nouvelle philosophie religieuse occidentale qui reste fondamentalement enracinée dans une anthropologie grecque et chrétienne, dans une conception linéaire du temps héritée de la Bible, dans une vision progressiste de l'histoire humaine héritée des Lumières. Mais cette philosophie fait de la réincarnation le vecteur du progrès sur le plan individuel aussi bien que collectif; elle s'appuie sur la loi universelle de causalité (karma) ; elle présente le Bouddha comme modèle de l'homme parfait; elle expose son message de tolérance comme un modèle de son propre rejet des dogmes religieux; elle fait appel enfin au mythe du Tibet pour légitimer l'ensemble de sa doctrine occulte. Le théosophisme est sans doute le premier syncrétisme christiano-bouddhiste de l'histoire, la première tentative de repenser et de reformuler la philosophie et la théologie occidentales à partir des concepts bouddhistes. Même si le résultat peut légitimement être jugé désastreux par les représentants des systèmes religieux concernés – qui souligneront à juste titre toutes les distorsions qu'un tel assemblage fait subir à chacune des deux traditions –, il n'en demeure pas moins, pour l'historien comme pour le sociologue, un moment important de l'histoire moderne des idées religieuses. Dans la modernité religieuse, l'entreprise théosophique signe l'avènement du mélange, du bricolage, du syncrétisme entre traditions orientales et occidentales. Nous n'avons pas fini de la voir à l'œuvre.

Postérité de la Société Théosophique : « sectes » et « New Age »

Après la disparition de Helena Blatvasky, beaucoup pensaient que la Société Théosophique ne lui survivrait pas. C'était sans compter sur l'intelligence et les non moins grandes facultés de manipulation d'une autre femme qui allait réussir à mettre sur la touche la première génération de théosophes et à diriger d'une poigne de fer la Société pendant un quart de siècle : Annie Besant (1847-1933). C'est sous sa présidence que la Société connut sa plus grande renommée. Elle modifia parfois l'enseignement de ses prédécesseurs, notamment en ce qui concerne le christianisme. Loin de rejeter violemment la religion chrétienne, elle la mit sur le même plan que les religions orientales, expliquant qu'il existait derrière la religion officielle un « christianisme ésotérique » authentique. Cette stratégie lui permit de gagner de nombreux chrétiens à la cause des idées théosophiques. Annie Besant, qui ne rejeta en rien la doctrine des «mahatmas» et prétendit aussi recevoir des messages des «maîtres», était convaincue qu'il fallait à l'humanité un nouveau messie. En 1911, elle reconnut dans un adolescent indien, orphelin de mère et particulièrement intelligent, le futur « Instructeur du monde ». Après avoir été longuement formé à sa future mission et commencé à prodiguer des enseignements théosophiques, Krishnamurti, alors âgé de 34 ans, décida de quitter la Société Théosophique, ruinant tous les espoirs mis en lui par ses dirigeants pendant près de vingt ans. Il continua néanmoins de faire des conférences dans le monde entier, transmettant un enseignement personnel qui lui valut l'estime d'un vaste public en Occident.

Mais l'« affaire Krishnamurti », à ses débuts comme à son dénouement, suscita de graves remous au sein de la Société Théosophique. L'un des plus célèbres membres, Rudolph Steiner, la quitta en 1912 pour fonder son propre mouvement, l'Anthroposophie. Bien d'autres organisations ésotériques se sont ainsi créées dans la mouvance de la Société Théosophique, telle l'Église catholique libérale (1916), l'école d'Arcane fondée par la célèbre Alice Bailey (1923), la Rose Croix de Max Heindel (1907) ou, plus récemment, la Nouvelle Acropole (1950).

S'inspirant de l'exemple des fondateurs de la Société Théosophique, de nombreuses sectes initiatiques font encore de nos jours référence à des « Maîtres » occultes pour légitimer leur doctrine. Tel était le cas, par exemple, de l'Ordre du Temple solaire qui a fait 74 victimes entre 1995 et 1997. Son principal leader, Jo Di Mambro, organisait des cérémonies où de prétendus « maîtres invisibles », les grands « Initiés » de l'humanité, étaient censés apparaître. Un rescapé québecquois de l'OTS, Thierry Huguenin, témoigne ainsi de ces mises en scène qui servaient à légitimer l'autorité du leader :

« Ces maîtres apparaissaient dans une ambiance très particulière, dans un fond très obscur, avec des habits qui donnaient une impression de flou, de quelque chose qui n'avait rien à voir avec le plan terrestre. Mais la réalité était bien autre : ces maîtres n'étaient que des personnages déguisés, des membres choisis, triés sur le volet. Il y avait déjà toute une préparation par des sons, des chants, des musiques, par le phénomène d'être unis les uns par rapport aux autres. Dix, quinze, vingt, trente, quarante personnes étaient à l'unisson, prêtes à entendre ou à voir quelque chose de complètement irréel[1]. »

Pour d'autres gourous comme Claude Vorilhon, alias Raël, ces maîtres invisibles sont tout simplement des extraterrestres qui n'hésitent pas à contacter certains élus, comme Raël lui-même, et les inviter sur leur planète en compagnie des grands sages de l'humanité :

« Ils avaient organisé un repas, se rappelle le fondateur du "Mouvement raélien". C'était absolument fantastique, avec une clairière très belle, avec des arbres formidables, et il y avait un repas pour m'accueillir avec les quarante messagers qui ont existé depuis le début de l'humanité. Et parmi ces messagers il y avait Jésus, Moïse, Bouddha, Élie, Ezechiel, enfin tout un tas de grands prophètes qui sont venus sur Terre, qui étaient là, qui sont toujours vivants et qui sont

1. Témoignage filmé dans la série TV réalisée par Frédéric Lenoir et Iolande Rossignol avec le concours de Nathalie Luca, *Sectes, mensonges et idéaux*, épisode 2 : « Les maîtres invisibles », La Cinquième (1998).

maintenus scientifiquement en vie grâce à une technologie que les hommes commencent à découvrir, qui s'appelle le "cloning[1]". »

Sans servir à de telles fins de légitimation d'un message et d'un pouvoir, la mythologie des « maîtres invisibles » prend des formes très diverses – référence aux anges et aux esprits, « *chanelling* » – à travers la nébuseuse du « New Age », cette vaste mouvance ésotérique et syncrétique née en Californie dans les années 60 et qui s'est développée en Occident de manière informelle à travers une multitude de réseaux. On constate d'ailleurs de nombreux autres points communs entre cette mouvance et la doctrine théosophique : refus du dualisme, importance accordée à la responsabilité personnelle, volonté de fraternité universelle, idée de convergence de toutes les religions, éclectisme des références, etc.[2] L'influence lointaine du théosophisme sur les courants spirituels éclectiques contemporains fait non seulement de Helena Blatvasky la « grand-mère du New Age[3] », mais perpétue aussi un intérêt pour le bouddhisme tibétain… et une mauvaise compréhension de sa doctrine !

1. *Ibid.*

2. *Cf.* Françoise Champion, « Le Nouvel Âge : recomposition ou décomposition de la tradition "théo-spiritualiste" », *in* « Les Postérités de la théosophie : du théosophisme au New Age », *Politica hermética* n° 7 (1993), pp. 114-122.

3. Titre de *Libération* à l'occasion du centenaire de la mort de Helena Blavatsky (13 mai 1991).

3

Le « modernisme bouddhique » et les premières conversions

Le 25 mai 1880, la foule se presse dans le temple bouddhiste de Galle, une ville côtière de Ceylan. La cérémonie qui s'y déroule est unique. Pour la première fois peut-être depuis la naissance du bouddhisme, deux Occidentaux prennent « refuge [1] » dans le Bouddha, le *dharma* et la *sangha*, et prononcent les cinq vœux des fidèles laïques. Ces deux « bouddhistes blancs » s'appellent Helena Blavatsky et Henry Olcott. En se convertissant officiellement au bouddhisme, les fondateurs de la Société Théosophique entendent envoyer un signal fort aux communautés cinghalaises – habituellement traitées avec mépris par les Occidentaux convaincus de l'infinie supériorité du christianisme sur le bouddhisme – et développer ainsi la Société sur l'île. Plus encore qu'Helena Blavatsky – davantage intéressée par l'expansion du mouvement en Europe et aux États-Unis –, le colonel Olcott s'investira totalement dans le « renouveau » du bouddhisme asiatique, *via* l'influence de la Société Théosophique.

Dès l'implantation de la société à Ceylan en 1880, le colonel épouse en effet publiquement la cause du bouddhisme contre les missions chrétiennes liées à la présence coloniale britannique, qui détiennent un quasi-monopole sur l'éducation (huit cent cinq écoles chrétiennes contre quatre bouddhistes). Remarquable stratège politique, Olcott sait tirer parti

1. Cérémonie officielle d'entrée dans la communauté bouddhiste.

de l'exaspération grandissante des Cinghalais contre la présence chrétienne et coloniale. Il crée un Comité de défense du bouddhisme et publie en 1881 un *Catéchisme bouddhique* destiné à remplacer le catéchisme chrétien dans les écoles. Les résultats de ses efforts sont spectaculaires. En 1884, lors d'un voyage à Londres, il obtient du gouvernement anglais l'abrogation de plusieurs lois discriminatoires envers les bouddhistes, et la date anniversaire de la naissance du Bouddha devient jour férié dans toute l'île. Les Cinghalais lui en sont profondément reconnaissants. Ils s'affilient par milliers à plusieurs dizaines de loges théosophiques. Dans les années 60, lorsque le gouvernement nationalisera le système scolaire, la Société Théosophique bouddhiste comptera plus de quatre cents écoles. Il existe d'ailleurs à Colombo une rue Henry-Olcott, et la mémoire du colonel reste fortement liée à l'émergence du nationalisme cinghalais.

Les fondateurs de la Société Théosophique appliquent la même stratégie en Inde, avec la religion hindoue qu'elle aide à se revivifier. Ainsi l'Inde lui doit-elle la création de multiples centres d'études religieuses, dont la future université hindoue de Bénarès. Elle joue un rôle non négligeable dans l'émancipation culturelle de l'Inde à l'égard de l'Occident, et plusieurs fondateurs du parti du Congrès – comme, plus tard, Nehru – sont membres de la Société Théosophique. Mais, tandis que d'une main la société aide en Inde les religions orientales à se renouveler dans la fidélité à leurs traditions, de l'autre elle leur fait subir les pires contorsions pour les intégrer à l'enseignement ésotérique syncrétiste qu'elle propage en Occident.

Henry Olcott, Alexandra David-Neel et le « modernisme bouddhique »

La conversion et l'action du colonel Olcott influenceront de façon décisive la manière dont va se renouveler le bouddhisme cinghalais au contact de l'Occident. Car, si Olcott respecte la tradition locale issue du courant dit ancien (Theravâda) particulièrement axé sur la méditation et la vie monastique, il tente de gommer les aspects plus populaires et dévotionnels du bouddhisme pour tenter de redonner au bouddhisme local sa «pureté originelle». Nous avons déjà évoqué l'obsession des orientalistes de l'époque de mettre au jour le «bouddhisme primitif authentique», qu'ils opposent au bouddhisme actuel dégradé. En 1877, le savant anglais Thomas Rhys Davids, grand spécialiste du pali, langue dans laquelle est écrit le canon bouddhiste du Sud, publie un ouvrage dans lequel il oppose le «rationalisme» et la «pureté» du bouddhisme primitif – qu'il compare au protestantisme – à la «superstition» et à la «corruption» du bouddhisme du Grand Véhicule, comparé quant à lui au catholicisme[1]. L'année même de la publication du *Catéchisme* d'Olcott (1881), il fonde à Londres «The Pali Text Society» qui se donne pour mission la traduction et la publication de textes palis, principalement d'origine cinghalaise, qu'il considère comme les seules sources authentiques des enseignements du Bouddha.

Olcott ne nourrit pas les mêmes préventions que Rhys Davids contre le bouddhisme du Grand Véhicule, notamment le tibétain, puisqu'il croit en l'existence des maîtres cachés dans les montagnes inaccessibles du Tibet mythique, mais il partage son ambition de réhabiliter un «bouddhisme originel» rationnel. Dans son journal intime, il écrit, quelques jours seulement après sa «prise de refuge» en compagnie d'Helena Blavatsky : «En un mot, notre bouddhisme ne consistait pas en une foi, mais en une philosophie[2]». Le bouddhisme auquel le colonel entend redonner ses lettres de noblesse n'est donc pas un bouddhisme religieux comprenant des rituels, une cosmologie, des mythes, des

1. Thomas Rhys Davids, *Buddhism, op. cit.,* 1877, pp. 208-209.
2. Cité par Rick Fields, *How the Swans Came to the Lake..., op. cit.,* p. 97.

croyances, mais un bouddhisme rationnel, pragmatique, cérébral, logique, véritable « science du développement des facultés internes[1] », bref, un bouddhisme *moderne*. Sous la bannière du « modernisme bouddhique » – sorte de substrat fondamental et moderne du message de Gautama –, il aspire à renouveler et à rassembler toutes les traditions bouddhistes asiatiques, alors très éclatées et divisées en multiples écoles.

C'est dans cette optique qu'après un fructueux voyage en Birmanie en 1885 il répond favorablement à l'invitation de moines japonais en 1888. Durant un périple de plusieurs mois au cours duquel il affirme avoir parlé devant près de deux cent mille personnes à l'occasion de plus de soixante-quinze conférences, il prêche le renouveau du *dharma* à partir des enseignements fondamentaux du Bouddha, explique que le bouddhisme est en train de déferler en Occident, et exhorte toutes les écoles et sectes bouddhistes rivales à se réconcilier. À l'issue de cette tournée triomphale, il est si enthousiaste qu'il hésite même à fonder une branche de la Société Théosophique et demande à Helena Blavatsky la permission de démissionner du mouvement pour se consacrer à la création d'une Ligue bouddhiste internationale. Mais les maîtres en ont décidé autrement et sa consœur lui fait savoir par retour du courrier qu'il n'en est pas question. Olcott se résout donc à fonder une nouvelle loge théosophique au Japon, et retourne à Colombo en compagnie de trois bonzes japonais mandatés pour apprendre le pali et les enseignements du bouddhisme du Sud.

Obsédé par son désir de moderniser et d'unifier tous les courants bouddhistes, il organise en décembre 1890, au siège indien de la Société Théosophique, une réunion des divers courants bouddhistes asiatiques au terme de laquelle il parvient à faire signer aux représentants de Ceylan, du

1. Henry S. Olcott, *Le Bouddhisme selon le canon de l'Église du Sud et sous forme de catéchisme*, 1881, Adyar, 1895, p. 12.

Japon et de Birmanie une déclaration en quatorze points reprenant les conceptions fondamentales du bouddhisme. Même si cette initiative restera sans lendemain du fait de l'extraordinaire foisonnement de courants et d'écoles en Asie, dont bien peu reconnaîtront la déclaration d'Olcott, elle marque une ère nouvelle, capitale dans l'histoire du bouddhisme : son amorce d'unification et surtout sa rénovation, sous le signe de la modernité, de par l'influence directe d'Occidentaux parmi lesquels le colonel Olcott fait incontestablement figure de pionnier.

À la suite du cofondateur de la Société Théosophique, plusieurs Occidentaux vont tenter d'œuvrer à la rénovation du bouddhisme et se faire en Europe les ardents promoteurs de ce « modernisme bouddhique ». L'une de ces figures les plus hautes en couleur est sans conteste celle de l'exploratrice française Alexandra David-Neel. Née à Paris en 1868 d'une mère catholique et bourgeoise et d'un père huguenot, ami de Victor Hugo et révolutionnaire de 1848, Alexandra David se passionne dès son adolescence pour les philosophies grecques, la gnose et les spiritualités orientales. À vingt ans, elle fréquente assidûment le Collège de France, l'École des hautes études, les Langues orientales et la bibliothèque du musée Guimet où mûrit sa vocation d'exploratrice de l'Asie et de disciple du Bouddha. Alexandra, qui semble avoir le goût du mystère et de l'initiation, fréquente aussi plusieurs sociétés secrètes. À vingt et un ans, elle s'embarque pour l'Inde où elle passe plus d'un an à parcourir le pays en tous sens, soutenue et hébergée par la Société Théosophique dont elle est alors un membre actif (elle prendra rapidement ses distances avec la société). Parallèlement à cette passion pour l'Orient, Alexandra entame une carrière de cantatrice qui la conduit à interpréter les plus grands rôles (Carmen, Marguerite ou Manon) à travers toute l'Europe, et elle milite activement dans les milieux féministes et anarchistes. Elle publie d'ailleurs un traité anarchiste préfacé par le célèbre géographe Élisée Reclus, traduit en cinq langues et qui lui vaut une certaine renommée. En 1904, alors âgée de trente-six ans, elle épouse un distingué ingénieur des chemins de fer, Philippe Neel, mais leur mariage se révèle un échec, et, en 1911, Alexandra décide de partir en Asie pour oublier ses infortunes conjugales et renouer avec sa passion de toujours. Ce voyage d'agrément, qui ne devait durer que quelques mois, se transforme en expédition scientifique et en exploration tous azimuts du bouddhisme... de plus de treize ans ! Comme le souligne son excellent biographe Jacques Brosse, elle est même un peu surprise, à son retour, que son mari ne soit pas venu l'attendre au débarcadère [1].

Durant ces treize années de pérégrinations à travers l'Inde, le Sikkim, le Tibet, la Chine ou le Japon, Alexandra David-Neel perfectionne si bien ses connaissances des langues et des religions orientales qu'elle acquiert auprès des sages hindous et des lamas tibétains une solide réputation d'érudite, mais aussi de redoutable polémiste sur des sujets qui lui tiennent à cœur, comme la vision religieuse du rôle de la femme, l'égalité de tous les humains dans le cheminement spirituel, ou la nécessité de retrouver la pureté originelle du bouddhisme. Exaspérée par exemple par les propos d'un célèbre gourou qui affirmait l'évidente supériorité de la caste des brahmanes, elle ne put s'empêcher de répliquer sèchement : « Si les brahmines se croient supérieurs à tous dans l'Inde, les Blancs se considèrent comme les brahmines du monde entier ! » Si son manque de diplomatie et sa susceptibilité éloignent d'elle certains religieux, la plupart du temps, elle subjugue ses interlocuteurs par sa connaissance irréprochable des doctrines et par son enthousiasme à réno-

1. La première biographie de l'exploratrice, *Alexandra David-Neel*, fut publiée en 1977 chez Albin Michel par l'écrivain et moine zen Jacques Brosse. En 1985 parut la biographie écrite par Jean Chalon, *Le Lumineux Destin d'Alexandra David-Neel*, chez Perrin, qui connut un grand succès commercial.

ver le bouddhisme, qu'elle considère comme la religion moderne par excellence.

Dans un petit livre qu'elle a publié juste avant son départ pour l'Orient, *Le Bouddhisme du Bouddha,* Alexandra exprime son souhait, qui inspirera désormais toute sa vie, de faire découvrir aux Occidentaux, par-delà les ouvrages d'érudition qui s'adressent à une élite, ou les livres destinés au grand public, imprégnés d'ésotérisme et à tendance syncrétiste, «un enseignement vivant, proche des conclusions de la science d'aujourd'hui, et, j'oserai dire, de la science de demain; un enseignement adéquat à la mentalité moderne, susceptible de devenir un guide pour les individus et une lumière sociale. Certes, sans qu'il soit nécessaire de rien quémander auprès des générations passées, nos esprits, en quête de lumière, arrivent à se débarrasser de la gangue où les avait emmurés tant de siècles d'oppression morale, religieuse et politique. Mais il est permis de croire à l'aide puissante que peut apporter un enseignement rationnel éclairant les tendances que l'homme sent en lui, le confirmant dans la haute valeur de ses désirs de propre émancipation, le détachant des sentimentalités mièvres des religions amolissantes, lui répétant la vérité qu'il pressent – mais à laquelle il n'ose encore adhérer pratiquement – que le Salut spirituel, moral, social, est œuvre personnelle, qu'il n'est point de sauveurs, en aucun domaine, que l'homme est seul en face de la douleur et que, par ses seules forces, il doit et il peut la vaincre[1].»

Le développement d'une propagande bouddhiste en Occident

Le 11 septembre 1893 s'ouvre à Chicago le Parlement mondial des religions. Cette grande manifestation inter-religieuse, la première du genre dans l'ère moderne, est orga-

1. Alexandra David-Neel, *Le Bouddhisme du Bouddha,* Plon, 1911 (et Presses Pocket, 1989), pp. 7 et 8.

nisée par des chrétiens libéraux en marge de l'Exposition universelle de 1893, avec le soutien actif de la Société Théosophique. Son but est d'encourager la tolérance et la fraternité religieuse en soulignant les convergences entre les diverses religions et sagesses du monde. Malgré le refus de l'Église catholique d'y participer, la manifestation est un succès public et médiatique. Elle marque surtout une étape décisive dans la propagation des religions orientales en Occident. Vivekânanda, le jeune disciple du sage indien Ramakrishna, y fait un tabac en proclamant, dans son allocution d'ouverture, l'unité fondamentale de toutes les religions. Conforté par son succès auprès des Occidentaux, il fondera quelques années plus tard la Mission Ramakrishna, dans le but de promouvoir l'hindouisme en Europe et aux États-Unis. Son discours tente de concilier les valeurs de l'« Occident technicien » et de l'« Orient spirituel ».

Le bouddhisme est également l'autre grande « révélation » du Parlement de Chicago. Ses deux principaux représentants sont Sôen Shaku, l'abbé japonais du Zen rinzai*, et Anagârika Dharmapâla, un jeune bouddhiste cinghalais de vingt-neuf ans. Fils d'ardents bouddhistes et nationalistes membres de la première heure de la Société Théosophique, ce dernier avait fait la connaissance du colonel Olcott à l'âge de seize ans, lors du séjour de ce dernier dans l'île en 1880. Il décida alors de consacrer sa vie à la renaissance du bouddhisme entreprise par le colonel et fréquenta assidûment le siège indien de la société. Après le Parlement de Chicago, Dharmapâla est invité à passer une année aux États-Unis où il effectue de nombreux déplacements pour transmettre la doctrine bouddhiste à des auditoires de plus en plus nombreux. Pour la première fois sans doute sur le sol américain, plusieurs personnes « prennent refuge » dans le Bouddha, le *dharma* et la sangha. Durant plus de quarante ans, Dharmapâla partagera son temps entre des « missions » en Occident et un projet qui le hantera jusqu'à sa mort : rénover les lieux saints du bouddhisme. Plus que toutes les *leagues* imaginées par les théosophes pour fédérer les nombreux courants bouddhistes, ce projet, dont Edwin Arnold avait été le premier inspirateur, suscitera dans tout le monde bouddhiste un enthousiasme qui contribuera au rapprochement et à la «modernisation» des diverses traditions tant souhaitée par le colonel Olcott.

Un des auditeurs du Parlement de Chicago conquis par les vues du bouddhisme, l'éditeur Paul Carus, demande à l'abbé Sôen Shaku de lui dépêcher un de ses disciples pour l'aider à traduire en anglais des œuvres fondamentales du bouddhisme qu'il souhaite publier. L'abbé lui recommande l'un de ses plus brillants élèves, alors âgé de vingt-trois ans : Daisetz Teitaro Suzuki. Ce dernier restera onze ans aux États-Unis. De retour au Japon, il publiera de nombreux ouvrages en anglais sur le bouddhisme, dont ses fameux *Essais sur le bouddhisme zen* qui lui vaudront une notoriété mondiale[1]. Ses livres expriment parfaitement le souci de la plupart des intellectuels bouddhistes de l'époque de montrer la modernité du bouddhisme et ses aspects les plus digestes pour les Occidentaux.

D'autres disciples de Sôen Shaku se rendent aux États-Unis au cours des premières décennies du XXe siècle et multiplient, à la demande de disciples occidentaux, les petits groupes de méditation zen. Ainsi, bien que le bouddhisme soit présent aux États-Unis depuis les décennies 1860-1870 grâce à une importante immigration chinoise puis japonaise, il faut attendre le XXe siècle pour que le message du Bouddha fasse régulièrement des adeptes, surtout en Californie et sous la forme très dépouillée du Zen. En 1930, le vénérable Sokei-an fonde la Buddhist Society of America, qui deviendra plus tard le premier Zen Institute of America.

En Europe, le mouvement de propagande bouddhiste est également amorcé par Dharmapâla, qui se rend plusieurs fois en Grande-Bretagne entre 1893 et 1904. L'un des audi-

1. Publiés en anglais entre 1930 et 1934, ils ont été traduits et publiés en France en 1940 par Jean Herbert chez Albin Michel.

teurs du jeune Cinghalais, un certain Gordon Douglas, est le premier Occidental connu à embrasser la vie monastique bouddhiste. Ordonné moine en 1899 à Colombo, il prend le nom d'Asoka et mourra en 1905. Un autre Anglais féru d'ésotérisme et membre de la Golden Dawn, Allan Bennett McGregor, est ordonné moine en Birmanie en 1901. Sous le nom d'Ananda Metteya, il fonde en 1903 l'International Buddhist Society, puis, en 1907, la Buddhist Society of Great Britain and Ireland. Reprise en 1926 par un riche avocat, Christmas Humphreys, qui avait fondé deux ans auparavant la Buddhist Lodge de la Société Théosophique, elle se transforme en Buddhist Society et publie une revue, *The Middle Way*, qui a connu un succès croissant jusqu'à nos jours. Décédé en 1983, Humphreys aura été un ardent propagateur du bouddhisme en Grande-Bretagne, mettant surtout l'accent sur la méditation zen.

La toute première Société bouddhiste à voir le jour en Europe est en fait fondée en Allemagne en 1903 par l'orientaliste Karl Seidenstüker. Rejoint par Georg Grimm, qui publie en 1915 un best-seller au titre éloquent : *La Doctrine du Bouddha, la religion de la raison*, les deux hommes fondent la « Communauté du bouddhisme ancien », convaincus d'avoir redécouvert, contre toutes les traditions asiatiques, le véritable bouddhisme originel. Devenu une sorte de secte, le mouvement s'éteint de lui-même après la mort de ses fondateurs, mais un autre érudit, Paul Dahlke, fonde en 1924 la « Maison bouddhiste », un lieu de formation et de méditation qui connaît un certain succès. Les Allemands sont plus attirés par le bouddhisme du Sud que par le bouddhisme zen ou tibétain. Plusieurs d'entre eux intègrent des communautés monastiques à Ceylan ou en Birmanie, et la première nonne bouddhiste européenne connue est une Allemande ordonnée en 1926 sous le nom d'Uppalavannâ.

En France, à l'instar d'Alexandra David-Neel, ce sont surtout des femmes qui se font les plus ardents promoteurs du bouddhisme. En 1929, une Américaine exilée à Paris

– Mme Lounsbery – fonde la Société des Amis du bouddhisme. Très dynamique entre les deux guerres, la Société publie une revue, *La Pensée bouddhique*, animée par Suzanne Karpelès, secrétaire de l'École française d'Extrême-Orient à Hanoï. Un éditorial de la revue explique que la Société des Amis du bouddhisme a pour raison d'être l'enseignement de la doctrine dans sa pureté, et aussi de faire mieux comprendre et mieux aimer nos frères d'Asie [...]. Par sa clarté, son équilibre et sa dignité, le Bouddhisme doit avoir un grand attrait pour l'esprit français, épris des idées rationnelles, généreuses et libres de toutes entraves [1] ». À la lecture de cette revue, ouverte à tous les courants bouddhistes, on apprend ainsi que le premier Français à avoir embrassé la vie monastique bouddhiste – en février 1939, à Ceylan – est un certain Georges Maës, ancien ingénieur civil et architecte des travaux publics à La Ciotat, âgé de quarante ans. La Société des Amis du bouddhisme ne survivra pas à la guerre et sera finalement reprise par la Société Théosophique, très active en France.

Le bouddhisme commence à faire timidement des adeptes au pays de Descartes durant l'entre-deux-guerres, essentiellement d'ailleurs par le biais des théosophes ; mais cette progression, surtout dans les cercles artistiques et intellectuels, est suffisamment sensible pour que certains ecclésiastiques commencent à s'en inquiéter. Ainsi, en 1931, le père Allo publie un livre virulent contre les religions orientales, en particulier le bouddhisme, qu'il présente comme la grande tentation actuelle. Mais, finalement, conclut le dominicain, «le bouddhisme, qui a toujours été mutilation et incohérence, pour devenir ensuite un chaos intellectuel et moral, a fini par tomber en pleine décomposition, entre les deux pôles d'un plat monisme éthique, presque areligieux, et du paganisme le plus superstitieux, de la sorcellerie la plus dégoûtante. Ce n'est pas un remède à guérir les maux de

1. *La Pensée bouddhique*, juillet 1939, p. 4.

l'Occident; on n'a qu'à voir ce qu'il a fait en Orient depuis que sa belle période est passée. Il ne donnera jamais une nouvelle vie à l'Europe, ne fût-ce que pour cette bonne raison qu'il est un mourant [1]. »

1. E. B. Allo, o.p., *Plaies d'Europe et baumes du Gange*, Cerf, 1931, p. 219.

4

Le Tibet magique

Peter Fleming exprime bien la fascination séculaire des Européens pour l'Orient en général et l'Asie en particulier : « Ils voulaient trouver en Asie quelque qualité profonde et cachée qui manquait à l'Europe. En quoi elle consistait, ils n'en étaient pas très sûrs ; ils savaient seulement qu'il y avait là *quelque chose*, quelque chose que les plus orgueilleux d'entre eux étaient prêts à révérer[1]. » Plus que toute autre terre d'Asie, le Tibet cristallise ainsi depuis des siècles les rêves occidentaux d'un Orient magique et mystérieux. Enserré dans l'écrin somptueux des Himalayas, difficilement accessible, longtemps interdit aux voyageurs européens par ses puissants voisins chinois, jaloux de leur influence sur cet immense plateau désertique et néanmoins hautement stratégique, le « Toit du Monde » était pour les Occidentaux – nous l'avons déjà constaté – une terre de légende avant même qu'ils redécouvrent au XIXe siècle la religion « lamaïste ». Mais les récits des explorateurs et des missionnaires sur les « pouvoirs » énigmatiques et fascinants des lamas tibétains comme sur l'extraordinaire richesse et la tolérance de cette religion relanceront l'intérêt des Européens pour le « Pays des neiges éternelles », peuplé de moines et de magiciens, gouverné par un « dieu vivant ». Ainsi l'histoire de la rencontre du bouddhisme tibétain et

1. Peter Fleming, *Bayonets to Lhassa*, Londres, 1961, p. 259.

des Occidentaux est d'abord celle d'un mythe ancien qui s'est développé et amplifié, médiatisé jusqu'à nos jours sans jamais avoir été véritablement entamé.

La tentation de Lhassa, « Cité interdite »

Dans la seconde moitié du XIXe siècle, alors que les Européens explorent tout le reste du globe, aucun Occidental ne parvient à pénétrer dans Lhassa. Entre 1850 et 1900, dix-huit expéditions russes, françaises ou anglaises échouent, parfois de manière dramatique, dans leur tentative d'atteindre la Cité interdite. L'expédition ethnographique conduite par le Français Jules-Léon Dutreuil de Rhins en est un exemple frappant. Parti fièrement en août 1893 à la tête d'une imposante caravane d'une quinzaine d'hommes et de soixante chevaux et chameaux, Dutrueil de Rhins se heurte bien vite à l'hostilité des Tibétains qui avaient reçu la consigne de leurs « protecteurs » chinois de ne laisser aucun « Blanc » s'approcher de Lhassa. Téméraire, manquant cruellement de sens diplomatique, le Français conduit son expédition à un véritable désastre. Le froid, les vols de chevaux et de vivres, enfin le refus catégorique des émissaires du gouvernement tibétain, escortés de quatre cents soldats, de le laisser approcher de Lhassa, l'obligent à rebrousser chemin en plein hiver. Après plusieurs mois de pérégrinations vers la frontière chinoise où la caravane est réduite des deux tiers, les Français tombent dans une embuscade où leur chef perd la vie en murmurant ces paroles pathétiques qui résument bien l'échec complet de son expédition : « Bandits… Travail perdu… Beau temps pour partir[1]. » Pour les missionnaires également, le Tibet devient synonyme de « mission impossible », selon l'expression du père Étienne-Jules Dubernard,

1. L'histoire de l'expédition Dutreuil de Rheins a été rédigée par l'un des rescapés, le linguiste français J. Grenard, *Mission scientifique dans la Haute Asie,* vol. 1, 1897.

prêtre français des Missions étrangères qui tenta en vain, pendant quarante et un ans (1864-1905), de pénétrer au Tibet, et qui finit également assassiné par des Tibétains à la frontière chinoise orientale [1].

Malgré tout ce sang versé et l'issue lamentable de ces tentatives audacieuses, plus que jamais le « Pays des neiges » exerce sur l'Occident l'attrait irrésistible du mystérieux et du défendu. Mais il faut attendre 1904 et une expédition militaire britannique, motivée par des intérêts politiques et commerciaux, pour voir des Européens pénétrer enfin dans la ville sainte du dalaï-lama. Le chef du corps expéditionnaire, Francis Younghusband, peu sensible aux rêveries poétiques, décrit la réalité locale dans toute sa nudité : « Bien des voyageurs ont désiré ardemment voir Lhassa. Mais nous étions présents dans ce lieu sacré et, à l'exception du Potala, ce n'était vraiment pas grand-chose [2]. » Son de cloche très différent chez le médecin-chef de l'expédition, Austine Waddell, qui contemple la capitale mythique du Tibet à travers le prisme de la légende : « Imprégnée de la poésie des siècles, Lhassa, citadelle secrète de l'"immortel" Grand Lama, s'est dressée sur le Toit du Monde entourée des voiles d'un mystère impénétrable, attirant nos voyageurs les plus aventureux en les défiant toutefois de franchir ses portes fermées [3]. »

Les portes de la Cité interdite n'auront toutefois été qu'entrouvertes par le corps expéditionnaire de Younghusband. En 1912, après la chute de l'Empire mandchou, le Tibet, redevenu indépendant, s'accorde avec la Grande-Bretagne et ses puissants voisins chinois et russes pour garder ses frontières hermétiquement closes. Ainsi, durant toute la première moitié du XXe siècle, ce sont essentiellement les quelques

1. L'histoire du père Dubernard est connue par sa correspondance publiée par les Missions étrangères de Paris sous le titre *Tibet, « mission impossible »*, Fayard, 1990.

2. Francis Younghusband, *India and Tibet*, 1910, p. 68.

3. Austine Waddell, *Lhassa and its Mysteries*, 1905, p. 7.

représentants britanniques en poste au Tibet qui peuvent encore faire parvenir en Occident des récits sur le « lamaïsme » et les mystérieuses pratiques occultes des chamans tibétains. Le plus important d'entre eux, sir Charles Bell, qui lit parfaitement le tibétain, devient un ami personnel du XIIIe dalaï-lama. Il publie à Londres en 1946 un petit livre intitulé *Portrait of the Dalaï-Lama*, qui fait sensation.

Alexandra David-Neel et les magiciens du Tibet

Alors que se tient la Conférence de Simla (1913) où la Grande-Bretagne, la Russie et la nouvelle Chine s'accordent pour maintenir fermées les frontières du Tibet, Alexandra David-Neel se trouve au Sikkim, à quelques centaines de kilomètres de Simla, et elle ne l'entend pas de cette oreille... Après plusieurs tentatives qui échouent du fait de l'intervention des Britanniques, elle réussit enfin, en 1924, à pénétrer clandestinement au cœur du Tibet... déguisée en mendiante.

« Arrêtez-vous ici ! N'avancez pas plus loin !... Tel était l'ordre étrange qu'une poignée de politiciens occidentaux se permettaient d'intimer, aujourd'hui, aux explorateurs, aux savants, aux missionnaires, aux orientalistes du monde entier, à tous sauf à leurs agents qui parcouraient librement le pays toujours dénommé "interdit", écrit-elle alors, rageuse, dans son journal de voyage. "On ne passe pas ici !" Deux fois, je me l'étais entendu dire, et je riais maintenant à ce souvenir, toute seule dans la nuit, au milieu de la brousse. "On ne passe pas !" Vraiment ? – Une femme passerait [1]. »

De fait, au terme d'une incroyable odyssée de plus de huit mois, Alexandra, alors âgée de cinquante-six ans, et son fils adoptif, le lama Yongden, parviennent à la « Cité

1. Alexandra David-Neel, *Voyage d'une Parisienne à Lhassa*, 1927, Presses Pocket, 1980, pp. 28-29.

interdite », réalisant ainsi le rêve de tant d'Occidentaux. Son journal de voyage, *Voyage d'une Parisienne à Lhassa*, publié en 1927, connaît dans toute l'Europe (onze traductions) un immense succès jamais démenti. Dès lors, Alexandra David-Neel n'a cessé de faire connaître le bouddhisme tibétain à travers le monde. Plus que toute autre, elle joue en Occident, au XXe siècle, ce rôle de communicateur et de catalyseur de la religion tibétaine mais aussi de son mythe, que le père Huc – dont Alexandra, adolescente, avait « dévoré » le récit de voyage au Tibet – avait joué au siècle précédent. Durant plus de soixante ans, la diffusion de ses livres n'a cessé de croître et l'ensemble de son œuvre (une quarantaine d'ouvrages, essentiellement sur le Tibet et le bouddhisme tibétain) est largement diffusé dans tous les pays occidentaux. La biographie que lui a consacrée Jean Chalon en 1985 s'est vendue en France à plus de cent cinquante mille exemplaires, et, signe suprême de son actualité, le cinéaste américain Steven Spielberg projette de réaliser un film sur la vie de cette étonnante aventurière, morte centenaire en 1969.

Même si elle a pris rapidement ses distances avec la Société Théosophique, il est probable que sa fascination pour le Tibet mythique est née lors de son séjour au siège du mouvement, à Adyard. Quelques années auparavant, la revue *The Theosophist* rendait compte du livre d'Alfred Sinnett, *Le Bouddhisme ésotérique*, en ces termes : « Sa grande nouveauté réside dans l'exposé de certains aspects de la doctrine secrète du bouddhisme tibétain, lequel n'est qu'un autre nom de la Religion-Sagesse ou Doctrine occulte, sous-jacente à toutes les anciennes croyances de l'humanité. C'est la clé du langage voilé des anciennes Écritures. Celui qui maîtrisera parfaitement cette clé verra, dans l'essence des religions développées par l'humanité, le véhicule de ces concepts spirituels les plus élevés[1]. »

1. *The Theosophist*, juillet 1883.

Lors de son long séjour au Sikkim, Alexandra (qui s'assure les services d'interprète de Kazi Dawa-Samdup avant que celui-ci ne devienne célèbre par ses traductions) trouve un soutien important en la personne du fils du maharajah, lequel exerce les plus hautes responsabilités religieuses dans ce petit royaume himalayen solidement ancré dans le bouddhisme tibétain. Il partage ses vues en ce qui concerne une nécessaire rénovation du tantrisme tibétain, trop souvent perverti par la religiosité populaire aux aspirations ritualistes et magiques. Il permet ainsi à Alexandra de rencontrer les lamas les plus renommés, et lui obtient même, en avril 1912, une audience, avec le XIIIe dalaï-lama, de passage à Kalimpong. L'orientaliste française considère cette rencontre comme un événement unique : pas tant pour elle, qui se méfie un peu de ce «pape de l'Asie», que pour le dalaï-lama lui-même, qui rencontre pour la première fois une Occidentale!

La rencontre décisive pour Alexandra eut lieu quelques mois plus tard avec un ermite tibétain vivant à la frontière du Tibet et auprès duquel elle demeure trois ans, dormant dans une grotte à 4 000 mètres d'altitude. Le lama lui enseigne certaines pratiques tantriques rares et difficiles, lui faisant ainsi découvrir, au-delà des traités théoriques, la réalité et l'efficacité des pratiques spirituelles tibétaines. Durant ces trois années passées en compagnie de cet ermite et du jeune lama qu'elle a adopté et qui devint en fait son disciple, sa seule distraction consiste à franchir clandestinement la frontière tibétaine au nez et à la barbe des Britanniques – de sir Charles Bell, en particulier, qui doit par deux fois l'expulser.

Après avoir quitté cet ermitage dont elle gardera la nostalgie jusqu'à sa mort, Alexandra passe quelques mois au Japon où elle fréquente les monastères zen et les temples de la secte Nichiren. Mais le Tibet lui manque. La lettre suivante, écrite à son mari le 12 mars 1917, traduit bien l'irrésistible attraction qu'exerce sur elle la beauté mystique des paysages tibétains, attraction envoûtante qu'elle transmettra à des millions d'Occidentaux à travers ses propres livres.

«J'ai le mal du pays pour un pays qui n'est pas le mien. Les steppes, les solitudes, les neiges éternelles et le grand ciel clair de "là-haut" me hantent! Les heures difficiles, la faim, le froid, le vent qui me tailladait la figure, me laissait les lèvres tuméfiées, énormes, sanglantes, les camps dans la neige, dormant dans la boue glacée, tout cela importait peu, ces misères passaient vite et l'on restait perpétuellement immergé dans le silence où seul le vent chantait, dans les solitudes presque vides même de vie végétale, les chaos de roches fantastiques, les pics vertigineux et les horizons de lumière aveuglante. Pays qui semble appartenir à un autre monde, pays de titans ou de dieux. Je reste ensorcelée.»

C'est alors qu'elle décide de revenir clandestinement au Tibet, et, durant plusieurs années, elle organise en Chine l'incroyable expédition vers Lhassa qui la rendra célèbre dans le monde entier.

De retour en Europe en 1925, l'exploratrice et orientaliste française, désormais considérée comme l'un des meilleurs spécialistes du bouddhisme tibétain, consacre tout son temps à rédiger des livres et à faire des conférences à travers l'Europe sur le Tibet et sa religion. L'un des ouvrages qui marquera le plus ses contemporains et, par la suite, des générations d'Occidentaux, porte le titre suggestif de *Mystiques et magiciens du Tibet*[1]. Publié en 1929, il est écrit pour répondre à la demande de nombreux lecteurs enthousiastes du *Voyage d'une Parisienne à Lhassa* qui souhaitent «être renseignés sur les doctrines et les pratiques des mystiques et des occultistes du Tibet.» Sur trois cents pages, Alexandra David-Neel entraîne ses lecteurs dans un voyage étourdissant auprès de lamas télépathes, de

1. Alexandra David-Neel, *Mystiques et magiciens du Tibet*, 1929, Presses Pocket, 1980.

morts qui parlent, d'un abbé fainéant réincarné en ânon, de gâteaux volants, de démons qui dialoguent avec les humains, d'un cadavre miraculeux, de mystiques qui se dédoublent, d'ermites dénudés qui passent des hivers glacials dans des grottes sans se nourrir ni se chauffer, de sorciers qui font tomber la grêle, etc. Certes, l'auteur prend bien soin de préciser que tous les phénomènes extraordinaires qu'elle décrit, et auxquels elle a souvent personnellement assisté, sont surtout le fait de magiciens et de sorciers de l'ancienne religion Bön du Tibet – laquelle s'est mélangée dans les pratiques populaires aux rituels bouddhistes importés d'Inde au VIIIe siècle –, qu'ils ne revêtent aucun caractère surnaturel ou miraculeux aux yeux des grands lamas, et que ceux-ci leur dénient d'ailleurs toute valeur pour la réalisation spirituelle. Il n'empêche que, pour la plupart des lecteurs de l'orientaliste française, marqués par la légende du Tibet et en quête de merveilleux, ces phénomènes extraordinaires sont assimilés au bouddhisme tibétain et relèguent au second plan la profondeur métaphysique des doctrines du Vajrayâna et l'austérité des pratiques de méditation conduisant à l'« éveil ».

La terre élue des sciences occultes et de l'ésotérisme

Ainsi que nous l'avons vu, on assiste en Europe, depuis le milieu du XIXe siècle, à un renouveau de l'ésotérisme. De nombreuses sociétés secrètes répandent l'idée d'une religion primordiale universelle antérieure à toutes les religions historiques qui n'en sont que des résidus imparfaits et éclatés. Ces sociétés secrètes qui prêchent l'unité de toutes les religions se targuent de détenir les clefs de la tradition primordiale, clefs transmises à une élite à travers des rituels initiatiques secrets. On assiste aussi, *via* ces sociétés secrètes, à une véritable vogue de l'occultisme et du spiritisme. Les médiums, telle Helena Blavatsky, pullulent, et un public de plus en plus nombreux s'intéresse au dialogue avec les morts, à la magie blanche ou noire, aux pouvoirs psychiques supérieurs transmis par des esprits désincarnés. Comme le fait remarquer Alexandra David-Neel, le Tibet va devenir la « terre bénie » de tous ces cercles occultes, spirites et ésotériques.

« Comment expliquer ce pouvoir magnétique du Tibet ? Il n'y a point de doute que la réputation de thaumaturges dont jouissent les lamas ermites en soit la principale cause. Mais il reste à savoir pourquoi le Tibet a été spécialement reconnu comme la terre élue des sciences occultes et des phénomènes supranormaux [...]. Les hommes contraints d'abandonner des chimères chéries, incompatibles avec le milieu prosaïque où ils se meuvent, sont empressés à les transporter en des régions idéales mieux en harmonie avec elles. Comme dernière ressource, ils édifient pour elles des jardins dans les nues et des paradis au-delà des étoiles. Mais combien plus grande encore doit être leur hâte de saisir l'occasion de les loger plus à portée d'eux : ici-bas, parmi les humains. Le Tibet offre cette occasion. Il présente tous les caractères des terres merveilleuses dépeintes dans les contes. Je ne crois pas exagérer en disant que ses paysages dépassent, à tous les points de vue, ceux éclos dans l'esprit des architectes fantaisistes constructeurs de mondes pour dieux ou pour démons [1]. »

Parmi toute la littérature occultiste et magico-ésotérique du XXe siècle mettant en scène de mystérieux lamas tibétains aux pouvoirs et au savoir extraordinaires, deux livres jouèrent un rôle déterminant et marquèrent en profondeur, bien au-delà des milieux ésotériques dont ils étaient issus – principalement la Société Théosophique –, des générations d'Occidentaux jusqu'à nos jours.

Dans les années 20 paraît aux États-Unis un livre intitulé *La Vie des Maîtres*. L'auteur, un certain Baird T. Spalding,

1. Alexandra David-Neel, *Mystiques et magiciens du Tibet*, *op. cit.*, p. 9.

raconte une expédition en Asie à laquelle il aurait participé en 1894 en compagnie de onze savants américains. Tous ces savants, parfaitement objectifs, rationnels et sceptiques par nature, sont cependant intrigués par certains phénomènes religieux en provenance d'Orient. Ils décident donc un beau jour de se rendre tous en chœur, avec le jeune Spalding (qui fait ainsi le douzième apôtre), en Inde, au Népal, en Perse et évidemment au Tibet pour rencontrer et – pensent-ils alors bien imprudemment – démasquer les fakirs indiens, les lamas télépathes, les adeptes de la lévitation et autres faiseurs de miracles. Mais, de rencontre en rencontre avec les maîtres orientaux, ces nobles hérauts de la science vont peu à peu perdre de leur suffisance et succomber, fascinés et bouleversés, aux vérités éternelles transmises par les maîtres.

« Nous arrivâmes complètement sceptiques, écrit Spalding, encore sous le coup de l'émotion vingt-sept ans après ces événements ; mais nous repartîmes complètement convaincus et convertis au point que trois des nôtres retournèrent là-bas, décidés à y rester jusqu'à ce qu'ils fussent capables de vivre la vie des maîtres et d'accomplir les mêmes œuvres qu'eux[1]. »

Après plusieurs années d'initiations, ce ne sont plus simplement des maîtres contemporains que rencontrent nos scientifiques (bien que certains de ces maîtres soient âgés de plus de cinq cents ans !), mais les maîtres éternels en personne. Ainsi Osiris, Bouddha, Jésus ou Marie viennent-ils régulièrement dialoguer avec les savants américains qui ne s'étonnent plus de rien. Osiris, dont on sait enfin qu'il naquit en Atlantide il y a trente-cinq mille ans, est l'un des rares rescapés de la « Terre maternelle de l'Homme » et le premier grand Initié de l'humanité nouvelle. Jésus fut lui-même initié en Inde où il comprit qu'il devait se présenter comme « Christ » pour révéler aux hommes qu'ils portent

1. Baird T. Spalding, *La Vie des Maîtres*, 1921, Laffont, 1972, J'ai lu, 1994, p. 13.

tous en eux le « christ », c'est-à-dire l'énergie divine. Le récit de Spalding est émaillé de scènes touchantes. Ainsi lorsque, par exemple, nos savants rencontrent au cours de leurs pérégrinations en Inde un malheureux écrivain américain nommé Waldon, qui est tourmenté depuis toujours par la question de l'existence historique de Jésus. Remplis de compassion pour ce pauvre homme, les membres de l'expédition se mettent d'accord pour lui faire rencontrer Jésus qui, justement, déjeune avec ses douze apôtres à l'auberge du coin.

« Nous aperçûmes Jésus debout dans le groupe. Avant que nul n'ait eu le temps de dire un mot ou de faire une suggestion, Weldon s'était élancé les deux mains tendues et avait saisi les deux mains de Jésus dans les siennes avec une expression joyeuse en disant : "Oh ! je vous reconnais, je vous reconnais. C'est le moment le plus divin de toute ma vie." Après le déjeuner, nous nous assîmes dans le jardin et Weldon dit à Jésus : "Accepteriez-vous de nous faire une causerie ? J'ai attendu ce moment pendant toute une vie[1]." »

Mais le clou de l'expédition, c'est bien sûr le voyage à Lhassa et la rencontre avec les « Grands Lamas », dépositaires de mystérieuses tablettes révélant les origines de l'humanité. Le dalaï-lama explique en personne aux Américains captivés que ces tablettes ont été retrouvées en Perse par un prêtre errant et qu'il fallut plus de quarante années pour les mettre à l'abri à Lhassa. Elles révèlent que « toutes les civilisations et croyances religieuses proviennent d'une source unique ».

Ce récit délirant ne mériterait pas beaucoup d'attention s'il n'était devenu la bible de dizaines de millions d'Américains d'abord, puis d'Européens. Traduit en français en 1946 par le polytechnicien Jacques Weiss, il a connu depuis lors une dizaine d'éditions et continue de se vendre

1. Baird T. Spalding, *op. cit.*, pp. 397-398.

par milliers d'exemplaires chaque année en format de poche. La vision du Tibet qu'il véhicule est conforme à la légende d'une terre secrète et inaccessible cachant les plus grands trésors spirituels de l'humanité. Bien évidemment, les « Grands Lamas » tibétains sont des « Initiés », et les derniers dépositaires de cette Tradition religieuse primordiale dont les cercles ésotériques se réclament.

L'action de l'autre grand best-seller tibétano-ésotérique du XXe siècle se passe directement au Tibet. Écrit avec beaucoup plus de finesse, il fait état d'une assez bonne connaissance du bouddhisme et de la culture tibétaine. Publié en 1956 à Londres et en 1957 en France, *Le Troisième Œil*, d'un certain Lobsang Rampa, conquit immédiatement un très large public et vulgarisa de nombreuses thèses bouddhistes discrètement réchauffées à la même sauce ésotérique que l'ouvrage de Spalding, lequel a de toute évidence influencé l'auteur de ce nouveau best-seller mondial. Le livre se présente comme les souvenirs d'un lama tibétain exilé en Angleterre (les Chinois avaient envahi le Tibet en 1949). Dans un style limpide et précis, il raconte son enfance dans les années 30 à Lhassa et son entrée au monastère à l'âge de sept ans après que des astrologues lui eurent prévu une vie mouvementée et un long exil à l'étranger. Devenu moine, le jeune Lobsang suit une formation de médecin et est initié à diverses pratiques occultes, tels le « voyage astral* » qui permet au « double » de quitter le corps et de se promener où bon lui semble dans l'Univers, et la lecture de l'aura* qui permet au jeune moine, grâce à l'ouverture de ce « troisième œil », de connaître les pensées réelles de ses interlocuteurs. Lobsang est engagé pendant plusieurs années au service du XIIIe dalaï-lama qui lui demande de lire les auras des émissaires chinois ou britanniques.

Bien écrit, truffé de détails géographiques et historiques véridiques, le livre peut faire illusion, même auprès d'un public bien informé. Pourtant, avant même sa publication, plus d'une vingtaine de spécialistes consultés par l'éditeur – dont Hugh Richardson, Marco Pallis et Heinrich Harrer – avaient unanimement considéré le manuscrit comme une pure fiction relevant plus de l'ésotérisme occidental que du bouddhisme tibétain. L'éditeur avait alors proposé à l'énigmatique auteur de le publier sous forme de roman. Face au refus catégorique de Lobsang Rampa, et convaincu qu'il tenait en main un best-seller, il le publia finalement comme un document, avertissant simplement le lecteur, dans une brève préface, qu'il était « difficile d'établir avec certitude l'authenticité de ce témoignage exceptionnel ». Le livre fut accueilli avec scepticisme par la presse, surtout en Grande-Bretagne et aux États-Unis où les journalistes étaient informés du rapport négatif des tibétologues. En France, où il fut publié dès 1957, la presse se montra également dubitative.

Le chroniqueur littéraire Jean Morienval écrivit dans *Les Fiches bibliographiques* : « Le récit de Lobsang Rampa est passionnant et pose beaucoup de questions auxquelles il est difficile de répondre. Il est impossible d'accepter sans contrôle tout ce qui nous est raconté. Pourquoi, en particulier, Lobsang, après tant de peine pour devenir lama, a-t-il quitté son pays ? Sa destinée a été peu ordinaire : chirurgien dans l'aviation chinoise, il fut pris par les Japonais et réussit à s'échapper ; après Hiroshima, il sera prisonnier des Russes et des Polonais. Et après avoir vécu en Amérique, il est maintenant en Angleterre. Nous attendons son prochain ouvrage et ses justifications. »

Malgré ces réserves, le succès du livre est immense : vendu à trois cent mille exemplaires en Grande-Bretagne en l'espace de dix-huit mois, il est immédiatement traduit dans une douzaine de langues et connaît partout un accueil enthousiaste du public (un peu plus de cent mille exemplaires sont vendus en France au cours de la première année). Atteignant au fil des ans des ventes de plusieurs millions d'exemplaires en Europe et aux États-Unis, *Le Troi-*

sième Œil devient la nouvelle vulgate de nombreux Occidentaux qui créent des associations d'« Amis de Rampa » où l'on tente d'apprendre le « voyage astral » et à lire l'aura de ses voisins. Il donne aussi naissance à une abondante littérature sur ces sujets et inspire très probablement à Hergé le sujet d'un nouvel album des aventures de Tintin ; publié quatre ans après la sortie du livre, *Tintin au Tibet* contient en effet de nombreuses allusions au récit de Rampa (moine qui a des visions en lévitant, enfants jouant au cerf-volant dans la cour de la lamasserie, etc.) dont la plus manifeste est le prénom de « Lobsang » donné par Hergé au jeune moine qui découvre Milou portant l'écharpe de Tintin blessé ! Or il n'est pas indifférent de noter qu'un nombre non négligeable d'Occidentaux touchés par le bouddhisme tibétain reconnaissent avoir été fascinés par cette religion pour la première fois après avoir lu… *Tintin au Tibet* ! Ce sont d'ailleurs souvent les mêmes qui ont lu par la suite les ouvrages de Lobsang Rampa.

Devant un tel succès, tout le monde s'interroge sur l'identité véritable de Lobsang Rampa que personne ne connaît en dehors de son éditeur. Scotland Yard rend visite au prétendu auteur tibétain en janvier 1957 et découvre un citoyen britannique du nom de Cyril Hanry Hoskin, évidemment incapable de fournir le moindre permis de séjour ou passeport tibétain. Pour fuir la curiosité des journalistes, l'homme émigre immédiatement en Irlande. Mandaté par Marco Pallis et un groupe de tibétologues, un détective privé parvient à retracer la biographie réelle de l'auteur du *Troisième Œil*. Fils d'un honnête plombier, Cyril Hoskin est né à Plympton, dans le Devonshire, le 8 avril 1910. Après une brève scolarité, il est employé dans diverses entreprises et épouse Sarah Anne Pattinson, une infirmière londonienne, en 1940. Après la guerre, il exerce le métier de photographe et rédige le manuscrit de son futur best-seller.

Au début de l'année 1958, la presse britannique fait ses gros titres sur ce qui constitue l'une des plus belles mystifications littéraires du siècle. Dans un premier temps, Cyril Hoskin, qui refuse de rencontrer les journalistes pour « raisons de santé », fait savoir qu'il n'est lui-même que le représentant du véritable auteur, un authentique lama tibétain qui tient à rester anonyme pour « raisons de sécurité ». Puis il se ravise, réaffirme son identité tibétaine et écrit un livre de justification pour expliquer que, gravement malade, il a dû, il y a quelques années, « emprunter » le corps d'un Anglais fatigué de vivre (Cyril Hoskin) pour pouvoir poursuivre sa mission et faire connaître au monde entier les « secrets des Tibétains ». (Signalons que les théosophes, dont l'auteur du *Troisième Œil* reprend tous les thèmes, avaient de même affirmé, à la mort de Helena Blavatsky, qu'elle allait se réincarner immédiatement dans le corps d'un adulte pour continuer sa mission...)

Se disant perpétuellement harcelé par les journalistes (véritables suppôts de Satan), Rampa, devenu multimillionnaire grâce à ses droits d'auteur, s'exile alors au Canada où il publie une vingtaine d'ouvrages aux titres évocateurs : *La Caverne des Anciens, Les Mystères de l'aura, Les Clefs du Nirvana, Les Univers secrets*... Si ces ouvrages ne touchent plus les chercheurs spirituels rigoureux ni les personnes engagées dans le bouddhisme, comme l'avait fait *Le Troisième Œil*, ils n'en continuent pas moins d'atteindre un très large public d'amateurs de merveilleux, prêts à rêver à moindres frais. Ils continuent surtout de véhiculer dans l'esprit de ce vaste public le mythe des lamas tibétains (censés être les derniers Atlantes) capables de tous les prodiges. Cet extrait de l'introduction de *La Caverne des Anciens*, publiée en 1967, révèle bien la recette magico-ésotérique à succès de Rampa, dont la référence au Tibet mythique reste la clef de voûte.

« Le livre est le fruit d'une longue existence, d'un entraînement subi dans les plus grandes lamasseries du Tibet et des pouvoirs acquis grâce à une stricte observance des Lois. C'est la Science enseignée par nos ancêtres du temps jadis, inscrite dans les pyramides d'Égypte, dans les grands temples des Andes et dans le plus important reliquaire de connaissances occultes qui soit au monde : les hauts plateaux du Tibet[1]. »

Lorsque les premiers lamas exilés parviennent en Occident, dans les années 60, ils sont accueillis à bras ouverts par les innombrables lecteurs du *Troisième Œil* – peu au courant des révélations sur l'identité véritable de l'auteur, ou préférant continuer à croire au mythe –, avides d'initiations secrètes et qui leur demandent comment léviter, lire l'aura, faire le fameux « voyage astral ». Certains lamas apprécient la publicité faite par Lobsang Rampa à la cause tibétaine et reconnaissent qu'il a amené un nombre considérable d'Occidentaux à s'intéresser à la pratique du bouddhisme tibétain[2]. D'autres pensent au contraire qu'il a surtout déformé, dans l'esprit des Occidentaux, le véritable sens de la quête spirituelle, mettant davantage l'accent sur l'obtention de pouvoirs occultes, qui renforcent le besoin de domination de l'individu, que sur la recherche de l'« éveil », liée au contraire à l'abandon de l'ego. L'actuel dalaï-lama partage ce sentiment ; il a notamment donné au journaliste français Arnaud Desjardins (qui me l'a rapporté de vive voix), venu filmer en 1964-1965 les lamas en exil en Inde, cette recommandation à l'intention des Occidentaux : « Quel que soit votre amour pour les Tibétains et les lamas, ne dites jamais de mal des Chinois. De même, chaque fois que vous en aurez l'occasion, précisez que *Le Troisième Œil* de Lobsang Rampa n'est pas un document, mais une pure fiction d'un auteur occidental. »

1. Lobsang Rampa, *La Caverne des Anciens,* Albin Michel, 1967, p. 6.

2. J'ai pu vérifier ce fait dans les entretiens menés avec des adeptes du bouddhisme tibétain : beaucoup reconnaissent que la lecture du *Troisième Œil* a été le déclic de leur quête spirituelle et ce qui les a conduits auprès de lamas tibétains. Cela est également vérifiable dans les réponses au questionnaire. *Cf. Le Bouddhisme en France, op. cit.*

5

Les filières savantes, intellectuelles et littéraires

Parallèlement à la diffusion, dans de larges couches de la population, d'un bouddhisme ésotérique qui emprunte sa mythologie au Tibet, on constate tout au long du XXe siècle un intérêt grandissant du public cultivé pour le message du Bouddha tel qu'il s'exprime dans différentes traditions asiatiques. Cet intérêt est favorisé par la publication d'études savantes de plus en plus nombreuses, notamment les traductions des grands traités du bouddhisme Theravâda, chinois, japonais ou tibétain.

Les étapes des études bouddhiques

Jean Filliozat a parfaitement retracé les différentes étapes des études savantes consacrées au bouddhisme en Occident[1]. Une première étape, qui a commencé vers le milieu du XVIIIe siècle avec les travaux de Joseph Deguignes, consista à collecter, grâce à des sources indirectes et extérieures, des informations très diverses qui ont permis la mise au jour de l'unité du *dharma* à travers une immense diversité d'expressions culturelles, et de parvenir progressivement à conceptualiser le bouddhisme. À partir des années 1830, le

1. Jean Filliozat, « Les étapes des études bouddhiques », *in* René de Berval (dir.), *Présence du bouddhisme*, Gallimard, 1987, pp. 371-379.

« bouddhisme », nous l'avons vu, devient objet de savoir. On assiste dès lors à une nouvelle démarche visant à le connaître directement, à savoir en quoi il consiste plus précisément, en s'attachant à traduire, le plus souvent avec l'aide d'érudits locaux, des textes de la tradition vivante collectés dans divers pays.

Les travaux d'Eugène Burnouf ouvrent une nouvelle étape décisive : celle de la confrontation critique des sources les plus variées. En démontrant l'origine indienne du bouddhisme et en cernant les principales phases de son développement historique et doctrinal, le savant français peut être considéré comme le véritable fondateur de la philologie bouddhique. L'accroissement de la documentation obligera la plupart de ses successeurs à se spécialiser dans l'étude d'une aire géographique ou linguistique précise, mais chaque spécialiste a dorénavant accès à un inventaire objectif et général du bouddhisme. À l'exception de quelques savants exceptionnels comme Sylvain Lévi, Louis de La Vallée Poussin ou Jean Przyluski, qui poursuivront leurs investigations avec la même maîtrise dans les sources sanscrites, palies, chinoises et tibétaines, on assiste donc au XXe siècle à une très grande spécialisation des études. Cette dernière étape permet non seulement de mieux connaître chacune des branches de l'immense arbre bouddhique, mais aussi de comprendre la signification propre de chaque tradition et la manière dont elle s'est développée au sein d'une culture particulière.

Dans un contexte colonial, les études bouddhiques se développent bien souvent au gré des relations particulières des pays européens avec leurs colonies asiatiques. Rhys Davids, par exemple, qui a fondé à Londres en 1881 The Pali Text Society dans le but de traduire des textes palis d'origine cinghalaise, avait servi huit ans dans l'administration coloniale britannique à Colombo. Profitant de la présence française en Indochine, les orientalistes français fondent à leur tour en 1898, à Hanoï, l'École française d'Extrême-Orient, dirigée par Louis Finot, dont le célèbre

Bulletin paraîtra dès l'année 1900. Mais on constate aussi des clivages plus profonds qui traversent cette distribution résultant de contingences historiques. Nous avons déjà signalé une certaine affinité culturelle entre les pays catholiques et le bouddhisme Mahâyâna, et entre les pays protestants et le bouddhisme Hinayâna. Il n'est dès lors pas étonnant que de nombreux orientalistes français ou italiens se trouvent plus spontanément attirés par l'étude du bouddhisme chinois, japonais ou tibétain, tandis qu'une majorité de savants anglais, allemands ou néerlandais s'orientent vers le bouddhisme cinghalais ou des pays du Sud-Est asiatique.

Notre propos n'étant pas de rendre compte de la progression des études savantes, mais de constater leur impact sur la société, nous en resterons à ces quelques généralités. Voyons surtout maintenant quels ont été les principaux ouvrages bouddhistes qui ont connu le plus de retentissement auprès d'un public cultivé en Occident. Il s'agit principalement de traductions de textes du bouddhisme tibétain et d'essais sur le bouddhisme zen.

Traductions de grands textes tibétains

Depuis les premières traductions de Della Penna au XVIIIe siècle, plusieurs grands traités tibétains ont été traduits en diverses langues européennes. En France, la première traduction est sans doute celle du *Gyatcher rolpa,* au milieu du XIXe siècle, par Edmond Foucaux, professeur au Collège de France. Mais la plupart de ces textes, difficiles et techniques, ne devaient pas sortir du cercle des spécialistes. Il a donc fallu attendre le XXe siècle et la traduction de la vie du grand mystique Milarepa, d'abord en anglais en 1922 par un érudit tibétain, le lama Kazi Dawa-Samdup, associé à l'éditeur tibétologue W. Y. Evans-Wentz, puis en français en 1925 par Jacques Bacot, pour que de nombreux Occidentaux se passionnent pour un texte de la tradition tibétaine.

Milarepa vécut au Tibet au XIe siècle. Consignée par écrit au XIIe siècle par son disciple Rétchoungpa, la *Vie de Milarepa* est un document exceptionnel pour saisir l'esprit du bouddhisme tantrique, tout juste introduit au Tibet. Déshérité et réduit à la misère par son oncle après la mort de son père, Milarepa, selon son biographe, part apprendre la magie auprès d'un lama occultiste pour venger sa famille. Après avoir, par de terribles prodiges, anéanti toute la famille et les biens de son oncle, il se repent de ses actes et devient le disciple de Marpa, lui-même successeur de l'Indien Nâropa, célèbre maître de l'université de Nâlanda, centre de la culture bouddhique en Inde avant l'invasion des musulmans. Marpa porte le surnom de « traducteur », car il consacra sa vie à traduire en tibétain l'essentiel du canon bouddhiste ancien. Sous l'autorité implacable de son maître, Milarepa devient un grand yogi-ermite et un poète mystique dont la renommée au Tibet est déjà immense de son vivant. Si, lors de sa traduction dans les langues européennes, certains esprits scientifiques restèrent de glace devant les innombrables récits de prodiges magiques ou mystiques attribués à l'ermite tibétain, nombre d'Occidentaux furent fascinés par ces mêmes récits, et davantage encore sensibles à sa poésie. De nos jours encore, *Les Cent Mille Chants de Milarepa*[1] continuent d'être régulièrement traduits dans presque toutes les langues européennes et connaissent souvent des tirages élevés.

Peu de temps avant sa mort, Milarepa reçoit la visite d'un grand lama érudit, jaloux du succès de l'ermite qu'il considère comme un ignare. Il lui demande, devant ses nombreux disciples, le sens d'un texte difficile, espérant ainsi l'entraîner dans une controverse théorique. Voici la réponse de Milarepa, ce saint François d'Assise du bouddhisme, qui constitue l'un de ses *chants* et reflète bien la fameuse voie tantrique caractérisée par la primauté de la liberté sur les conventions et de l'expérience vécue sur la connaissance théorique.

1. *Les Cent Mille chants de Milarepa*, t. 1, 1986, t. 2, 1989, t. 3, 1993, Fayard.

Ayant médité la douceur et la pitié,
J'ai oublié la différence entre moi et les autres.
Ayant médité mon lama au sommet de mon âme,
J'ai oublié ceux qui commandent par l'influence.
[...] Ayant médité cette vie et l'au-delà,
J'ai oublié la crainte de la naissance et de la mort.
Ayant goûté les joies de la solitude,
J'ai oublié l'opinion de mes frères et amis.
Ayant composé des vers pour la descendance,
J'ai oublié de prendre part aux polémiques de doctrines.
Ayant médité ce qui n'a ni commencement, ni négation, ni lieu,
J'ai négligé toutes les formes de conventions.
Ayant dédaigné sans feinte le discours,
J'ai oublié l'usage de l'hypocrisie.
Ayant choisi le corps et le langage des humbles,
J'ai oublié le dédain et l'arrogance des personnages importants.
Ayant fait de mon corps mon propre monastère,
J'ai oublié le monastère de la cité.
Ayant adopté l'esprit sans la lettre,
J'ai oublié de disséquer les mots[1].

Après la vie de Milarepa, le lama Kazi Dawa-Samdup et le docteur Evans-Wentz publient en 1927 une traduction anglaise du *Bardo-Thödol* sous le titre, volontairement évocateur de son pendant égyptien, de *Livre des morts tibétain.* Ce texte d'une centaine de pages, difficile d'accès pour un non-initié au bouddhisme tibétain, connut pourtant un succès mondial qui n'a d'équivalent en Occident, pour un texte religieux non chrétien, que ceux du Coran, de la Bhagavad-Gîtâ et du Yi-king. En France, on compte à ce jour près

1. *Milarepa, ses méfaits, ses épreuves, son illumination,* trad. P. Bacot, Fayard, coll. « L'espace intérieur », 1971, pp. 234-235.

de trois cent mille exemplaires diffusés à travers de nombreuses traductions, dont l'une des plus récentes, celle présentée par le lama occidental Anagarika Govinda et publiée en 1981 dans la célèbre collection « Spiritualités vivantes », fondée par Jean Herbert – collection qui joua un rôle important dans la vulgarisation de l'hindouisme et du bouddhisme en France –, a atteint soixante-quinze mille exemplaires.

Les Tibétains attribuent le *Bardo-Thödol* à Padmasambhava, qui introduisit le *dharma* au Tibet au milieu du VIIIe siècle. Il s'agit d'un texte destiné à être lu par un lama au chevet du défunt pour l'instruire et le guider à travers les différents états intermédiaires (*bardo**) qu'il rencontrera durant les quarante-neuf jours (chiffre symbolique) séparant sa mort de sa prochaine renaissance. La première partie du livre décrit les processus psychiques au moment de la mort. La deuxième partie traite de l'état consécutif à la disparition définitive des « illusions karmiques ». La troisième partie aborde la question de la renaissance et des processus qui la précèdent. La lecture du texte permet d'expliquer au défunt la vraie nature et le sens des visions, tourments ou démons qu'il rencontre dans ces états intermédiaires, et qui sont en fait de simples projections de son esprit, liées à la nature de ses actes passés (karma). La description, interne et vécue, de ces états est si précise qu'elle semble narrée par des hommes revenus de l'au-delà. Selon Evans-Wentz, il s'agit de descriptions dictées par des grands lamas capables de vivre, en état de méditation extrême, ces états post mortem. Mais, pour certains méditants bouddhistes, le *Bardo-Thödol* est plus qu'un guide à l'usage des défunts.

La lama d'origine allemande Anagarika Govinda explique dans son introduction au *Livre des morts tibétain* :

« La naissance et la mort interviennent en nous de manière ininterrompue. À chaque instant, quelque chose meurt en nous et quelque chose vient à naître. Les différents *bardo* ne sont autres que les différents états de conscience de notre vie : l'état de la conscience éveillée, de la conscience de rêve, de la conscience d'agonie, de la conscience de mort et l'état de la conscience de renaissance [...]. Le *Bardo-Thödol* n'est donc pas un guide des morts, mais un guide de tous ceux qui veulent dépasser la mort en métamorphosant son processus en acte de libération[1]. »

Ce petit livre qu'Evans-Wentz rendit plus célèbre en Occident qu'il ne l'était en Orient a connu un fort regain d'intérêt depuis la publication, en 1975, du best-seller mondial du docteur Raymond Moody, *La Vie après la vie*[2], qui rassemble le témoignage de cent cinquante patients « cliniquement morts » et « revenus à la vie » après parfois plusieurs dizaines de minutes d'arrêt cardiaque et cérébral. Selon Moody, ces patients font tous le même récit d'une sensation de sortie hors de leur corps qu'ils observent avec sérénité, puis d'un passage dans un tunnel sombre qui débouche sur une lumière éclatante à l'intérieur de laquelle ils revoient toute leur vie avant de réintégrer brutalement et à regret leur corps en cours de réanimation. Ces témoignages, qui n'ont cessé de se multiplier à travers livres et émissions de télévision depuis vingt ans, font l'objet, aux États-Unis, d'études scientifiques de plus en plus nombreuses[3]. Or ces expériences qu'on recouvre désormais sous l'appellation NDE *(near death experiences)*, correspondent en tout point avec les descriptions du *Livre des morts tibétain*, et ont donc relancé l'intérêt de nombreux Occidentaux pour ce traité remontant au Moyen Âge.

Fort du succès de la *Vie de Milarepa* et du *Livre des morts tibétain*, Kazi Dawa-Samdup et Evans-Wentz publièrent deux autres livres également traduits dans une vingtaine de langues : *Yoga tibétain et doctrines secrètes*, en 1933, qui répond à la demande d'un public plus avide de mystères et de pratiques occultes, et surtout le *Livre tibétain de la grande libération*, en 1952, un texte d'une grande profondeur phi-

1. Lama Anagarika Govinda, introduction au *Bardo-Thödol*, Albin Michel, 1980, p. 19.

2. Raymond Moody, *La Vie après la vie*, Robert Laffont, 1975.

3. Patrice Van Eyrsel, *La Source noire*, Grasset, 1986.

losophique – auquel Jung consacra (de même que pour le *Bardo-Thödol*), un long commentaire psychologique –, suivi de la biographie de Padmasambhava, le grand apôtre du bouddhisme tibétain.

Essais sur le bouddhisme zen

J'ai déjà évoqué la figure de Daisetz Teitaro Susuki. Entre les années 30 et 60, l'érudit japonais joua un rôle considérable dans la diffusion du bouddhisme zen chez les intellectuels européens et américains. Publiés en anglais entre 1930 et 1934, ses célèbres *Essais sur le bouddhisme zen* en font l'interprète privilégié de la pensée zen en Occident. Ce succès ne doit rien au hasard. Susuki a vécu de nombreuses années en Europe et aux États-Unis et connaît parfaitement la pensée occidentale[1]. En 1911, il épouse Béatrice Lane, une jeune étudiante américaine, membre de la Société Théosophique, avec laquelle il partage l'intense désir de diffuser la pensée bouddhiste en Occident. Son souci consiste à rendre la pensée zen non seulement accessible aux Occidentaux, mais attractive pour eux. Il la tire ainsi au maximum vers l'esprit occidental et multiplie les analogies avec la mystique chrétienne, tout en entendant montrer la supériorité du Zen sur toutes les autres formes de philosophie ou de mystique. « Tel que je le conçois, écrit-il, faisant allusion à l'expérience ultime de l'illumination (satori*), le Zen est le sommet de toute philosophie. C'est le fait psychique qui survient lorsque la conscience religieuse a atteint son point extrême[2]. » Certains spécialistes ne manquent pas, aujourd'hui, de lui reprocher d'avoir fait plus œuvre de prosélytisme que de vulgarisation scientifique. Ainsi, pour Bernard

1. Il a lui-même traduit en japonais les œuvres de mystiques occidentaux, tels maître Eckart ou Swedenborg.

2. Cité par Rick Fields, *How the Swans Came to the Lake…*, *op. cit.*, p. 205.

Faure, fin connaisseur du bouddhisme japonais, « il entre dans la façon dont Susuki présente le Zen aux Occidentaux une certaine condescendance. Pourtant, bien des aspects de l'expérience zen, telle qu'il la décrit à ses disciples américains, ne sont que les adaptations japonaises de l'expérience mystique chrétienne que ses interlocuteurs fascinés ne reconnaissent pas sous son accoutrement oriental. Ce Zen n'est d'ailleurs lui-même qu'une version revue et corrigée du Zen traditionnel, une réponse aux défis de la modernisation, une seconde mouture du néo-bouddhisme de l'époque Meiji [1]. »

Mais la recette fonctionne bien et Susuki vend en Occident plusieurs centaines de milliers d'exemplaires de ses trois volumineux *Essais* (quarante mille exemplaires en France) et sensibilise à cette forme particulière de bouddhisme quelques-uns des plus grands penseurs européens, tel Martin Heidegger, alors au faîte de sa gloire, qui aurait déclaré à ses disciples stupéfaits : « Si je comprends correctement, voilà ce que j'ai essayé de dire dans tous mes écrits [2]. » Par sa présentation très universaliste et déculturée du Zen il a également rassuré un certain nombre de chrétiens attirés par la pratique de la méditation zen mais soucieux de ne pas s'impliquer dans une autre religion que le christianisme.

Publiés après la Seconde Guerre mondiale, deux petits livres écrits par des disciples occidentaux devaient avoir un impact considérable sur leurs contemporains et devenir, quelques années plus tard, la bible des futurs adeptes du Zen issus du vaste mouvement de la contre-culture. Édité en 1955 aux États-Unis, *The Way of Liberation in Zen Buddhism*, publié en France en 1960 sous le titre : *Le Bouddhisme zen*, est une introduction très synthétique à l'histoire et à la philosophie du bouddhisme zen. Son auteur, Alan

1. Bernard Faure, *op. cit.*, p. 20.

2. Cité par Jacques Brosse, *Sexualités bouddhiques...*, in *Zen et Occident*, Albin Michel, 1992, p. 175.

Watts, alors âgé de quarante ans, pratique lui-même le Zen depuis une bonne vingtaine d'années sous la direction d'un maître japonais vivant aux États-Unis. Proche de Susuki, il entend aussi vulgariser la pensée zen. L'un des leitmotive du livre, qui touchera une corde particulièrement sensible chez les Occidentaux des années 60-70, est le caractère individualiste et libertaire du Zen : « S'il existe quelque chose au monde qui transcende les conditions d'une structuration culturelle, c'est bien le Zen, quel que soit le mot par lequel on le désigne. Et c'est là une excellente raison pour qu'il ne s'organise pas en une institution ; les anciens maîtres étaient d'ailleurs souvent des "individualistes universels" qui restèrent toujours en dehors de toute organisation [1]. »

L'autre livre culte des nouveaux disciples occidentaux est beaucoup plus atypique ; intitulé *Le Zen dans l'art chevaleresque du tir à l'arc*, il est publié confidentiellement en 1948 en Allemagne, avant de connaître progressivement une diffusion mondiale au cours des trois décennies suivantes. Son auteur, Eugen Herrigel, avait passé six ans au Japon, avant la guerre, comme professeur à l'université Tohoku de Sendai. Il en profita pour s'initier à la pratique du tir à l'arc traditionnel japonais. Sa maîtrise de la discipline devint telle qu'il accéda au statut, rarissime pour un Occidental, de « maître zen ». Karlfried Graf Dürckheim, également initié au Zen par la pratique du tir à l'arc, écrira en 1950 à propos du livre d'Herrigel : « L'expérience de l'initiation d'Herrigel signifie beaucoup plus qu'un simple témoignage sur une pratique inconnue issue d'un monde lointain. Elle possède cette étincelle d'éveil qui est sans doute la meilleure chose que puisse offrir un livre. L'auteur fait en effet sur son expérience des commentaires qui dépassent de loin les exercices auxquels il fait référence [2]. »

1. Alan Watts, *Le Bouddhisme zen*, Payot, 1991, p. 12.

2. Cité par Gerhard Wehr, in *K.G. Dürckheim. Une vie sous le signe de la transformation*, Albin Michel, 1997, p. 159.

Bouddhisme, philosophie et psychanalyse

Autant le bouddhisme avait intrigué et parfois passionné de nombreux philosophes au XIXe siècle, autant la plupart des successeurs de Schopenhauer et de Nietzsche se désintéresseront totalement de la pensée bouddhiste. Quelques phrases étonnantes, glanées ici ou là, de Heidegger ou de Merleau-Ponty ne sauraient dissimuler cette profonde désaffection qui se traduit également, dans tous les pays européens, par l'absence d'études sur la philosophie bouddhique dans les programmes de l'enseignement supérieur. Roger-Pol Droit a tenté d'avancer un certain nombre de raisons pour expliquer ce fait somme toute assez singulier [1]. Nous nous contenterons ici de le constater sans nous interroger sur sa signification, qui semble relever de plusieurs logiques complexes et parfois contradictoires.

Avant la période strictement contemporaine, les seuls philosophes occidentaux à s'intéresser tant soit peu au bouddhisme le font surtout dans une perspective historique et comparative. Ainsi Henri Bergson consacre-t-il quelques pages au « mysticisme bouddhique » dans son essai, *Les Deux Sources de la morale et de la religion*. Distinguant une religion « statique » d'une religion « dynamique » qui trouve son expression véritable dans le mysticisme, le philosophe n'hésite pas à voir dans le bouddhisme un mysticisme. « Mais nous comprendrons pourquoi le bouddhisme n'est pas un mysticisme complet, précise-t-il. Celui-ci serait action, création, amour. Non pas certes que le bouddhisme ait ignoré la charité. Il l'a recommandée au contraire en termes d'une élévation extrême. Au précepte il a joint l'exemple. Mais il a manqué de chaleur. Comme l'a dit très justement un historien des religions, il a ignoré "le don total et mystérieux de soi-même". Ajoutons – et c'est peut-être au fond la

1. Roger-Pol Droit, *L'Oubli de l'Inde, op. cit.*

même chose – qu'il n'a pas cru en l'efficacité de l'action humaine. Il n'a pas eu confiance en elle. Seule cette confiance peut devenir puissance et soulever les montagnes. Un mysticisme complet fût allé jusque-là. » Pour Bergson, ce mysticisme complet, qui associe contemplation, action et amour, est typique du christianisme – François d'Assise ou Thérèse d'Avila en sont de bons exemples – et de certaines formes contemporaines de l'hindouisme, dont Ramakrishna apparaît au philosophe français comme la plus grande figure contemporaine.

Délaissé par les philosophes contemporains, le bouddhisme passionne en revanche quelques éminents psychanalystes. Rien d'étonnant à cela : la plupart des orientalistes et les philosophes du XIXe siècle s'accordaient déjà à reconnaître la finesse de la psychologie bouddhiste. Freud, toutefois, traite Bouddha avec une certaine condescendance, se bornant surtout à reconnaître sa dette envers Schopenhauer, qu'il croyait bouddhiste, dans la découverte de l'inconscient. Carl Gustav Jung reprochera d'ailleurs explicitement à Freud d'avoir méprisé l'Orient au nom – selon lui – d'une méfiance viscérale et typiquement occidentale envers le tempérament introverti : « Nous considérons l'introversion comme quelque chose d'anormal, de morbide ou encore de répréhensible. Freud l'identifie avec une attitude auto-érotique, "narcissique" de l'esprit. Il partage cette position négative avec la philosophie nationale-socialiste de l'Allemagne moderne, qui accuse l'introversion d'être une offense au sentiment de communauté [1]. »

Jung a écrit quant à lui une dizaine de textes importants sur la psychologie orientale, notamment bouddhiste. Le psychologue suisse reconnaît en Bouddha l'un des plus grands génies de l'humanité et souligne même le caractère trop révolutionnaire de son message : « Bouddha, pionnier spirituel

1. Carl Gustav Jung, « Commentaire psychologique », *in* W.Y. Evans-Wentz, *Le Livre tibétain de la grande libération* (1954), trad. fr. 1971, p. 21. Texte écrit par Jung en 1939.

pour le monde entier, dit – et il chercha à réaliser cette affirmation – que l'homme éclairé était le maître et le rédempteur des dieux et non pas leur négateur stupide, comme le prétend la philosophie occidentale des Lumières [...]. Bouddha troublait le processus historique en intervenant avec la transformation progressive des dieux en concepts. Le génie véritable entre en quelque sorte toujours par effraction et il est source de troubles [1]. » Ainsi, pour Jung, « le processus de changement » mis en branle par le Bouddha a été en partie interrompu par le retour de la pensée magico-religieuse pour permettre de « digérer et assimiler les choses extrêmement déplaisantes à entendre que le génie est allé tirer des réserves de l'éternité [2] ». Le but proposé par Bouddha – le salut de l'homme par l'homme grâce à un travail d'autoanalyse, de transformation et d'engagement éthique sans concession – ne pouvait être atteint en quelques générations, mais demandait plusieurs millénaires d'assimilation, car « la transformation à laquelle on aspire ne peut se faire sans une évolution importante de la conscience humaine [3] ».

Par bien des traits, il s'apparente en tout cas à l'objectif ultime de l'analyse telle que Jung la conçoit : une intégration harmonieuse des différentes composantes psychiques de l'homme qui procure un état de pleine conscience et une véritable liberté intérieure.

Jung ne se contente pas de rendre hommage à Bouddha et de montrer l'étonnante modernité psychologique de son message. Il confie aussi avoir lui-même trouvé dans divers textes bouddhistes de profondes sources d'inspiration. Plus que toute autre tradition, le bouddhisme tibétain l'a passionné par la richesse de sa philosophie, de son symbolisme – il a longuement étudié les mandalas * tibétains – ou de sa psychologie. La publication du *Livre des morts tibétain*, sur-

1. C. G. Jung, « Ce que l'Inde peut nous apprendre », *Psychologie et orientalisme*, Albin Michel, 1985, pp. 123-124.

2. *Id.*, *ibid.*, p. 124.

3. *Id.*, *ibid.*

tout, fut pour lui une véritable découverte : « Depuis l'année de sa parution, le *Bardo-Thödol* a été pour moi en quelque sorte un fidèle compagnon auquel je dois non seulement de nombreuses suggestions et découvertes, mais encore des idées tout à fait essentielles. À la différence du *Livre des morts égyptien* dont on ne peut dire que trop peu ou alors trop de choses, le *Bardo-Thödol* contient une philosophie humainement compréhensible et parle à l'homme, non à des dieux ou à des primitifs. Sa philosophie est la quintessence de la critique psychologique bouddhiste et, en tant que telle, d'une supériorité que l'on peut qualifier d'inouïe [1]. »

Tout en soulignant certaines différences de méthodes, plusieurs psychanalystes n'hésitent pas à voir en Shâkyamuni un génial précurseur oriental de la psychologie occidentale des profondeurs. Un autre grand disciple de Freud – également dissident de l'orthodoxie freudienne –, le psychanalyste américain Erich Fromm, organisa en 1957 au Mexique un séminaire sur le thème : « Bouddhisme zen et psychanalyse », auquel participèrent une cinquantaine de psychiatres et de psychanalystes. Invité d'honneur, D. T. Susuki prononça une longue allocution portant notamment sur les concepts du moi et de l'inconscient dans le bouddhisme zen. L'intervention de Fromm – profondément remaniée pour l'édition de son livre, tant sa pensée évolua après cette rencontre – visait à souligner les nombreux points de contact entre le Zen et la psychanalyse, tout en désignant quatre grands pôles de convergence.

Le premier a trait à « l'orientation éthique commune au Zen et à l'analyse : le dépassement de l'avidité – que ce soit une avidité matérielle, ou de gloire, ou de tout autre objet – est une des conditions de l'accomplissement zen. Tel est également le but précis que recherche la psychanalyse [2] ».

1. C. G. Jung, « Commentaire psychologique du *Bardo-Thödol* », in *Le Livre tibétain de la grande libération, op. cit.*, p. 168.

2. Erich Fromm, D.T. Susuki, Richard de Martino, *Bouddhisme zen et psychanalyse*, 1960, P.U.F., 1971, p. 139.

Le deuxième concerne l'indépendance affirmée des deux systèmes vis-à-vis de toute forme d'autorité : « Une des raisons principales des critiques de Freud contre la religion est d'avoir découvert dans la soumission à Dieu un substitut illusoire pour l'ancienne soumission à un père punitif et protecteur. Dans la croyance en Dieu, l'homme, selon Freud, prolonge sa dépendance infantile au lieu d'assumer la maturité, ce qui signifie ne dépendre que de ses propres forces. Qu'aurait pensé Freud d'une "religion" qui déclare : "quand vous avez prononcé le nom du Bouddha, allez vous rincer la bouche" ? Qu'aurait-il pensé d'une religion qui ne connaît ni Dieu, ni autorité irrationnelle d'aucune forme ? Dont le but véritable est de libérer l'homme de toute dépendance, de le vivifier, de lui montrer qu'il est lui-même – et personne d'autre – responsable de son destin [1]. »

Fromm souligne ensuite que cette attitude d'opposition à l'autorité exige néanmoins, dans le Zen comme dans la psychanalyse, le soutien temporaire d'un « guide », d'un homme qui soit passé par l'expérience que le patient (ou le disciple) doit entreprendre. Là aussi, l'analyste comme le maître zen doivent être lucides sur les mécanismes de dépendance qui s'instaurent dans un premier temps dans la relation, et inciter ensuite le patient ou le disciple à se libérer du lien qui les attache à la parole ou à la personne de son guide.

Quatrième pôle de convergence : de même que l'analyste doit aider le patient à « percer les fictions qui lui encombrent l'esprit et à devenir conscient de ce dont il n'était pas conscient » en écartant toute « tentative de rationalisation, toute béquille, jusqu'au moment ou le patient ne parviendra plus à se dérober », de même le maître zen « accule son disciple » et lui interdit, notamment par la méthode des koans *, « toute échappatoire intellectuelle [2] ».

1. *Id.*, *ibid.*, p. 140.
2. *Id.*, *ibid.*, p. 142.

Enfin et surtout, Fromm tente de souligner la similitude de finalité entre les deux systèmes : l'illumination (satori) pour le Zen et la transformation de l'inconscient en conscient pour la psychanalyse. Fromm conclut son exposé par ces propos enthousiastes : « La connaissance du Zen et l'intérêt qu'on y prend peuvent avoir l'influence la plus fructueuse et la plus illuminante sur la théorie et la pratique de l'analyse. Le Zen, pour différent de la psychanalyse qu'il soit dans sa méthode, peut aiguiser l'attention, jeter une lumière nouvelle sur la notion de la vision intérieure. Il peut donner un sens plus élevé à ce qui est à découvrir, à ce qui doit devenir créateur [...]. Par son opposition absolue à l'intellectualisation, à l'autorité, à la duperie de l'Ego, par son insistance sur l'idéal de bien-être, la pensée zen approfondira et élargira l'horizon de l'analyste. Elle l'aidera à atteindre une conception plus absolue sur la saisie de la réalité en tant qu'idéal d'une perception pleinement consciente[1]. »

Mais le psychanalyste américain entend aussi montrer que l'analyse peut être utile au disciple zen « comme un secours contre le danger d'une fausse illumination purement subjective et fondée sur un phénomène psychotique ou hystérique, ou sur un état de transe provoqué par une autosuggestion. L'éclaircissement de l'analyse pourrait aider le disciple zen à écarter les illusions, dont l'absence est la condition même de l'illumination[2] ».

Des écrivains sous le charme du Bouddha

Nous avons déjà évoqué le fait que de nombreux écrivains de la fin du XIXe siècle et de la première moitié du XXe siècle avaient été marqués en profondeur par la pensée de Schopenhauer, et, à travers elle, par quelques effluves bouddhistes. Mais, sur ces dizaines de génies de la littérature,

1. *ID.*, *ibid.*, pp. 156-157.
2. *ID.*, *ibid.*

ardents lecteurs de Schopenhauer – de Proust à Céline en passant par Kafka et Mann –, peu furent tentés par un contact direct avec les textes ou les enseignements bouddhistes. Deux grandes exceptions, toutefois : Tolstoï et Borges. Le premier s'est intéressé de près au bouddhisme tibétain, et le second a été si touché par les enseignements du Bouddha qu'il a ressenti la nécessité, à la fin de sa vie, d'écrire un livre de vulgarisation pour mieux faire connaître en Occident le message de Shâkyamuni [1]. Il est toutefois difficile de repérer dans l'œuvre de ces auteurs des traces directes – à part quelques passages pour Tolstoï, mais encore très marqués du sceau du pessimisme shopenhauérien – de cette influence bouddhiste. Elle est plus évidente chez d'autres auteurs qui ont découvert le bouddhisme par des sources directes et parfois même au contact d'une tradition vivante.

Aldous Huxley est probablement l'un des écrivains contemporains qui a le plus étudié les enseignements du Bouddha et dont l'œuvre, après son grand roman pessimiste – *Le Meilleur des mondes* (1932) –, prend des allures de plus en plus mystiques. Avec *La Philosophie éternelle* (1945), il explicite clairement ses convictions spirituelles. Convaincu de l'existence d'une *philosophia perennis* qui transcende tous les clivages religieux liés aux dogmes et aux institutions, il en expose les grands traits et montre que le bouddhisme apparaît comme l'expression la plus achevée de cette sagesse universelle.

On retrouve ici une démarche très proche de celle qui habitait les fondateurs de la Société Théosophique. Plus élaborée et plus rigoureuse intellectuellement, l'entreprise de Huxley n'en demeure pas moins une tentative syncrétique de mise au jour d'une sagesse universelle à partir de toute la diversité des systèmes religieux de l'humanité. Comme pour les théosophes, le bouddhisme sert aussi de référence

1. Jorge Luis Borges et Alicia Jurado, *Qu'est-ce que le bouddhisme ?* (1976), Gallimard, 1982.

centrale à cette nouvelle construction idéologique, sans toutefois que son auteur ait besoin de lui faire subir les pires contorsions. Huxley est surtout sensible à la manière dont le Bouddha expose « tout l'art de la connaissance de soi-même dans toutes ses branches : connaissance de son corps, de ses sens, de ses sentiments, de ses pensées[1] », ainsi que les moyens du salut qui sont « simultanément éthiques, intellectuels et spirituels », et résumés « avec une clarté et une économie admirables dans l'Octuple Chemin du Bouddha[2]. »

De manière assez paradoxale, c'est un auteur qui entretient une relation intellectuelle et existentielle assez distante avec le bouddhisme qui va le plus contribuer à populariser certains aspects de la vie et du message du Bouddha. En publiant en 1922 *Siddharta*, Hermann Hesse n'entend nullement transposer de manière romanesque la vie du Bouddha historique (dont le prénom est Siddharta), mais traduire, à travers la vie d'un jeune homme contemporain de Shâkyamuni, ses thèmes les plus chers : la quête personnelle de la sagesse au-delà de tous les dogmes, la révolte contre les valeurs familiales, l'initiation solitaire à la vie contemplative, le renoncement aux fausses valeurs de l'argent et du pouvoir, etc. Véritable profession de foi individualiste autant que roman initiatique, *Siddharta* connaît un immense succès mondial et conduit des générations de jeunes Occidentaux à s'intéresser au bouddhisme. « Parce que j'exprimais mes nouvelles expériences en partie au moyen d'images orientales, expliquera Hesse, l'on m'appela souvent "bouddhiste", ce qui me faisait rire, car au fond je me sentais plus éloigné de cette religion que de toute autre[3]. »

1. Aldous Huxley, *La Philosophie éternelle* (1945), éd. du Seuil, 1977, p. 196.

2. Id., *ibid.*, p. 242.

3. Cité par Jacques Brenner dans la préface à la traduction française de *Siddharta* (édition de 1988, p. XIII). En peignant très librement, dans son roman, *Kim* (1900), le portrait d'un sympathique lama tibétain, Kipling avait suscité le même genre de malentendu et déclenché bien involontairement, chez nombre de ses lecteurs, une soudaine passion pour le bouddhisme tibétain.

La Beat Zen generation

Parmi les poètes et les écrivains les plus sensibles, en ce milieu de XXe siècle, à la voix du Bouddha, il faudrait surtout évoquer les poètes américains de la fameuse Beat generation des années cinquante. Leur chef de file, Allen Ginsberg, découvre le bouddhisme zen en 1953 à travers la lecture d'un livre de Susuki. Saisi par la description de l'« illumination » (satori) qu'il associe à une expérience personnelle de « mystique sauvage[1] » faite quelques années auparavant, il décide de s'initier au Zen et partage bientôt son enthousiasme avec son ami Jack Kerouac. Ce dernier est également venu au bouddhisme par la lecture de Thoreau, puis de plusieurs livres de vulgarisation, dont une *Buddhist Bible* écrite par un converti américain, Dwight Goddard, qui devient son livre de chevet. Tandis que Ginsberg aspire à revivre son expérience mystique qu'il assimile au satori, Kerouac tente de pratiquer la méditation zen et passe tous les jours au moins vingt minutes assis en lotus. Leur rencontre avec un autre jeune poète épris du Bouddha, Gary Snyder, leur permet de faire la connaissance de véritables pratiquants du bouddhisme zen, notamment Alan Watts. En 1956, Kerouac publie *The Scripture of Golden Eternity*, qui exprime un curieux mélange de catholicisme et de bouddhisme dans un style particulièrement lyrique. Snyder, quant à lui, est si convaincu par les enseignements et la pratique du Zen qu'il part vivre plusieurs années au Japon où il traduira plusieurs textes zen en anglais. Ginsberg et Kerouac se contentent pour leur part de cultiver un bouddhisme plus subjectif et idéalisé que leur nouvel ami Alan

1. L'expression est de Michel Hulin et sert utilement à désigner des expériences mystiques effectuées en dehors de tout système religieux ou initiatique codifié.

Watts n'hésitera pas à critiquer dans un célèbre article publié en 1958 : « Le Zen beat est toujours une ombre trop consciente de soi, trop subjective et trop véhémente pour avoir l'arôme du Zen [1]. »

1. Alan Watts, « Beat Zen, Square Zen, and Zen », *Chicago Review*, juillet-août 1958, pp. 3-11.

QUATRIÈME PARTIE

Les nouveaux disciples
(1960-1990)

1

La contre-culture, l'Orient et le « trésor spirituel » des Tibétains

Un jour de mars 1959, Jack Kerouac et Allen Ginsberg décident sur un coup de tête de téléphoner à D. T. Susuki qu'ils n'avaient finalement jamais rencontré. Ce dernier les reçoit dans l'heure qui suit. En prenant congé de leur hôte, Kerouac lui lance : « J'aimerais passer le reste de ma vie auprès de vous. – *Some time* », lui répond le célèbre érudit qui devait décéder quelques années plus tard. Le jour même de cette rencontre sortait en librairie un ouvrage de Kerouac, *The Dharma Bums*, très imprégné de son enthousiasme néo-bouddhiste, qui annonce la révolution culturelle et l'utopie spirituelle des *sixties* :

> « *I see a vision of a great rucksack revolution* ! s'exclame l'un de ses personnages ; *thousands or even millions of young Americans wandering around with rucksacks, going up mountains to pray making children laugh, and old men glad, making young girls happy, and old girls happier, all of'em Zen lunatics who go about writing poems that happen to appear in their heads for no reason, and also by strange unexpected acts keep giving visions of eternal freedom to everybody and to all living creatures* [1]. »

1. Jack Kerouac, *The Dharms Bums*, Viking Press, New York, Gallimard, 1963.

De fait, quelques années plus tard, des centaines de milliers de jeunes Américains en révolte contre les valeurs sociales et religieuses dominantes cherchent à vivre des expériences fortes à travers la drogue, la musique, la sexualité sans tabous. Beaucoup aussi partent sac au dos sur les chemins des Himalayas, en quête de nouveaux horizons de sagesse. On redécouvre un « Jésus » libéré du formalisme religieux ; la méditation et les gourous indiens sont à la mode ; partout une « nouvelle conscience religieuse » se fait jour.

Une révolution culturelle et spirituelle

Les sociologues anglo-saxons analysent l'émergence de cette « nouvelle conscience religieuse » dans la perspective de la crise générale des sociétés occidentales au cours des années 60, crise de *l'american way of life* aux États-Unis, dont la guerre du Viêt Nam a servi de catalyseur, ou crise de la « société bourgeoise » en France, mise en lumière par les révoltes étudiantes de Mai 68. Robert Bellah montre que cette révolte de la jeunesse est née de l'incapacité de l'individualisme utilitaire à fournir un système de significations, sur le plan personnel et social, qui puisse rendre compte des contradictions de l'abondance [1]. Ce qu'on a appelé la « contre-culture » cherche ainsi à élaborer un nouveau système de significations. Elle continue de mettre en avant l'individu – fait acquis de la modernité –, mais tente de substituer la quête de l'éveil de la conscience à la recherche systématique de la préservation des intérêts. S. M. Tipton résume bien ce nouveau principe moral où chacun agit non plus en fonction d'une métaphysique ou de normes extérieures, mais en étant sincère – dans le moment présent – vis-à-vis de lui-même et des autres, par cette formule qui a

1. Robert Bellah, « New religious consciousness and the crisis of modernity », *in* C.Y. Glock et R. Bellah, *The New Religious Consciousness*, California University Press, Berkeley, 1976.

fait recette : « Chacun doit suivre sa propre voie [1]. » Ce n'est d'ailleurs peut-être pas un hasard si, au moment où s'élabore de manière informelle cette nouvelle éthique de la contre-culture, des philosophes comme Sartre ou Foucault inventent une « morale de situation » et de la « subjectivité ».

Alors même que les jeunes remettent en cause certaines valeurs de la modernité et aspirent à une expérience individuelle et communautaire forte du sacré, les Églises évoluent vers un humanisme séculier et rationnel qui tend à réduire le christianisme à une morale. Ainsi les Églises sont-elles perçues comme des institutions bureaucratiques, sans ferveur, vides de sens, par une nouvelle génération en quête d'un contact direct et émotionnel avec un « maître spirituel » qu'elle oppose au modèle du prêtre ou du pasteur « fonctionnaire ». À cette critique de la « sécularisation interne » des Églises, pour reprendre l'expression de François-André Isambert, les sociologues américains Robert Bellah et C.Y. Glock ajoutent celle de la « complicité » des Églises avec la conception utilitariste du monde liée à l'expansion économique de l'après-guerre. En cautionnant l'enrichissement personnel, une vision sécuritaire où la respectabilité est liée au statut social, les Églises se sont discréditées auprès des jeunes qui remettent aujourd'hui en cause ce modèle économique et cette conception utilitariste.

C'est pourquoi, dès le début des années 60, la contre-culture américaine s'est tournée vers l'Orient pour lui emprunter ses valeurs spirituelles d'expérience intérieure et de réalisation de soi (opposée à la réussite sociale de la culture dominante), de lien avec le cosmos (opposé à l'exploitation de la nature), ou de communion avec le gourou (opposé à l'organisation bureaucratique). Beaucoup de jeunes hippies, qui avaient dans un premier temps utilisé la drogue pour s'évader de leur culture et vivre des sensations intenses, se

1. S. M. Tipton, « The moral logic of alternative religions », *in Daedalus*, 111/1, 1982, pp. 185-213.

tournent ensuite vers l'Orient où l'expérience de la méditation leur permet d'accéder à un autre «état de conscience» sans les inconvénients de la «redescente» et les douloureux symptômes de l'accoutumance. De nombreuses études sociologiques ont montré que cette nouvelle conscience religieuse issue de la contre-culture apparaît au sein d'une jeunesse privilégiée qui a bénéficié de tous les avantages de la société de consommation et souvent d'une scolarité prolongée. Elle se diffuse ensuite dans les couches moyennes et supérieures (ingénieurs, architectes, médecins, avocats, journalistes, artistes, etc.), notamment avec la crise économique du milieu des années 70 qui favorise l'élargissement de la contre-culture à l'ensemble de la jeunesse.

Les sagesses orientales doivent aussi une bonne part de leur succès au pont qu'elles semblent établir entre psychologie et spiritualité. Tandis que quelques dissidents de l'orthodoxie freudienne profondément antireligieuse, tel Jung, cherchent à enrichir la pratique psychanalytique d'une conception élargie de la psyché qui prenne en compte les aspirations spirituelles de l'homme en réinvestissant la tradition mystique, ésotérique et symbolique de l'Occident, de nombreux thérapeutes partent chercher ces clefs en Orient. Harvey Cox, témoin et observateur attentif de cette époque, l'explique fort bien.

«La psychologie se targue d'être la science de l'âme; or, en pratique, la plupart des théories psychologiques aujourd'hui en vigueur dans le monde occidental (ainsi que des techniques de thérapie qui en dérivent) ont précisément du mal à prendre en compte l'"âme". Ces théories se fondent en effet sur la science moderne, alors que les mots "âme" ou "psyché" gardent obstinément la charge religieuse qui a toujours été la leur [...]. Tous les psychologues de notre époque sont peu ou prou enfants du siècle des Lumières et ont hérité de son mépris condescendant pour la spiritualité, forme de superstition parmi d'autres. L'histoire même de leur discipline les coupe de tout contact avec leur propre tradition religieuse occidentale et lorsque, dans cet état d'aliénation, ils ressentent le besoin de trouver un fondement nouveau à la science de l'âme, c'est d'ordinaire vers l'Orient qu'ils se tournent [1]. »

Il serait aussi plus juste de préciser que l'Orient, contrairement à l'Occident chrétien, a toujours insisté sur la dimension psychologique et mis au point de nombreuses techniques d'introspection ou visant à unifier le corps, la psyché et l'esprit. C'est ainsi que, dès la fin des années 50, des centaines de thérapeutes américains partirent en Inde pour tenter d'enrichir la pratique psychanalytique des techniques psycho-corporelles que les sagesses orientales ont développées depuis des millénaires. Naquirent alors de nouveaux courants thérapeutiques, dits existentiels ou holistiques, tentant de recréer un lien perdu entre le corps et l'esprit, l'homme et le cosmos. En 1961, un centre de recherches sur les philosophies indiennes et les nouvelles tendances en psychologie fut fondé à Esalen, en Californie. Ce fut la première pierre de ce qu'on appela plus tard le « New Age » ; mélange de spiritualité et de psychologie, ce courant n'a cessé de croître et d'inspirer de nombreux groupes et thérapeutes axés sur le développement personnel.

Ce n'est donc pas un hasard si la plupart des gourous indiens et des maîtres bouddhistes qui se rendent aux États-Unis à partir de la seconde moitié des années 60 – la loi sur l'immigration de 1965 a ouvert les frontières de l'Amérique à une nouvelle vague d'immigration asiatique – sont invités par ces nouveaux centres thérapeutiques qui fleurissent sur les campus des universités de Californie.

1. Harvey Cox, *L'Appel de l'Orient* Seuil, 1978 , p. 92.

Yoga et arts martiaux

Aux États-Unis mais aussi en Europe, un autre phénomène a favorisé l'intérêt de nombreux Occidentaux pour les sagesses orientales : le développement, dans l'entre-deux-guerres, du yoga et des arts martiaux. En France, le hatha-yoga est introduit en 1936 par un professeur de philosophie devenu journaliste : Félix Guyot. Après avoir publié plusieurs ouvrages sous le pseudonyme de Kernéïz, il fonde en 1945 la première école de yoga. En 1948 est également fondée à Paris l'Académie occidentale de yoga, à l'instigation d'un autre pionnier : Lucien Ferrer. Comme dans plusieurs autres pays occidentaux, la pratique du hatha-yoga, épurée de toute dimension religieuse hindoue, ne cesse de s'étendre avec la publication de plusieurs ouvrages qui rencontrent un immense succès. Ainsi *La Voie du silence*, publiée en 1956 par le père Déchanet, un moine bénédictin, dépasse les cent mille exemplaires et incite de nombreux chrétiens à s'engager dans cette pratique corporelle héritée de l'Inde. En 1966, *Connaissance et technique du Hatha-Yoga*, d'Eva Ruchpaul, suscite le même engouement et lance véritablement le yoga comme phénomène de mode. L'année suivante est fondée à Paris la Fédération française de yoga, rebaptisée en 1977 Fédération nationale des enseignants du yoga (FNEY). Notre enquête sociologique nous a montré que bon nombre de pratiquants du bouddhisme étaient passés par le yoga et avaient été familiarisés avec la pratique de la méditation par les techniques de respiration et les exercices corporels du hatha-yoga.

Il en va de même pour les arts martiaux. Recherchant le « principe d'efficacité maximale dans l'usage du corps et de l'esprit », le maître d'arts martiaux japonais Kano Jogaro fonde le judo en 1882 et l'introduit lui-même en France en 1889 ! Mais il faudra attendre 1935 et l'arrivée du maître Kawaishi Mikinosuke, qui connaît parfaitement la mentalité occidentale, ayant séjourné cinq ans aux États-Unis, pour que le judo connaisse un véritable développement en France. En 1946 est créée la Fédération française de judo qui devient en 1956 la Fédération française de judo, jiu-jitsu et disciplines assimilées (FFJDA). À la mort de Mikinosuke en 1969, la Fédération compte déjà plus de cent mille licenciés. Ils sont actuellement plus de cinq cent mille, ce qui fait de la France le principal pays occidental touché par ce sport.

Plus populaire encore que le judo dans le reste de l'Occident, le karaté s'est constitué au fil de plusieurs siècles sans qu'on puisse lui avancer un fondateur précis. Il est introduit à Hawaii dès le début du XXe siècle et se répand comme une traînée de poudre sur le continent américain après la Seconde Guerre mondiale. En 1948, Robert Trias fonde la première Fédération internationale de karaté et organise en 1963, à Chicago, les premiers championnats du monde de la discipline. Entre-temps, le karaté a définitivement conquis les Américains avec la tournée fracassante du maître japonais Omaya Matsutatsu qui, durant deux ans (1952-1954), fait le tour des États-Unis et introduit, avant Bruce Lee, l'image du « super-héros oriental » en assommant des taureaux à mains nues, en affrontant victorieusement des dizaines de lutteurs et de boxeurs professionnels et en « brisant un nombre incalculable de briques, de planches et de tuiles [1] ». Les dôjôs se remplissent et le succès du karaté s'amplifie grâce à la publicité qui lui est faite par certaines stars, devenues de fervents pratiquants, tel Elvis Presley qui a atteint le grade exceptionnel de ceinture noire 7e dan !

Le karaté est introduit en Europe en 1948 par un Français, Henry Plée, qui fut l'une des premières ceintures noires de France de judo. En 1954, Plée fonde la Fédération française de karaté et boxe libre qui se fond en 1960 dans la

1. Patrick Lombardo, *Dictionnaire encyclopédique des arts martiaux*, SEM, 1993, t. I, p. 202.

FFJDA avant de reprendre son indépendance et d'aboutir en 1977 à la Fédération française de karaté, taekwondo et arts martiaux affinitaires (FFKTMA).

Le troisième grand art martial d'origine japonaise bien implanté en Occident est l'aïkido. Il est sans doute celui qui, par son esprit et ses techniques, se rapproche le plus du bouddhisme. Fondé dans les années 20 par Ueshiba Morihei, il tente de faire évoluer profondément l'esprit martial, ainsi que l'exprime son fondateur : «Je compris que les budôs sont inutiles s'ils servent à vaincre par la force, qu'ils ne doivent pas être des instruments pour porter le monde vers sa destruction, mais qu'ils consistent à faire sien le Cœur de l'Univers et à répandre la Paix dans le monde.» Ainsi la technique mise au point par Ueshiba «s'exprime selon des mouvements circulaires, supports même d'une force vive créatrice, en accord avec les lois universelles, au sein d'un rythme naturel et fluide, diluant la dimension conflictuelle inhérente à toute relation martiale. Aucune notion de victoire et de défaite ne doit intervenir. La défense se fait à travers l'union des énergies (*aiki*) : celle de l'agresseur et celle de l'agressé qui cherche à contrôler l'attaque "de l'intérieur", à annihiler toute volonté de nuire, dans un élan de réconciliation fraternelle [1] ».

Entre l'aïkido (introduit en France en 1951) et la pratique du Zen, il n'y a qu'un petit pas que plusieurs milliers d'Occidentaux franchirent dès que le Zen se développa en Europe à la fin des années 60.

Familiarisant les Occidentaux aux techniques corporelles orientales et véhiculant parfois une certaine dimension spirituelle, «le yoga et les arts martiaux ont été le cheval de Troie du bouddhisme», pour reprendre l'expression de Jean-Pierre Schnetzler. L'itinéraire de ce médecin psychiatre grenoblois en est une parfaite illustration. Il est amené, en 1946, par la lecture de Schopenhauer, à l'étude de la pen-

1. *Ibid.*, p. 23.

sée indienne, et particulièrement bouddhique. Après avoir pratiqué le judo dans les années 50, il ressent le besoin « d'approfondir le message spirituel sous-jacent à cette pratique ». Par l'intermédiaire de la Société des amis du bouddhisme et du centre de Gretz animé par René Joly, il fait la connaissance de deux moines du bouddhisme Theravâda qui étudient la philosophie à la Sorbonne. L'un d'eux n'est autre que Walpola Rahula, devenu célèbre quelques années plus tard comme auteur du livre d'introduction au message du Bouddha le plus vendu en France [1]. Le jeune médecin décide de devenir bouddhiste et, comme cela est l'usage en Orient, de prendre refuge* auprès des deux moines et de s'initier à la méditation assise silencieuse. Nous sommes en 1958, et Jean-Pierre Schnetzler est probablement l'un de ces premiers nouveaux disciples français du Bouddha qui entendent mettre la pratique de la méditation au cœur de leur vie quotidienne.

Arnaud Desjardins : « le message des Tibétains »

Un autre Français, Robert Godet, passionné d'arts martiaux et auteur d'un livre sur le judo, décide en 1952 de se rendre en 2 CV vers les hauts lieux de l'Asie avec sa compagne Marguerite. « Je ne suis pas un prophète, écrit-il dans la préface à l'ouvrage qui raconte son étonnant périple. Ni un révolutionnaire : simplement un homme qui pense que notre civilisation ne peut être sauvée de la ruine que par une nouvelle manière d'être homme [2]. » Comme un certain nombre de jeunes de sa génération, et avec une décennie d'avance sur eux, Robert Godet est convaincu que cette régénération ne peut venir que de l'Orient, tout particulièrement des maîtres tibétains. En 1955, il rencontre son

1. Walpola Rahula, *L'Enseignement du Bouddha d'après les textes les plus anciens*, Seuil, 1961.

2. Robert J. Godet, *En 2 CV vers les hauts lieux de l'Asie*, Amiot-Dumont, 1953.

maître en la personne d'un lama tibétain exilé au Sikkim depuis l'invasion de son pays par la Chine.

En octobre 1950, en effet, l'Armée rouge a pénétré au Tibet. Un an plus tard, le général chinois Zhang Guohua investit triomphalement Lhassa à la tête de vingt mille soldats. Le jeune chef spirituel et temporel des Tibétains, le XIVe dalaï-lama Tenzin Gyatso, n'a alors que quinze ans. Totalement abandonné par la communauté internationale, le jeune souverain se voit contraint de négocier avec les autorités chinoises. En voyage à Pékin en 1954, il reçoit de la bouche de Mao l'assurance que son pays, désormais rattaché à la Chine, pourra préserver son identité culturelle. Mais la politique de sinisation et de « modernisation » du Tibet est déjà programmée par les dirigeants chinois. En mars 1959, la population de Lhassa se révolte contre l'occupant et le dalaï-lama, en pleine nuit, prend la route de l'exil. Parvenu en Inde, il s'installe à Dharamsala, petite bourgade proche des Himalayas. La plupart des grands dignitaires religieux l'ont accompagné ou même précédé dans son exil. Une tragédie se met en place au Tibet : en quelques années, près de six mille monastères sont rasés et des centaines de milliers de moines et de nonnes sauvagement massacrés ou torturés. Les femmes tibétaines sont stérilisées. Les soldats chinois détruisent des milliers d'objets d'art, des manuscrits anciens, tout ce qui évoque l'univers traditionnel tibétain. Les colons chinois commencent à affluer et seront bientôt plus nombreux que la population tibétaine dont un habitant sur cinq aura perdu la vie. Dès 1959, l'ONU condamne la Chine et la reconnaît coupable de génocide, mais se refuse à prendre toute mesure coercitive. Convaincu qu'une résistance armée ne ferait qu'accentuer la répression, le dalaï-lama prêche la non-violence à ses sujets et leur recommande la patience. Pendant ce temps, la communauté tibétaine en exil s'organise et la plupart des grands lamas rejoignent les nombreux monastères que compte le bouddhisme tibétain au Ladakh, au Népal, au Sikkim ou au Bhoutan. L'un des principaux hiérarques tibétains, le Karmapa *, peu convaincu par les promesses de Mao, avait d'ailleurs anticipé cette tragédie et réussi à faire passer au Sikkim les manuscrits les plus précieux ainsi que de nombreux objets rituels.

Le drame tibétain a cependant une conséquence inattendue : la transmission du Vajrayâna en Occident. Jusqu'alors totalement fermé à tout contact extérieur, le Tibet s'ouvre au monde, de la manière la plus tragique qui soit, certes, mais les lamas tibétains sont désormais accessibles. Pour les chercheurs spirituels qui mesurent la portée de cet événement, l'occasion est trop belle : la route des Himalayas devient le pèlerinage obligé des enfants de la contre-culture occidentale en quête d'« authentiques maîtres spirituels ».

Un jeune journaliste et réalisateur de télévision, Arnaud Desjardins, qui a déjà tourné plusieurs documentaires sur la spiritualité hindoue et soufie, décide de repartir en Inde filmer les grands lamas en exil. Partant en voiture avec femme et enfants, il se rend en 1964 auprès du dalaï-lama pour lui demander la permission de filmer des cérémonies initiatiques ordinairement secrètes, afin de faire découvrir aux Occidentaux la richesse et la profondeur du tantrisme tibétain. Après un long temps de silence, fermant les yeux, le chef des Tibétains lui répond : « *Yes.* » Arnaud Desjardins n'a pas fait huit mille kilomètres pour rien. Diffusés une première fois en juin 1966, les deux volets du *Message des Tibétains* sont rediffusés en octobre de la même année pour répondre à la demande de milliers de téléspectateurs conquis. Du *Figaro* à *L'Humanité* en passant par *France-Soir* et *Télérama*, la presse est elle aussi enthousiaste : « Les Tibétains n'ont pas besoin de tranquillisants : leur religion leur assure la paix et le bonheur », titre *L'Express* en consacrant une longue enquête à ce sujet. « Ce message des Tibétains, pour hermétique qu'il ait été, n'en a pas moins été riche en réflexions et images sublimes. Longtemps en nos mémoires demeureront ces danses incantatoires et ces visages lisses de sages parvenus aux limites de la sagesse », écrit Guillaume Hanoteau dans *Télé 7 jours*[1]. Même *Le Canard enchaîné* ne tarit pas d'éloges sur le travail d'Arnaud Desjardins[2] et, quelques mois plus tard, lors de la sortie de son livre, le journaliste Clément Ledoux revient à la charge à la une du journal satirique.

« Rappelez-vous le récent *Message des Tibétains*, qui n'a pu que passionner quiconque a faim d'autre chose que des ânes-marie-peyssonneries de Guy Lux et des gibelottes de gouttière de la mère Michèle Arnaud. Vous que ces Tibétains ont intéressés et troublés, faites ce que je viens de faire : lisez l'ouvrage qu'Arnaud Desjardins vient de publier [...]. Sans lui je n'aurais encore rien compris du tantrisme en ce qu'il a d'immensément sérieux et d'expérimental [...]. Et le plus embêtant, c'est que le tantrisme interdit à ses initiés de juger, de blâmer, de condamner personne. Zut ! Je n'aurai pas droit au nirvana. À peine suis-je capable de neutralité malveillante... »

Rediffusés une nouvelle fois en 1968, les documentaires d'Arnaud Desjardins amènent des dizaines de jeunes Français et Suisses à prendre la route des Himalayas pour rencontrer ces maîtres fascinants. L'un d'eux est devenu célèbre depuis peu : Matthieu Ricard. Dans ses entretiens avec son père Jean-François Revel, cet ancien chercheur en biologie moléculaire à l'institut Pasteur, devenu moine bouddhiste, raconte comment est né son désir de partir rencontrer les lamas tibétains après avoir vu les films de Desjardins.

« J'avais l'impression de voir des êtres qui étaient l'image même de ce qu'ils enseignaient... Ils avaient l'air si remarquables. Je n'arrivais pas à saisir explicitement pourquoi, mais ce qui me frappait le plus, c'était qu'ils correspondaient à l'idéal du saint, de l'être parfait, du sage, une catégorie d'êtres qu'apparemment on ne trouvait plus guère en

1. N° 329, 9 juillet 1966.
2. N° 2383, 22 juin 1966.

Occident. C'est l'image que je me faisais de saint François d'Assise, ou des grands sages de l'Antiquité. Une image qui était devenue pour moi lettre morte : je ne pouvais aller rencontrer Socrate, écouter un discours de Platon, m'asseoir aux pieds de saint François d'Assise ! Tandis que, brusquement, surgissaient des êtres qui semblaient être l'exemple vivant de la sagesse[1]. »

À la suite d'Alexandra David-Neel – grâce à laquelle il a découvert le bouddhisme –, Arnaud Desjardins a révélé à des millions d'Occidentaux le véritable « trésor spirituel » des Tibétains. Lorsque le dalaï-lama avait vu les premières bobines du film, il avait confié à son auteur : « Vous allez montrer quelque chose qui est en train de mourir... » Sous sa forme traditionnelle séculaire, probablement. Mais le chef des Tibétains en exil ne savait sans doute pas encore que l'« esprit du Tibet » allait se répandre, en quelques décennies, aux quatre coins de la planète. Un grand sage, Pawo rinpoché, l'avait d'ailleurs signifié au jeune dalaï-lama, quelques semaines avant son exil, en lui racontant un rêve étrange qui l'obsédait : « Je vois le soleil s'obscurcir et une nuit noire, une nuit terrible fondre sur le Tibet. Et, tandis que l'obscurité se fait totale et menaçante sur notre pays, je vois une multitude d'étoiles scintillantes illuminer toute la surface du globe. Peut-être le *dharma* sera-t-il un jour amené à disparaître du Tibet... mais ce sera pour éclairer le monde entier », concluait le lama[2].

1. Matthieu Ricard et Jean-François Revel, *Le Moine et le Philosophe*, Nil, 1997, p. 22 et J'ai Lu, 1999.

2. Propos qui m'ont été rapportés par l'un des plus proches disciples occidentaux de Pawo rinpoché, Laurent Deshayes, par ailleurs auteur d'une remarquable *Histoire du Tibet* (Fayard, 1997).

2

Zen et zazen

Avant que ne déferle, surtout à partir de la fin des années 70, la grande vague du bouddhisme tibétain, les Occidentaux vont s'initier à la méditation bouddhiste à travers la pratique de *zazen*. Comme nous l'avons vu, le Zen est bien connu de certains milieux cultivés depuis la publication des ouvrages de D. T. Suzuki. Son influence sur certains penseurs occidentaux, notamment des psychanalystes, n'est pas négligeable. Mais, en dehors d'une poignée d'Américains, il est très rarement adopté comme voie existentielle sous la conduite d'un maître. Cela tient beaucoup à la particularité du Zen de l'école Rinzai, alors le plus connu et le plus répandu en Occident, qui met l'accent sur les fameux koans, ces énigmes que le maître pose à ses disciples pour les faire avancer dans la voie. Peu d'Occidentaux sont sensibles à ce type d'enseignement qui exige de s'engager dans une relation assidue auprès d'un maître et n'est pas facilement transposable d'un univers mental à un autre. À l'inverse du Zen rinzai *, l'école Sôtô * met la méditation assise silencieuse au cœur de la pratique. Il n'est donc pas étonnant que le développement du Zen en Occident soit concomitant de l'arrivée de maîtres zen de l'école Sôtô en Europe et aux États-Unis. Chacun des deux continents a d'ailleurs eu son « grand apôtre » : maître Shunryu Susuki (à ne pas confondre avec D. T. Susuki), dit Susuki-rôshi, pour les États-Unis, et maître Taisen Deshimaru pour l'Europe.

Susuki-rôshi aux États-Unis

Le 23 mai 1959, Susuki-rôshi arrive sur le sol américain. L'homme est alors âgé de cinquante-trois ans, il est marié et père de deux enfants. Prêtre dans un temple Sôtô zen de Tokyo, il est envoyé par ses supérieurs pour prendre provisoirement en charge le temple de San Francisco, jusqu'alors presque exclusivement fréquenté par des immigrés japonais. Outre un rayonnement spirituel exceptionnel qui se manifestera rapidement, le nouveau prêtre a un atout considérable : il parle couramment l'anglais et se passionne pour la culture occidentale [1]. En moins de deux ans, il parvient à convertir et à fidéliser plusieurs centaines de jeunes Américains à la pratique quotidienne de la méditation assise silencieuse. Contrairement à D. T. Susuki qui parlait sans cesse de l'illumination, du satori, comme finalité du Zen, Susuki-rôshi n'employait jamais l'expression, mais invoquait toujours la nécessité de s'asseoir pour faire *zazen*. «*Just sit*», avait-il coutume de dire aux nouveaux venus désireux de s'initier au Zen. L'un de ses amis, professeur de philosophie, lui demanda peu de temps avant sa mort pourquoi il ne parlait jamais du satori. Sa femme murmura d'un air espiègle : « C'est parce qu'il ne l'a jamais eu ! » Faisant mine de lui donner une tape avec son éventail, d'un air consterné, Susuki-rôshi chuchota, le doigt sur les lèvres : « Chut ! Ne lui dis pas ! » avant de partir d'un grand éclat de rire. « Ce n'est pas que le satori ne soit pas important, mais ce n'est pas le point du Zen qui a besoin d'être souligné », expliqua ensuite le rôshi à son interlocuteur [2].

Susuki-rôshi n'avait pas mis longtemps pour constater

1. Il avait en effet fait la connaissance au Japon d'une Anglaise (qui avait été la tutrice du fils de l'empereur), laquelle était devenue sa disciple.

2. Anecdote rapportée par Huston Smith dans la préface du livre de Shunryu Susuki, *Esprit zen, esprit neuf*, Seuil, 1977.

l'avidité avec laquelle les Américains voulaient « à tout prix » faire l'expérience du satori. Une telle attitude ne pouvait que fausser la perspective d'une pratique spirituelle où la « non-attente », l'absence de désir étaient justement des conditions nécessaires à la progression dans la voie. Conscient également de tous les pièges liés à l'intellectualisation du Zen, il axa entièrement son enseignement sur la pratique de *zazen*, insistant sur la posture, le souffle, la manière d'obtenir le calme mental. Particulièrement sensible à la notion d'impermanence, son principal « message philosophique » consistait à rappeler sans cesse au pratiquant qu'il doit toujours garder l'« esprit neuf » d'un débutant. Ainsi termine-t-il le seul petit livre qu'il ait écrit : « Nous ne devons pas nous attacher aux États-Unis, ni au bouddhisme, ni même à notre pratique. Nous devons avoir l'esprit neuf d'un débutant, affranchi de toute possession, un esprit qui sait que tout est en changement continuel. Rien n'existe si ce n'est momentanément dans sa forme et sa couleur actuelles. Une chose coule en une autre sans pouvoir être saisie. Avant la fin de la pluie, nous entendons un chant d'oiseau. Même sous la neige épaisse, nous voyons poindre des perce-neige et des pousses nouvelles. Sur la côte est, j'ai déjà vu de la rhubarbe. Au Japon, nous mangeons des concombres au printemps... [1] »

En 1961, devant l'affluence des nouveaux disciples, Susuki-rôshi fonde à leur intention en 1961 le Zen Center de San Francisco et, en 1967, un important centre de retraites, le monastère de Tassajara Mountain. Atteint d'un cancer, il assure la transmission* à l'un de ses plus proches disciples américains, Richard Baker, le 21 novembre 1971. Il décède deux semaines plus tard à l'âge de soixante-cinq ans, laissant en héritage des dizaines de grands centres de méditation zen à travers tout le territoire américain et, assurément, un nouvel « esprit zen » fait de simplicité et de pra-

1 *Id., ibid.*, p. 180.

tique concrète, qui tranche singulièrement avec celui de son illustre homonyme.

Bien d'autres rôshis viendront enseigner aux États-Unis dans les années 60-70 : Taisan Maezumi-rôshi, Katagiri-rôshi, Hakuun Yasutani-rôshi, Eido Shimano-rôshi... pour n'en citer que quelques-uns. De même, certains Américains de souche, tels Jiyu Kennett ou Philip Kapleau, auteur du best-seller *Les Trois Piliers du Zen*, joueront un rôle important dans le développement du Zen aux États-Unis, mais l'apport et l'influence de Susuki-rôshi furent sans conteste les plus déterminants.

Taisen Deshimaru en Europe

Au lendemain de la Première Guerre mondiale, un moine zen japonais du nom de Tai Sué parcourut l'Europe en long et en large, convaincu que le bouddhisme Mahâyâna et la pratique du Zen étaient des aliments spirituels dont les Européens avaient grand besoin. Il ne suscita aucune conversion et dut même renoncer à son projet de fondation d'un institut bouddhiste dans une grande capitale européenne. Il avait cinquante ans d'avance sur l'Histoire.

Au début de l'été 1967, Jean-Pierre Schnetzler, qui s'est installé comme médecin psychiatre et psychanalyste à Grenoble, et qui continue de pratiquer quotidiennement la méditation, reçoit un appel d'un ami kinésithérapeute : « Qu'est-ce que je fais : un moine bouddhiste japonais qui ne parle pas un mot de français vient d'atterrir chez moi et je l'ai installé dans une caravane au fond de mon jardin... ? » Thomas Roldes fait partie d'un groupe d'adeptes du « Zen macrobiotique », une forme d'alimentation entièrement basée sur le riz. L'année précédente, au cours d'un séjour au Japon avec ce petit groupe, il a fait la connaissance de Taisen Deshimaru. L'homme était peu banal et avait immédiatement conquis les Français par son extraordinaire charisme.

Depuis sa rencontre à l'âge de dix-huit ans, en 1932, avec un moine zen errant – Kodo Sawaki, qui devint son maître –, Taisen Deshimaru n'avait qu'un désir : devenir moine zen. Son maître l'en dissuada et l'engagea à se marier et à vivre de la manière la plus séculière qui fût. Deshimaru adopta néanmoins la pratique quotidienne de *zazen* et suivit les conseils de son maître. Après la guerre, il renouvela sa demande. En vain. Ce n'est que sur son lit de mort, en décembre 1965, que Kodo Sawaki consentit enfin à transmettre l'ordination à son disciple… qui avait dépassé la cinquantaine. Peu de temps après, ce dernier rencontra le groupe de Français et leur avoua son intention de quitter un jour le Japon pour enseigner le Zen aux États-Unis. À tout hasard, Thomas Roldes lui laissa son adresse grenobloise. Mais quelle ne fut pas sa stupeur de voir le moine zen débarquer chez lui quelques mois plus tard, sans un sou en poche, et avec pour seul bagage son zafu*, son kesa* et les carnets de notes de son maître. Abandonnant son métier (il était économiste), sa femme et ses trois grands enfants, il avait pris le bateau, puis le Transsibérien à destination de l'Europe. Comme Susuki-rôshi, Taisen Deshimaru était âgé de cinquante-trois ans lorsqu'il foula le sol français. Il pensait juste faire étape en France avant de gagner les États-Unis.

Devant un auditoire clairsemé, ameuté en plein été par Thomas Roldes et Jean-Pierre Schnetzler, il donne ses premières conférences françaises à Grenoble dans un anglais presque incompréhensible, heureusement traduit. À l'automne, il décide de se rendre dans la capitale et s'installe dans l'arrière-boutique d'un magasin de diététique, dormant à même le sol et faisant des massages japonais pour subvenir à ses maigres besoins. Quelques mois plus tard, il s'installe dans la banlieue parisienne au centre de Gretz, chez René Joly. Gagnant de plus en plus de disciples, conquis par sa personnalité et sa manière extrêmement simple et efficace d'enseigner la pratique de *zazen*, Taisen Deshimaru fonde en 1970 une première association intitulée Association Zen d'Europe, qui se transforme en 1979 en la désormais célèbre Association Zen internationale. Pratiquant et enseignant *zazen* dans des appartements privés devenus vite trop étroits, il fonde en 1972, rue Pernety, à Paris, le premier dôjô zen sur le sol français. Dès lors, les fondations de dôjôs se multiplient à travers toute l'Europe. D'une vingtaine en 1972, cinq ans seulement après son arrivée en France, ils dépassent la cinquantaine à travers une dizaine de pays en 1977. Plus de cent dôjôs auront été fondés à sa mort, survenue en 1982. Actuellement, on en compte près de deux cents, dont un peu moins de la moitié sur le sol français. En 1980, Taisen Deshimaru a également inauguré le plus grand temple Sôtô zen du monde, La Gendronnière, dans un domaine de quatre-vingts hectares, en Touraine, qui rassembla durant l'été 1981 environ mille cinq cents personnes venues de toute l'Europe pour pratiquer *zazen* six heures par jour et suivre ses enseignements. Depuis son décès, des sessions continuent d'y avoir lieu chaque été, dirigées par ses anciens disciples, et rassemblent encore plusieurs centaines de personnes d'une quinzaine de nationalités différentes.

Il semble que le formidable succès de Taisen Deshimaru tienne d'une part à sa personnalité magnétique et à son talent de pédagogue, d'autre part à la primauté absolue qu'il accorde à la pratique de *zazen* et à sa dénonciation de l'intellectualisme et du formalisme religieux. « L'essence du bouddhisme se trouve dans la pratique du *zazen*, écrit-il. Sans la pratique de *zazen*, il n'y a pas de Zen [...]. Un beau temple où l'on ne pratique pas n'est qu'un temple à touristes, à cérémonies, un vrai cimetière. Sans la méditation, les livres sur le Zen ne valent rien. Mais si vous pratiquez *zazen*, même sans temple, c'est le vrai Zen, même si vous n'êtes pas moine, même si vous vous trouvez dans une prison. *Zazen*, c'est la respiration juste, l'état d'esprit juste, la posture vraie. Ce n'est pas arrêter les pensées, mais les laisser passer en revenant toujours sur la posture pour l'empêcher de se relâcher. Car si l'on se concentre sur la respiration et sur la posture, alors l'attitude de l'esprit devient automatiquement correcte et la sagesse se manifeste inconsciemment[1]. »

De fait, rien n'est plus important aux yeux de maître Deshimaru que de tenir une bonne posture. Sans cette attention constante portée à celle-ci, aucun progrès ne saurait s'effectuer.

Auteur prolixe – une quinzaine d'ouvrages et de traductions –, mais aussi calligraphe, Taisen Deshimaru était une force de la nature, dotée d'une énergie qui semblait inépuisable. Sa fin, toutefois, fut douloureuse. Atteint d'un cancer du pancréas, il refusa pendant plusieurs semaines, comme nous l'a rapporté son médecin personnel, d'admettre la réalité de sa maladie. Il avait en effet déclaré à maintes reprises en public que le cancer était une affection liée à l'« attachement à l'ego » et qu'une « bonne pratique de *zazen* » était la meilleure manière d'en être préservé. Réalisant brutalement la gravité de son mal, il rentra précipitamment au Japon et y décéda quelques jours seulement après son arrivée.

La crise de succession à l'AZI fut dramatique et provoqua de nombreuses dissidences. Maître Deshimaru n'avait en effet donné la transmission (Shihô) du *dharma* à aucun de ses disciples, pensant le faire à son retour du Japon en compagnie de maître Narita, l'un des successeurs de son ancien maître, Kodo Sawaki. Mais la majorité des disciples refusait à présent de recevoir la transmission des mains de qui que ce fût d'autre. Cinq disciples parmi les plus anciens, se tournèrent cependant vers maître Narita pour recevoir la transmission sans laquelle il est impossible, selon la règle en vigueur au Japon, de transmettre l'ordination zen et d'accueillir de nouveaux disciples dans la *sangha*. Ces derniers quittèrent donc l'AZI et fondèrent leur propre dôjô, dont

1. Taisen Deshimaru, *Questions à un maître zen*, Albin Michel, 1984, pp. 149-150.

celui de Fausto Guareshi, en Italie, allait connaître un important rayonnement. Refusant de recevoir la transmission de maître Narita, les principaux responsables de l'AZI demeurèrent dans un *no man's land* institutionnel jusqu'en 1984, date à laquelle trois d'entre eux [1], élus par un vote, décidèrent finalement de la recevoir des mains de maître Niwa Zenji.

Tous ces débats, souvent passionnels, traduisaient en fait le profond malaise de la plupart des disciples occidentaux de Deshimaru devant les questions d'ordre institutionnel et leur relation avec la tradition japonaise. Tant que leur maître était vivant, la tradition, c'était lui. Du jour où il disparut, beaucoup ne savaient plus très bien quelles étaient leur place et leur identité au sein de la communauté bouddhiste. Mais ce malaise reflétait aussi l'ambiguïté de la position institutionnelle de Taisen Deshimaru lui-même, parti pour l'Europe sans avoir reçu la transmission et qui avait entretenu chez ses disciples une certaine défiance envers les autorités japonaises, qu'il jugeait sévèrement. Dans un premier temps, ces dernières avaient également pris leurs distances avec un homme qu'elles considéraient le plus souvent comme un dangereux aventurier. Ce n'est qu'en 1975, une fois le succès de sa mission en Europe devenu manifeste, que les autorités japonaises lui avaient accordé la transmission officielle, faisant de lui un maître traditionnel habilité à donner l'ordination.

En 1992, dix ans après la mort de Deshimaru, Roland Rech, alors président de l'AZI, écrivait au sujet des liens de son association avec le Japon : « Il n'y a aucun lien de dépendance à l'égard de l'organisation du Zen au Japon qui est devenu, pour son malheur, une structure cléricale plutôt figée, occupée davantage par les rites que par la pratique vivante de *zazen* [2]. » Bref, la transmission a été assurée de

1. Roland Rech, Stéphane Tibault, Étienne Zeisler.
2. Revue *Sangha*, 1992, n° 3, p. 44.

manière formelle, ce qui permet notamment à l'AZI d'être considérée en France comme un courant bouddhiste « traditionnel », mais ses responsables s'estiment comme totalement libres et autonomes vis-à-vis de toute institution ou autorité extérieure, dont ils ne veulent dépendre à aucun prix. La situation se complique encore du fait que certains disciples de Deshimaru, n'ayant pas reçu la transmission, continuent de donner l'ordination !

Par-delà ces questions importantes du rapport à la tradition, sur lesquelles nous revenons dans notre étude sociologique [1], reste la personnalité complexe et controversée de Taisen Deshimaru. « De lui irradiait une énergie magnétique, intense, incandescente même, à laquelle nul ne pouvait rester insensible, se rappelle Jacques Brosse, écrivain, spécialiste du Zen et disciple de Deshimaru. Ses emportements, son implacable détermination, la rudesse de son langage toujours direct le faisaient redouter et parfois choquaient. Mais après s'être mis en colère, Sensei éclatait d'un bon rire et vous invitait à trinquer. Comment lui en aurait-on voulu ? Il touchait juste, toujours au point sensible qu'il avait aussitôt détecté et l'on avait vite fait de comprendre que son apparente brutalité était au fond compassion. Il épuisait son entourage qui s'en plaignait, grognait, mais suivait toujours cet implacable meneur d'hommes. Ceux qui avaient étudié l'histoire du Zen reconnaissaient en lui l'"homme libre", l'"homme vrai sans situation" des maîtres du tch'an chinois, le digne héritier des Ma-tsu, des Houang-Po, des Lin-tsi [2]. »

Maître atypique, mais parfaitement accompli pour ses disciples, il a toujours été critiqué par d'autres bouddhistes occidentaux qui lui reprochaient notamment son penchant excessif pour les femmes et l'alcool. Ainsi Jean-Pierre Schnetzler, qui fut cinq ans son disciple avant de prendre

1. Frédéric Lenoir, *Le Bouddhisme en France*, Fayard, 1999, pp. 284 *sq* ; 330 *sq*.
2. Jacques Brosse, *Zen et Occident*, Albin Michel, 1992, p. 168.

ses distances et de rejoindre Kalou rinpoché, brosse de lui ce portrait plus contrasté.

« C'est un homme qui avait de grandes qualités : un dévouement, une force, une énergie, une générosité indiscutables. Il avait beaucoup d'humour et était d'une grande humanité. Il a enseigné la méditation à un moment où personne ne le faisait et a répondu à un grand besoin. En même temps, c'était un peu trop à mon goût un intégriste de la "posture", et probablement pas un exemple d'abstinence. Il était sans doute plus facile pour certains disciples de l'imiter en buvant du whisky… ce qui est quand même très loin d'épuiser la sagesse du Zen ! »

Thich Nhât Hanh

Désireux de bénéficier d'un contact direct avec la tradition japonaise, quelques dizaines d'Européens prennent la route du Japon, au cours des années 60 et 70. Parmi eux, un jeune architecte suisse, Georges Frey (Taikan Jyôji), s'y rend en 1964 ; en 1968, il entre au monastère de Kobe et pratique le Zen rinzai durant sept ans sous la direction de maître Mumon Yamada. De retour en Europe, il fonde en Ardèche, en 1975, le premier centre Zen rinzai du continent. Environ quatre cents personnes sont affiliées à ce centre qui propose des sessions intensives de *zazen*, mais aussi de tir à l'arc et d'art du thé. Une Française, Luce Bachoux (Jôshin sensei), passe également de nombreuses années au Japon et reçoit en 1988 la transmission de son maître Daigyo Moriyama, de l'école Sôtô. De retour en France, elle fonde en Ardèche La Demeure sans limites, un petit centre monastique qui connaît un certain rayonnement.

On évoquera enfin la figure tout à fait atypique du grand maître zen vietnamien Thich Nhât Hanh. Ce moine exceptionnel a créé sa propre école en 1965, l'ordre de l'« Interêtre », destiné aux moines et aux laïques bouddhistes conscients de la nécessité d'un engagement social. Contraint à l'exil en 1966 pour ses prises de position politiques et son engagement intense en faveur du respect des droits de l'homme dans son pays, il s'installe en France et fonde en 1982 le Village des pruniers, qui comprend actuellement une centaine de résidents, occidentaux et vietnamiens. Son audience auprès des Occidentaux ne cesse de grandir depuis une dizaine d'années, et plus de cinq mille Européens sont aujourd'hui rattachés aux centres « Interêtre ». Chaque été, le Village des pruniers organise de grandes sessions d'enseignement et de méditation. Depuis son exil, Thich Nhât Hanh se rend également chaque année aux États-Unis où il a fondé une centaine de groupes et où il dispense son enseignement devant de vastes auditoires. Écrivain, poète, conteur, philosophe, Thich Nhât Hanh a écrit plus de quatre-vingts ouvrages, dont une vingtaine sont traduits en français. Avec le dalaï-lama, il représente actuellement pour les Occidentaux la plus grande figure d'un bouddhisme moderne, engagé et humaniste.

Des chrétiens pratiquent le Zen

En 1929, Hugo Lassalle, jésuite d'origine allemande alors âgé de trente et un an ans, arrive à Tokyo pour reprendre une petite paroisse catholique. En 1938, il est muté à Hiroshima où il assistera, en 1945, en témoin oculaire direct, à l'explosion de la bombe atomique. Bouleversé, il devient un militant actif pour la paix et la compréhension entre les peuples. Cet engagement l'amène à s'intéresser de plus près au bouddhisme japonais. Séduit par la pratique du Zen, il devient un pratiquant assidu et reçoit même la transmission au sein de l'école Sambô Kyôdan. Ayant pris la nationalité japonaise, il change son nom en Enomiya-Lassalle et parcourt le monde en enseignant à des groupes de chrétiens – souvent des religieux – la pratique de *zazen*. Décédé en

1990 à l'âge de quatre-vingt douze ans, il peut être considéré comme le pionnier du Zen chrétien.

Un autre Allemand, de deux ans son aîné, Karlfried Graf Dürckheim, également décédé à l'âge de quatre-vingt douze ans en 1988, fut lui aussi un ardent promoteur du Zen chrétien. Il a découvert le Zen en 1921 par la lecture d'un article d'Eugen Herrigel sur l'art du tir à l'arc. Il en est si marqué que, lorsqu'il se rend au Japon en 1938, il décide d'apprendre le tir à l'arc avec le maître du propre maître d'Herrigel. De plus en plus passionné par le Zen, mais aussi chrétien convaincu, il rédige un petit livre sur maître Eckart et le Zen, publié en japonais en 1943. « Je ressens qu'Eckart et le Zen veulent peut-être dire la même chose. Mais de quoi s'agit-il seulement ? Chez l'un comme chez l'autre, on respire peut-être ce même air cristallin, comme celui que l'on trouve au sommet d'une montagne par un clair matin d'automne. Chez les deux on se sent le cœur libre et ouvert. On se sent sur la terre ferme et à la fois comme élevé au-dessus de toutes choses, et pourtant on se trouve au cœur du monde, et celui-ci devient clair et transparent, comme si l'on pouvait voir son noyau [1]. »

Dès son retour en Allemagne en 1948, Dürckheim a le souci de transmettre la tradition zen suivant une démarche adaptée à l'homme occidental. Mais il entend inscrire cette démarche dans une perspective plus vaste qui associe la thérapie occidentale, le christianisme et la pratique de *zazen*. C'est ainsi qu'il met au point au début des années 50 sa propre méthode, qu'il qualifie de « thérapie initiatique ». La méditation zen constitue l'un des piliers de cette thérapie initiatique explicitement enracinée dans le christianisme : « L'assise en silence dans la posture *zazen* est un exercice initiatique qui favorise l'union intérieure avec l'Être essentiel.

1. Cité par Gerhard Wehr, in *Dürckheim. Une vie sous le signe de la transformation, op. cit.*, p. 140

Dans cet exercice, il faut commencer par lever les obstacles qui empêchent cette union et éveiller ce qui y conduit [1]. »

Situé en plein cœur de la Forêt noire, le célèbre centre de Rütte accueille dès le milieu des années 50 des milliers d'Occidentaux en quête de ressourcement intérieur. De nombreux prêtres et religieux catholiques y apprendront la méditation zen sous la direction de Dürckheim, et certains d'entre eux fonderont par la suite leurs propres centres de Zen chrétien. Quelques disciples de Dürckheim, tel Jacques Castermane, qui a ouvert un centre dans la Drôme en 1981, feront dès lors rayonner son enseignement à travers le monde.

1. Dürckheim, *Méditer, pourquoi et comment ?*, Le Courrier du livre, 1982, p. 104.

3

Des lamas en Occident

Le *zazen* a permis – et permet encore – à de nombreux Occidentaux de s'initier à une pratique de la méditation très dépouillée, pouvant parfaitement s'acculturer à l'Occident. Cette pratique permet en effet d'être séparée de son enracinement dans la tradition bouddhiste, ce qui favorise son adoption aussi bien par des athées totalement allergiques aux institutions que par des religieux catholiques. Mais un certain nombre d'Occidentaux ressentent, à l'inverse, le désir de s'enraciner dans une tradition bouddhiste. Ils n'entendent pas seulement emprunter au bouddhisme une philosophie ou une pratique de l'assise silencieuse, mais « devenir bouddhistes ». La dimension traditionnelle et religieuse, loin de les faire fuir, les attire. Ces personnes – ainsi que d'autres qui resteront surtout séduites par les lamas, sans s'impliquer en profondeur dans la dimension ritualiste du Vajrayâna – trouveront dans le bouddhisme tibétain une tradition au sein de laquelle elles pourront tenter de stabiliser une quête spirituelle souvent très éclatée. Pour certains, cette démarche viendra dans un second temps, une fois d'autres pistes (drogue, thérapie, New Age, Zen...) explorées, ce qui explique en partie le caractère plus tardif du développement du Vajrayâna en Occident.

Avec toujours une bonne décennie d'avance sur leurs contemporains, les pionniers de la *Beat generation* délaissent ainsi le Zen au moment même où il connaît un boom extraordinaire aux États-Unis, et partent dès le début des années 60 rencontrer les lamas tibétains exilés en Inde. Ainsi, en 1962, après un pèlerinage sur les lieux saints du bouddhisme, Allen Ginsberg, Gary Snyder, Peter Orlansky et Joanne Kyger obtiennent une audience auprès du dalaï-lama. Ginsberg et Orlansky questionnent longuement le chef religieux des Tibétains sur la drogue et ses rapports avec la spiritualité – il leur explique quel fossé sépare les deux approches ! –, tandis que Snyder et Kyger, plus impliqués dans la pratique du Zen, l'interrogent sur les différentes postures de méditation. Par la suite, plusieurs poètes de la *Beat generation* suivront des grands lamas tibétains : ainsi Ginsberg qui deviendra un disciple de Chogyam Trungpa rinpoché lorsque ce dernier s'installera aux États-Unis au début des années 70.

Dans les années 60, les Occidentaux attirés par le bouddhisme tibétain doivent donc se rendre en Inde, au Sikkim ou au Népal, pour rencontrer les lamas. En dehors du dalaï-lama et des grands chefs de lignées – le Karmapa (chef de l'école Kagyüpa*), Sakya Tridzin (chef de l'école Sakyapa*) et Düdjom rinpoché (chef de l'école Nyingmapa*) – qui s'imposent autant par leurs qualités spirituelles que par la place qu'ils occupent dans la hiérarchie, quelques grands lamas, qui n'ont pas nécessairement un rang aussi important dans la hiérarchie tibétaine, attirent d'emblée l'attention des premiers Occidentaux par leur rayonnement spirituel exceptionnel. Ainsi, pour ne citer que les Français, Matthieu Ricard, mais aussi Gérard Godet (le frère de Robert Godet, décédé en 1960 à Bénarès) et quelques autres sont saisis par la personnalité de Kangyur rinpoché, un lama de l'école Nyingmapa, qui vit dans une petite maison à Darjeeling, et ils deviennent ses disciples. D'autres, tel Denis Eysseric, qui prendra plus tard le nom de lama Denys Teundroup, découvrent le rayonnement de Kalou rinpoché, chef d'une petite lignée de l'école Kagyüpa, qui vit dans un modeste monastère à Sonada, près de Darjeeling.

À partir de la fin des années 60 et du début des années 70, la diffusion du bouddhisme tibétain en Occident va obéir à deux logiques. D'un côté, ce sont les pionniers occidentaux qui se rendent en Inde à la fin des années 60 qui feront venir en Occident leurs lamas, lesquels créeront des centres pour répondre à la demande des disciples. D'un autre côté, certains lamas, généralement assez jeunes et le plus souvent mandatés en Occident par les chefs de lignées * pour y étudier l'anglais et la culture occidentale, seront bien vite happés sur place par la demande des Occidentaux et fonderont eux aussi de nombreux centres. Le dalaï-lama et le Karmapa, viendront, quant à eux, un peu plus tard, vers le milieu des années 70, confirmer et amplifier le premier travail de transmission du *dharma* accompli par ces divers lamas. C'est ce double mouvement, qui a donné le visage actuel du Vajrayâna en Occident, qu'il convient de considérer à présent – de manière très synthétique, car un ouvrage entier n'y suffirait pas.

Deux constatations d'ordre général s'imposent.

Tandis que plusieurs jeunes lamas tibétains se sont rendus en Grande-Bretagne ou aux États-Unis pour y étudier et, par la suite, y transmettre le *dharma*, c'est essentiellement en France que les maîtres tibétains ont d'abord été invités à fonder des centres par leurs disciples occidentaux qui, curieusement, n'étaient pas toujours français !

Ensuite, les Tibétains n'ont jamais « planifié », comme certains l'imaginent, la conversion de l'Occident au bouddhisme. Dans les deux grands cas de figure que nous allons décrire, ce sont presque toujours les Occidentaux qui sont à l'origine de la fondation des centres.

Les grands rinpochés en France

Né en 1905 au Kham (Tibet oriental), Kalou rinpoché incarne la figure type du yogi tibétain qui consacre toute sa vie à la pratique assidue de la méditation. Particulièrement frêle, le visage émacié, il donne le sentiment d'une force intérieure et d'une bonté immenses, contenues dans un vase d'une extrême fragilité. Beaucoup de ses disciples occidentaux seront touchés par cet aspect physique très particulier. Sa réputation de maître spirituel accompli devient telle que tous les grands hiérarques tibétains, y compris le dalaï-lama, lui demandent conseils et enseignements. Après l'invasion du Tibet par la Chine, il s'installe au Bhoutan, puis en Inde où il fonde à Sonada un centre de retraite de trois ans, trois mois et trois jours. C'est là que les Occidentaux le rencontrent pour la première fois, vers 1967-1968. Parmi eux, deux Français : Anne Berry et Denis Eysseric.

Ce dernier, né en 1949, se passionne pour la spiritualité à travers les ouvrages de René Guénon. Il passe son bac en 1968 et, touché par les films d'Arnaud Desjardins, part durant l'été en Inde à la recherche d'« authentiques maîtres spirituels ». Il fait alors la connaissance de Kalou rinpoché qu'il ne quittera pour ainsi dire plus, apprenant le tibétain et devenant par la suite son traducteur en Occident. Pressé par de nombreux disciples de se rendre en Europe et aux États-Unis, Kalou accepte en 1971 de faire un premier grand voyage en dehors de l'Inde. Extrêmement respectueux des autres religions, celui qui allait devenir l'un des plus grands apôtres du bouddhisme en Occident commence son voyage par un séjour en Israël, afin de se recueillir sur les Lieux saints juifs et chrétiens. Puis il se rend à Rome où il est reçu par le pape Paul VI à qui il demande sa bénédiction. Il répond ensuite à l'invitation d'Anne Berry, sa première disciple occidentale, et se rend à Paris où il laissera un petit noyau de disciples avant de s'envoler pour Vancouver. C'est là-bas qu'il fondera son premier centre du *dharma*. Puis il se rend aux États-Unis, en Angleterre et en Écosse.

Ce premier voyage laisse une trace si profonde chez tous ceux qu'il a rencontrés qu'il est constamment pressé de venir fonder des centres de méditation en Europe et aux

États-Unis. Mais son principal souci est de répondre à la demande d'une quinzaine de ses plus anciens disciples qui souhaitent effectuer sous sa direction la grande retraite de trois ans, si possible en Occident. En 1975, il décide donc de faire édifier un premier centre de retraite dans le domaine du château de Plaige, en Bourgogne, qui lui a été offert l'année précédente par un couple de disciples français : Chris Gallo et Didier Granger de Plaige, qui l'avaient rencontré en Écosse en 1971 et dont la fille, Hermès, sera plus tard la plus jeune Occidentale à effectuer la « grande retraite ».

En septembre 1976, dix-huit Occidentaux, neuf femmes et neuf hommes, commencent la « grande retraite » de trois ans dans deux centres séparés. À leur sortie, Kalou leur donnera à tous le titre de « lama ». Denis Eysseric deviendra ainsi le premier lama français sous son nouveau nom de Denys Teundroup.

Quatre autres retraites allaient encore avoir lieu à Kagyu Ling – nom donné au centre de Plaige – et, peu avant le décès de Kalou rinpoché, un immense temple tibétain serait construit et décoré par des artistes bouthanais. Entre-temps, Kalou rinpoché aura fondé plusieurs dizaines de grands centres de méditation en Occident, laissant chaque fois des lamas résidents pour prendre en charge la direction spirituelle. Jean-Pierre Schnetzler, devenu son disciple en 1972, est à l'origine de la fondation de deux centres dans l'Isère : Karma Migyur Ling, sous l'autorité du Karmapa (1975), qui plaça le centre sous la direction de lama Teunsang, et Karma Ling, une ancienne chartreuse, placée sous celle de Kalou rinpoché (1980) qui en confiera la direction spirituelle à lama Denys en 1984. Kalou rinpoché, décédé en 1989, son *tülkou* a été retrouvé moins de deux ans plus tard, et l'enfant, né en 1990, attire déjà des foules d'anciens disciples du maître lors de ses voyages en Occident.

La Dordogne et plus spécialement la côte de Jor va devenir, au cours des années 70, un lieu de concentration exceptionnel de centres du Vajrayâna. À l'origine de cet exode de grands maîtres tibétains en terre française, la foi bouddhiste d'un Américain de mère française : Bernard Benson. Inventeur brillant, il fait fortune en Amérique et décide de s'installer, à la fin des années 60, avec sa femme et ses sept enfants, dans un ravissant château sur la côte de Jor. Devenu ami d'Arnaud Desjardins, il décide de se rendre en Inde en 1968. Bouleversé par sa rencontre avec Kangyur rinpoché, il tente de convaincre les lamas tibétains de venir en Occident y apporter leur « trésor spirituel » ; Bernard Benson, lui, s'occupera de l'intendance. C'est ainsi que, progressivement et non sans réticences – Kangyur rinpoché lui-même ne quittera jamais l'Inde –, plusieurs grands lamas et hiérarques tibétains viennent visiter la France et la Dordogne. En 1974, le karmapa et Dudjom rinpoché donnent leur accord à la fondation de centres sur les vastes terres du château de Chaban. Bernard Benson fait construire plusieurs édifices religieux et achète des fermes aux alentours. Un autre mécène, Gérard Godet, participe aussi activement à la construction des nouveaux centres. Ce dernier, polytechnicien, était, comme son frère, féru de yoga et d'arts martiaux avant de se convertir au bouddhisme. Il aide notamment le fils de son maître Kangyur rinpoché (décédé en 1975), Tulku Pema Wangyal, dont le rayonnement spirituel commence à s'affirmer, à s'installer en France et à créer un grand centre de retraite Nyingmapa, Chanteloube. Entre-temps, il fait également venir en Dordogne Pawo rinpoché, lequel fonde en 1975 un petit centre dans une ancienne ferme, à quelques kilomètres de la côte de Jor. En 1980, Gérard Godet abandonne définitivement son travail et fait la « grande retraite » sous la direction de Tulku Pema, en compagnie notamment de plusieurs enfants de Bernard Benson. En 1986, il prend les vœux de moine et consacre dorénavant tout son temps à la diffusion du *dharma* en France.

Entre-temps, le Karmapa avait fondé le centre de Dagpo Kagyu Ling, en 1974, à la tête duquel il plaça deux lamas importants : le shamarpa, l'un des quatre régents de la lignée*, et son frère Jigmé rinpoché. En quelques années, le centre est devenu l'un des hauts lieux du bouddhisme en Europe, et plusieurs milliers d'Occidentaux s'y retrouvent chaque été pour des sessions de pratique et d'enseignement. En 1975, Dudjom rinpoché, le hiérarque de la lignée Nyingmapa, avait également fondé un centre à quelques centaines de mètres du centre Kagyüpa. Il y aura passé les dernières années de sa vie, de 1981 à 1986. En 1978, un autre grand yogi Nyingmapa, à la réputation aussi grande que celle de Kalou ou de Kangyur rinpoché, fonda, à la demande de ses nombreux disciples français et de Tulku Pema, un centre proche de Chanteloube, La Sonnerie. Né au Kham en 1910, Dilgo Khyentsé rinpoché était physiquement tout l'opposé de Kalou : une montagne qui semblait indestructible. Devenu son disciple après la mort de Kangyur rinpoché, Matthieu Ricard lui a consacré un livre et le décrit en ces termes.

« Durant quinze ans, jours et nuits, j'ai vécu auprès de lui. Jusqu'à sa mort, en 1991, je l'ai accompagné dans ses enseignements, ses voyages, ses rencontres, qu'il s'agisse de paysans ou de rois... Durant toutes ces années, je ne l'ai jamais suspecté de pensée négative. Certes, on ne peut sonder la profondeur spirituelle de quelqu'un, mais tant de compassion, de disponibilité, de patience, sont une indication [...]. Dans sa jeunesse, Khyentsé rinpoché est resté seul vingt ans dans des grottes, conformément à la tradition tibétaine. C'est ainsi qu'il s'est transformé, a développé sa force spirituelle et a pu ensuite la transmettre, non pas par un discours sur la compassion, mais en "étant" la compassion[1]. »

En 1975, le Karmapa demande à un ermite de cinquante-six ans, lama Guendune, de partir pour l'Occident diriger des retraites de méditation. Abasourdi, le yogi lui

1. Matthieu Ricard, *La Croix*, 6 mars 1999.

rétorque qu'ayant passé le plus clair de son temps à méditer dans des grottes au Tibet, et ne connaissant rien à l'Occident, il est bien mal préparé à une telle mission. « C'est justement parce que vous avez consacré votre vie à acquérir la maîtrise de la vie spirituelle que les Occidentaux ont besoin de vous », lui répond le Karmapa. Moins de dix ans après son arrivée au centre de Dagpo Kagyu Ling, lama Guendune inaugure en 1984 un grand centre de retraites et deux monastères – l'un pour les hommes, l'autre pour les femmes – au lieu-dit Le Bost, au nord de Clermont-Ferrand, là même où Arnaud Desjardins avait fondé son propre ashram *, vingt ans auparavant. Jusqu'à la mort de lama Guendune en 1997, plusieurs centaines de Français, mais aussi de Britanniques, d'Allemands, de Suédois, d'Américains, de Brésiliens et d'Australiens ont effectué de « grandes retraites » de trois ans sous sa direction. Actuellement, plus de quatre-vingts disciples sont encore en retraite sous la direction des successeurs occidentaux de lama Guendune, et une soixantaine d'anciens retraitants ont pris les vœux monastiques. En plein cœur de l'Auvergne, Le Bost est ainsi devenu le plus grand lieu de « grandes retraites » et de vie monastique bouddhiste en Occident.

Au fil des ans, ce sont des lamas de toutes les lignées qui allaient s'installer en France et un peu partout en Occident, au gré du même processus d'invitations de disciples occidentaux. C'est ainsi que les Sakyapas s'installèrent pour la première fois en France, en Normandie, en 1974, en la personne de Phendé rinpoché qui avait épousé une jeune disciple française quelques années auparavant. L'école Guélougpa, celle du dalaï-lama, a connu deux grands propagateurs du bouddhisme en Occident.

Le premier, Guéshé Rabten, se rend en Suisse et en France en 1974 à l'invitation de quelques disciples qui l'avaient connu à Dharamsala alors qu'il était l'assistant personnel du dalaï-lama. Il donne des enseignements et fait une forte impression sur son auditoire. À son retour en Inde, le dalaï-lama lui demande d'assurer la charge d'abbé de l'Institut monastique tibétain de Rikon, en Suisse. Les disciples affluent alors de toute l'Europe et il fonde son propre centre au mont Pèlerin, en Suisse romande, en 1977. Il décède en 1986 après avoir fondé de nouveaux autres centres au Canada et aux États-Unis.

Dans un style totalement différent, beaucoup plus informel et décontracté, un autre lama Guélougpa*, Thoubten Yéshé, va jouer un rôle important dans la propagation du Vajrayâna en Europe et aux États-Unis. En contact avec des disciples américains dès 1965, il se sent investi, contrairement à la plupart des autres lamas, d'une véritable vocation missionnaire, et fonde en 1975, avec son disciple lama Zopa, la Fondation pour la préservation de la tradition mahâyâniste (FPTM). Brillant, charismatique, plein d'humour et convaincu que la préservation du *dharma* dépendra dorénavant de la qualité de sa transmission en Occident, lama Yéshé fonde en moins de dix ans plus de soixante centres d'études dans le monde entier. En France, il crée principalement l'institut Vajra Yogini, près de Toulouse, où résident plusieurs lamas érudits, et le monastère Nalanda, qui compte en son sein une vingtaine d'Occidentaux. Deux ans après son décès, en 1986, lama Zopa identifie le *tülkou* de son maître en la personne d'un petit garçon d'un couple de disciples espagnols ; reconnu officiellement par le dalaï-lama, l'enfant reçoit le nom de Tendzin Osel rinpoché et est envoyé en Inde avec ses parents pour y recevoir une éducation monastique.

Une nouvelle génération de lamas

Deuxième processus à l'œuvre dans la transmission du Vajrayâna en Occident : la dispersion des jeunes lamas dans les grandes universités occidentales au cours des années 60. On constate là aussi deux grands cas de figure :

D'abord celui de certains jeunes lamas qui ont déjà terminé leur éducation monastique et sont envoyés dans les grandes capitales occidentales, à la demande des tibétologues et des universités, pour y enseigner le tibétain et la culture tibétaine. C'est ainsi que Dagpo rinpoché débarque à Paris en 1960 à l'âge de vingt-huit ans. Il enseigne de longues années à l'INALCO, et ce n'est qu'en 1978, à la demande de plusieurs de ses étudiants, qu'il finit par accepter de transmettre le Vajrayâna et de fonder un petit centre en région parisienne. Il est aujourd'hui unanimement considéré comme l'un des plus grands maîtres Guélougpa vivant en France. Il a fallu près d'une vingtaine d'années pour que ses premiers disciples s'en rendent compte, ce qui en dit long sur le prétendu « prosélytisme actif et inné[1] » des lamas tibétains ! Un autre lama de grande envergure, Namkhai Norbu rinpoché, va vivre exactement la même expérience en Italie. Invité en 1960 à l'âge de vingt-trois ans par le célèbre tibétologue G. Tucci à venir le rejoindre à Naples, il enseigne l'histoire du Tibet à l'université de 1964 à 1992. Alors qu'il est installé depuis plus de quinze ans en Italie, l'un de ses étudiants lui demande un jour de donner un enseignement public sur le Vajrayâna, ce qu'il fait. Surpris par l'étendue et la profondeur de ses connaissances spirituelles, on lui demande pourquoi il n'a pas enseigné plus tôt. « Personne ne me l'avait demandé », répond-il simplement. Connu aujourd'hui dans le monde entier – il a fondé partout de nombreux centres –, Namkhai Norbu rinpoché est considéré comme le plus grand maître du Dzogchen*, un enseignement traditionnel qui transcende toutes les écoles et est destiné à conduire rapidement l'étudiant vers l'Éveil. Tartang rinpoché, le premier lama tibétain à s'installer aux États-Unis en 1968 à l'âge de trente-trois ans, se consacre pour sa part essentiellement aux travaux d'écriture et d'édi-

1. Lionel Obadia, *Bouddhisme et Occident. La diffusion du bouddhisme tibétain en France*, L'Harmattan, 1999, pp. 148-154.

tion, et fonde le Nyingma Institute en 1973, sur les hauteurs de Berkeley, dans le souci de préserver la culture tibétaine et d'établir un dialogue entre le Vajrajana et les sciences humaines d'Occident.

Second cas de figure : celui des jeunes *tülkous* qui n'avaient pas achevé leur formation au moment de l'exil. S'est alors posée la question de l'éducation de ces futurs maîtres spirituels en dehors du contexte traditionnel tibétain. Fallait-il les former à l'ancienne, dans des monastères en Inde ou au Sikkim, ou bien leur donner au contraire une éducation plus occidentale ? Les hiérarques tibétains choisirent un moyen terme consistant à dispenser aux jeunes enfants, en Inde, une double éducation, tibétaine et occidentale, avant de les envoyer étudier la philosophie, la psychologie et les religions comparées dans des universités occidentales.

L'un des plus connus est Sogyal rinpoché. Né en 1947, il reçoit à partir de l'âge de treize ans une éducation typiquement anglaise dans une école chrétienne britannique du nord de l'Inde, tout en suivant parallèlement une formation religieuse intensive sous la direction de divers maîtres. Au début des années 70, on l'envoie étudier à Cambridge où il acquiert une solide connaissance de la culture occidentale. Vers le milieu des années 70, il accompagne en Grande-Bretagne, en France et aux États-Unis, comme traducteur, les principaux hiérarques de la lignée Nyingmapa, à laquelle il appartient. Sa bonhomie, son large sourire et surtout sa maîtrise de l'anglais et son sens pédagogique exceptionnel lui attirent ses premiers disciples. C'est ainsi qu'il fonde à Londres en 1979 et à Paris en 1981 les centres Rigpa. Actuellement implantés dans une dizaine de pays, ceux-ci sont en pleine expansion depuis la publication par leur fondateur, en 1993, du *Livre tibétain de la vie et de la mort*, qui s'est vendu à plus d'un million d'exemplaires à travers le monde.

Chogyam Trungpa aux États-Unis

Le grand propagateur du bouddhisme tibétain aux États-Unis s'appelle Chogyam Trungpa rinpoché. Sa vie – assez brève, puisqu'il est mort en 1987 à l'âge de quarante-huit ans – est un véritable roman. Tout juste âgé de vingt ans lorsque les Chinois s'emparent du monastère dont il est le jeune abbé, il parvient à s'enfuir et se dirige vers Lhassa. Mais, apprenant l'exil du dalaï-lama, il prend la route de l'Inde. Au terme d'une incroyable et terrible odyssée de neuf mois, alors qu'ils ne sont que quatorze rescapés sur trois cents fugitifs à atteindre la frontière indienne, il devient le conseiller spirituel de l'école des jeunes *tülkous* que le dalaï-lama a mis en place à New Delhi avec le concours de Freda Bedi, une Anglaise d'une soixantaine d'années, féministe et ex-ardente militante nationaliste indienne, reconvertie à la cause tibétaine. Ayant parfaitement appris l'anglais au contact de cette femme énergique, il est envoyé en Angleterre en 1963 pour étudier les religions comparées à Oxford. Son rayonnement spirituel lui attire de nombreux disciples parmi les autres étudiants et, en 1967, il fonde en Écosse, avec son compagnon Akong rinpoché, un petit centre de méditation, Samyé Ling, le premier du Vajrayâna en Occident. Il retourne en Inde à la fin de l'année 1968 pour y effectuer des retraites spirituelles et rendre compte à son supérieur, le Karmapa, de l'engouement des Européens pour le Vajrayâna.

Il fait la connaissance d'un moine trappiste profondément engagé dans le dialogue entre chrétiens et bouddhistes, Thomas Merton, qui décédera accidentellement quelques jours seulement après leur rencontre, mais qui lui laissera pour toute sa vie une très forte impression. Il parle avec Merton de ce qu'il appellera plus tard le « matérialisme spirituel » des Occidentaux, qui « consomment » la spiritualité sans accepter de fournir les efforts nécessaires à la progression dans la voie. En fait, il s'interroge profondément sur l'utilité de poursuivre une transmission dans un monde occidental qui lui semble incapable d'intégrer en profondeur le *dharma*. Le Karmapa lui laissant l'entière liberté de poursuivre ou d'interrompre son œuvre embryonnaire en Occident, de retour en Écosse en 1969, il hésite toujours sur la route à suivre, lorsqu'il est victime d'un grave accident de voiture (« étonnant phénomène de synchronicité », dirait Jung !). Sorti du coma au bout de vingt-quatre heures, il apprend qu'il restera hémiplégique. Cet accident constitue un moment clef de sa vie. Dans les jours qui suivent, Trungpa prend en effet une décision capitale : transmettre le *dharma* en Occident sans concessions sur le fond, tout en épousant totalement le mode de vie occidental. Ce dernier point l'incite à renoncer sur-le-champ à ses vœux et à sa robe de moine. Quelques mois plus tard, il épouse une jeune Anglaise, Diana, et décide de partir pour les États-Unis.

Installé en 1970 à Boulder, dans le Colorado, il fonde un centre, appelé Dharmadatu, dans lequel il propose un enseignement progressif du bouddhisme sur plusieurs années, en partant des bases hinayânistes pour terminer par les initiations tantriques du Vajrayâna. En cela, Trungpa est un visionnaire. La plupart des centres tibétains d'Occident en sont aujourd'hui, après bien des déboires, arrivés au même constat qu'il ne servait à rien de transmettre des grandes initiations ésotériques à des Occidentaux qui ne possédaient pas les rudiments les plus élémentaires du bouddhisme. En 1973, il initie les séminaires Vajradhatu, qui proposent pendant trois mois une pratique communautaire intensive de la méditation. Trungpa attend deux à trois cents personnes pour le premier séminaire. il en vient deux mille. En 1974, il fonde encore l'institut Naropa, principalement destiné à l'enseignement des arts sacrés de l'Asie et à la traduction de textes tibétains.

Si le succès de Trungpa est immense, les critiques commencent aussi à pleuvoir sur lui, notamment en provenance de certains milieux tibétains traditionnels qui ne comprennent pas le mode de vie adopté par le jeune lama et condamnent sévèrement son penchant pour le tabac et l'alcool. En 1974, le Karmapa se rend sur place et confirme pleinement Trungpa dans sa mission. Dès lors, ce dernier multiplie les enseignements, publie de nombreux livres et fonde des centres à travers tout le territoire américain, mais aussi en Europe et au Canada où il installe le siège central de son organisation en 1982. Il meurt d'une crise cardiaque en 1987, mais beaucoup, même parmi ses plus proches disciples, imputèrent sa mort à l'alcool qu'il consommait sans modération depuis son arrivée aux États-Unis.

Dès 1976, Trungpa avait assuré sa succession en nommant régent un jeune Américain d'origine italienne, Thomas Rich, qu'il avait rencontré en 1971 et pour lequel il s'était pris immédiatement d'une profonde affection. Devenu Osel Tendzin après son investiture officielle, le régent était loin de faire l'unanimité parmi les autres disciples de Trungpa dont beaucoup auraient préféré un lama tibétain. Mais Trungpa entendait aller jusqu'au bout de sa logique d'acculturation et souhaitait lui voir succéder un Occidental. Lui-même aurait bien imaginé renaître dans sa prochaine vie dans le corps d'un petit garçon américain.

Moins de deux ans après son décès, un énorme scandale éclate au sein de la sangha lorsqu'on apprend que le régent a contracté le sida et continue de multiplier ses relations sexuelles avec de nombreux disciples (hommes et femmes) sans prévenir ses partenaires ni prendre aucune précaution. Sommé par les autorités tibétaines, appelées à la rescousse, de partir faire une « grande retraite », Osel Tendzin explique pour se justifier qu'il se sentait « protégé par la puissance magique des pratiques du Vajrayâna. » Un an après sa mise à l'écart, un jeune disciple de vingt ans, avec lequel il avait eu des relations sexuelles, décède des suites du sida après avoir lui-même transmis le virus à sa petite amie. Ce nouveau scandale a à peine le temps d'éclater qu'Osel meurt à son tour en 1991. Le jour même de son décès, un important hiérarque de la lignée Kagyüpa, Jamgon Kongtrul rinpoché, nomme le fils aîné de Trungpa – alors âgé de vingt-sept ans et qui vient de passer plus de six ans de formation intensive en Inde et au Népal – à la tête des centres fondés par son père. Un an plus tard, un autre régent de la lignée Kagyüpa, Taï sitou rinpoché, annonce qu'il a découvert le *tülkou* de Chogyam Trungpa : il n'est pas américain, mais tibétain, et sera élevé dans les monastères de l'Inde et du Népal auprès des meilleurs maîtres traditionnels…

4

Bouddhisme Theravâda et méditation Vipassana

Même s'il touche actuellement beaucoup moins d'Occidentaux que le Zen* et le Vajrayâna, il convient de dire quelques mots de l'expansion en Occident, au cours des dernières décennies, du bouddhisme Theravâda. Nous avons vu précédemment qu'il fut pourtant l'une des premières traditions bouddhiques implantées en Allemagne et en Grande-Bretagne dès le début du XXe siècle. Toutefois, il séduisait plus les Occidentaux par sa doctrine épurée, qui semblait proche des enseignements du Bouddha, que pour ses pratiques rituelles ou méditatives. Mis à part quelques cas de conversion exceptionnels, et même d'engagement dans la voie monacale, peu d'Occidentaux s'engagèrent vraiment dans une pratique du bouddhisme Theravâda avant la fin des années 70, alors que le Zen était déjà très prisé et que le bouddhisme tibétain commençait sa fulgurante ascension. Très répandu au Sri Lanka (anciennement Ceylan), en Birmanie, au Cambodge, au Laos ou en Thaïlande, le bouddhisme Theravâda met principalement l'accent sur la vie monastique et développe, en dehors de nombreux rites religieux populaires, une technique de méditation appelée Vipassana* (littéralement : «vision profonde»). C'est principalement cette technique d'introspection qu'un certain nombre d'Occidentaux cherchent aujourd'hui à pratiquer à travers la tradition Theravâda.

L'un des premiers maîtres du Sud-Est asiatique à enseigner la méditation aux Occidentaux fut d'origine thaïe. Le vénérable Ajahn Chah fut ordonné moine en 1939 à l'âge de vingt et un ans. Après sept ans de vie conventuelle traditionnelle, il commença à mener une vie de moine errant à travers toute la Thaïlande. S'imposant une discipline de fer – il ne s'allongeait jamais –, il acquit progressivement une grande maîtrise de la méditation et revint fonder un petit monastère près de son village natal, en 1954.

En 1967, il est rejoint par un jeune disciple américain, le vénérable Sumedho, qui vient d'être ordonné moine et cherche un authentique maître en méditation. En 1975, Sumedho et quelques autres moines occidentaux qui l'avaient rejoint fondent, avec l'accord d'Ajahn Chah, un monastère dans un village voisin dont la langue conventuelle est l'anglais. C'est ainsi que naît Wat Pat Nanachat, le « monastère international de la forêt ». Invité à Londres en 1977 par une association bouddhiste, Ajahn Chah demande à quatre de ses disciples occidentaux de l'accompagner. Il décide de les laisser sur place, sous la responsabilité de Sumedho, pour fonder un monastère dans le Sussex, lequel compte actuellement une centaine de nonnes et de moines occidentaux. Invité en Amérique du Nord, Ajahn Chah fonde de nouveaux centres aux États-Unis, au Canada, puis, par la suite, en Australie, en Nouvelle-Zélande, en Afrique du Sud et en Suisse. Il décède en 1992, laissant plusieurs centaines de disciples occidentaux engagés dans une vie monastique particulièrement austère.

Dès les années 50, un Anglais nommé William Purfhust, ordonné moine en Thaïlande, avait déjà introduit la méditation Vipassana en Grande-Bretagne et créé l'English Sangha Trust dans le but de fédérer plusieurs temples ou monastères du bouddhisme Theravâda, installés en Angleterre par des émigrés asiatiques. Progressivement, plusieurs centres de méditation destinés aux laïcs virent ainsi le jour sous l'égide de l'EST. À la fin des années 70 également, plusieurs maîtres thaïs ou birmans, comprenant l'intérêt des

Occidentaux pour la méditation, fondèrent diverses associations destinées aux laïcs et offrant des stages intensifs de méditation Vipassana. C'est ainsi que le moine birman Sayagyi U Ba Khin créa à Rangoon l'International Meditation Center et mit au point avec ses disciples des sessions de méditation concentrées sur dix jours. Ces centres Vipassana connaissent un succès croissant en Occident depuis une dizaine d'années et permettent à des laïcs de s'initier à la méditation sur un laps de temps assez court.

Dans un tout autre style, un moine anglais formé au Sri Lanka et en Inde, le vénérable Sangharakshita, fonda en 1967 une association bouddhiste œcuménique destinée aux laïcs, Friends of the Western Bouddhist Order (FWBO). Ce mouvement assez utopique – certaines familles y vivent en communauté – s'est étendu à de nombreux pays occidentaux et mêle diverses techniques et rituels empruntés tant aux écoles du Sud qu'à celles du Nord. Il est particulièrement prosélyte, antichrétien, et n'est pas toujours bien perçu par les courants traditionnels asiatiques.

Ce sont aussi les drames des pays du Sud-Est asiatique des années 70 et 80 qui, engendrant une émigration massive à destination de l'Occident, furent à l'origine de l'implantation du bouddhisme Theravâda en Europe et aux États-Unis. C'est ainsi que plusieurs dizaines de centres Vipassana furent fondés à partir de la fin des années 60 en Amérique du Nord, principalement par des réfugiés cinghalais. La France, qui compte également de nombreux réfugiés de la péninsule indochinoise – probablement entre deux cent et trois cent mille – a vu fleurir sur son sol de nombreuses pagodes (le terme approprié est *vihara**) cambodgiennes, laotiennes ou vietnamiennes. Dans un premier temps, ces lieux de culte sont restés strictement réservés aux réfugiés qui y retrouvaient un espace culturel commun. Mais, depuis quelques années, le succès du bouddhisme zen et tibétain aidant, plusieurs pagodes se sont ouvertes aux Français et transmettent des enseignements à leur intention.

Tel est surtout le cas des pagodes khmères, sous l'autorité du patriarche cambodgien Samdech Bour Kry. L'ouverture et le rayonnement spirituel de ce maître asiatique ont attiré plusieurs dizaines de disciples français, dont certains ont même prononcé les vœux monastiques. La plupart de ces pagodes sont situées en Région parisienne et les moines cambodgiens ont même érigé un monastère à Créteil : Vatt khémararam. Dans la mouvance vietnamienne, à large dominante mahayaniste, l'une des principales pagodes ouvertes aux Français non asiatiques se trouve également en région parisienne, à Joinville-le-Pont. Fondée en 1974, la pagode de Linh-Son propose de nombreuses activités religieuses et culturelles et fait preuve depuis de nombreuses années d'un dynamisme qui commence à porter ses fruits et à toucher de plus en plus de Français. Signalons encore que l'une des toutes premières pagodes occidentales fut construite en France à Fréjus, en 1917, par des soldats vietnamiens venus combattre aux côtés des Français pendant la Première Guerre mondiale.

CINQUIÈME PARTIE

L'humanisme bouddhique

(1989-XXIe siècle)

1989 est une année symbole assez remarquable pour notre propos. Cette année-là décède d'abord Kalou rinpoché, le principal « apôtre » du bouddhisme en France et dans de nombreux pays occidentaux. C'est l'un des derniers grands héritiers du bouddhisme tibétain traditionnel qui s'en va, l'un de ces maîtres spirituels incomparables qui, par leur seule présence, convertissaient au bouddhisme des foules entières. Certes, d'autres sages se lèveront, mais ils n'auront pas pratiqué la méditation leur vie entière dans des grottes au Tibet, ils auront été élevés non seulement au contact, mais au cœur même de la culture occidentale dont ils seront désormais partie prenante. Ce sont d'autres formes de bouddhisme qui continueront à se perpétuer en Occident sans qu'il soit encore permis de dire si elles s'échoueront dans le « matérialisme spirituel » occidental, dans un repli traditionaliste frileux, ou bien si elles sauront relever le défi de la modernité tout en offrant une authentique sagesse aux hommes du XXIe siècle. Quoi qu'il en soit, la fin des années 80, symbolisée par la mort de Kalou rinpoché, marque la fin d'une époque pour la diffusion du bouddhisme en Occident.

Deuxième symbole : cette même année, le dalaï-lama reçoit le prix Nobel de la paix. Dès lors, le chef des Tibétains devient l'une des personnalités les plus connues de la planète et représente, dans l'esprit du public occidental, une sorte de porte-parole non seulement de son peuple opprimé, mais aussi du bouddhisme en général. L'intense médiatisation qui accompagne chacun de ses voyages en Europe ou aux États-Unis attire l'attention de millions d'Occidentaux sur le message plus de deux fois millénaire du Bouddha, le « sage au pied de l'arbre », ainsi qu'aimait à l'appeler Claude Lévi-Strauss [1]. Par l'entremise du dalaï-lama, Bouddha est entré dans l'ère médiatique. Les valeurs du bouddhisme – non-violence, compassion, pragmatisme, tolérance – sont sans cesse soulignées, et sa « modernité » éclate au grand jour. Hollywood y met son grain de sel et l'émotion s'ajoute à tant de bonnes raisons pour faire du bouddhisme, dans la plupart des pays occidentaux, au-delà des processus de conversion toujours à l'œuvre, un véritable phénomène de société.

Cet intérêt pour le Bouddha, son message et ses représentants, survient au moment même où s'effondre le mur de Berlin, en 1989, parfait symbole de la mort de la dernière grande idéologie politique de ce siècle. L'échec du communisme, qui s'inscrivait dans la lignée des utopies religieuses occidentales, marque une étape supplémentaire dans l'implacable processus de désenchantement du monde. « Le grand événement spirituel de notre fin de siècle pourrait pourtant bien être un décès, écrit ainsi Marcel Gauchet. Nous avons vu mourir sous nos yeux, sans vraiment nous rendre compte de la portée du fait, la foi révolutionnaire dans le salut terrestre. Nous avons vu s'évanouir la possibilité de sacraliser l'histoire – car c'est de la désagrégation du croyable lui-même, bien plus que des démentis infligés par le réel à la croyance, que la cause communiste est morte. Notre conjoncture religieuse doit être jugée à l'aune de cet effacement. Il clôt un cycle de deux siècles dont les ambiguïtés formidables sont là pour attester, s'il en était besoin,

1. Claude Levi-Strauss, *Tristes Tropiques*, Plon, coll. « Terre Humaine », 1955 et 1973, p. 475.

du caractère non linéaire de notre processus de sortie de la religion[1]. » C'est donc sur un immense champ de ruines utopiques et idéologiques que le bouddhisme pénètre à l'Ouest. Or, comme nous le verrons, il prend l'Occident à contrepied dans la mesure où il entend transformer l'humanité non pas en privilégiant l'action sur le monde et la société, mais l'action sur soi. La révolution qu'il prône est d'abord et avant tout une révolution de la conscience individuelle.

Mais la mort du communisme ne signifie pas seulement la fin de l'une des dernières grandes religions séculières. Elle revêt encore une autre portée symbolique, parfaitement mise en lumière par Patrick Michel : « Comme pôle de la tension qui structurait en dernière instance l'univers contemporain, le communisme n'était pas réductible à une idéologie et à une pratique : il induisait des comportements et des attitudes, mais aussi les "croire" qui les sous-tendaient, et les utopies qui pouvaient alimenter ceux-ci. Toutes les sociétés contemporaines ont donc à charge de gérer, au-delà de l'effondrement du communisme, la disparition de cette superréférence à laquelle l'existence même du communisme était indispensable[2]. » Ainsi la bipolarité Est-Ouest a constitué, pendant une grande partie de ce siècle, une sorte de repère mental qui a entretenu une fiction d'ordre et de stabilité. Depuis la chute du mur de Berlin, le monde nous apparaît à nouveau tel qu'il est, c'est-à-dire fondamentalement incertain. Il en ressort une inquiétude individuelle et collective d'autant plus vive que l'humanité est confrontée à de nouvelles menaces écologiques induites par les progrès technologiques, une recherche de nouveaux repères éthiques et une réarticulation globale du rapport au sens.

Philosophie de l'impermanence, du relatif et du mouvement, offrant du sens sans avoir nécessairement recours à des notions de vérités absolues ni à l'autorité d'une tradition,

1. Marcel Gauchet, *La Religion dans la démocratie* Gallimard, coll. « Le débat », 1998, p. 18.
2. Patrick Michel, *Religion et démocratie*, Albin Michel, 1997, p. 12.

proposant une éthique de responsabilité individuelle et collective, le message du Bouddha, médiatisé par le dalaï-lama, semble arriver à point nommé en Occident. Avant d'observer comment s'effectuent depuis une dizaine d'années la médiatisation du bouddhisme et sa diffusion dans des cercles de plus en plus larges de la population (chapitre 2), examinons tout d'abord la manière dont il s'insère dans l'espace laissé vacant tant par la religion chrétienne et les idéologies politiques que par la philosophie ou la psychologie occidentales (chapitre 1). Dans un dernier chapitre, nous verrons que la diffusion contemporaine du bouddhisme tibétain et le discours du dalaï-lama sur la paix mondiale s'inscrivent aussi dans une logique utopique messianique, liée à un mythe clef de la culture tibétaine.

1

Une nouvelle sagesse laïque ?

Contrairement à la démarche typiquement occidentale qui tend à privilégier l'action sur le monde à l'action sur soi, le bouddhisme reflète bien l'attitude orientale d'introversion et de travail sur soi. Sans tomber dans une vision caricaturale – bien des Occidentaux, les écoles de sagesse grecques et les monastères chrétiens sont là pour en témoigner, ont pratiqué l'introspection et mené une vie contemplative –, on peut toutefois souligner que ces deux caractères typiques dominants n'ont fait que se renforcer depuis la Renaissance, au moins pour ce qui concerne l'Occident. Or l'attitude occidentale montre aujourd'hui ses limites de deux manières fort différentes.

Une révolution spirituelle

L'échec des idéologies, d'abord, manifeste les limites d'une conception exclusivement politique, volontariste et collective du progrès et du salut du genre humain. Comme le rappelle Jean-François Revel, « l'idée directrice du siècle des Lumières, et, plus tard, du socialisme scientifique de Marx et Lénine, c'est que, désormais, l'alliance du bonheur et de la justice passait non plus par une recherche individuelle de la sagesse, mais par une reconstruction de la société tout entière. Et, pour construire cette société nouvelle, il fallait au préalable détruire complètement l'ancienne. C'est à la fin du XVIIIe siècle que le concept de révolution prend son sens moderne. Le salut personnel se trouve dès lors subordonné au salut collectif[1]. » En voulant faire le bonheur des individus, le communisme a poussé jusqu'au bout cette logique et créé sans doute la plus grande machine totalitaire de l'histoire humaine. Depuis son échec cuisant, la question de la quête de la sagesse et de la poursuite du bonheur individuel refait surface en Occident après une longue éclipse. Après l'effondrement des grands systèmes de significations religieux et politiques, l'homme moderne doit aujourd'hui chercher seul les réponses aux questions existentielles qu'il se pose.

On comprend dès lors pourquoi l'on assiste depuis une dizaine d'années, en France et dans plusieurs autres pays européens, à un extraordinaire regain d'intérêt pour la philosophie et la spiritualité. Cet intérêt se traduit essentiellement par un souci pratique de « mieux vivre ». Les livres de philosophie à succès relèvent plus de la sagesse pratique que de la logique abstraite, et les livres religieux de la spiritualité individuelle que du dogme ou de la morale. La demande du public est entièrement axée sur des thèmes comme l'amour, la mort, les vertus, le bonheur, et les auteurs les plus lus sont avant tout des philosophes de l'Antiquité ou des sages orientaux. Car cette éclipse de la sagesse en Occident n'est pas uniquement due au primat accordé au politique depuis deux siècles. Elle tient également au fait que la tradition qui était censée la maintenir vivante et la développer, la philosophie, l'avait délaissée.

C'est dans ce contexte qu'il convient d'apprécier le succès du bouddhisme, qui présente le double avantage d'être une sagesse philosophique et une voie spirituelle pratique. Michel Hulin l'explique ainsi : « Il faut comprendre l'intérêt pour la philosophie bouddhiste dans le contexte très critique

1. Jean-François Revel, *op. cit.*, p. 38.

dans lequel se trouve actuellement la philosophie en Occident. Depuis deux siècles, en effet, toutes les grandes catégories autour desquelles la philosophie occidentale s'était structurée ont été battues en brèche. Ce que Kant appelle les trois idées transcendantales ont été laminées : le sujet comme moi substantiel, le monde comme organisation des phénomènes dans le temps et dans l'espace, Dieu comme pensée organisatrice de l'ensemble du réel. Ayant rongé ses propres racines, la pensée philosophique européenne se trouve aujourd'hui dans une grande détresse. Elle a développé un complexe d'infériorité par rapport aux sciences positives auxquelles elle a abandonné l'effort d'interprétation du monde. D'un côté elle a évolué vers un certain nihilisme, de l'autre elle s'est repliée vers des questions modestes et techniques, comme l'analyse du langage. Voilà, à côté de bien d'autres aspects, l'une des raisons pour lesquelles la philosophie bouddhique exerce un grand attrait actuellement en Occident. Le bouddhisme échappe en effet à ces critiques démystifiantes : pour lui, il n'y a pas de sujet substantiel (l'homme est en devenir permanent) ; il se place dans une échelle de temps et d'espace illimitée ; il est sans l'idée d'un Dieu créateur. De plus, il ne prétend pas fournir une explication globale et totalisante du monde. D'une certaine manière, le bouddhisme permet de recontacter l'interrogation philosophique avec les questions du sens et du salut, questions délaissées par la pensée philosophique occidentale contemporaine[1]. »

Depuis son premier voyage en Occident, en 1973, le dalaï-lama a bien compris cette demande des Occidentaux et présente très souvent le bouddhisme comme une « spiritualité laïque », parfaitement assimilable par un non-croyant. Rappelant que le bouddhisme a toujours prôné une « révolution intérieure », c'est-à-dire un retour et un travail sur soi, il souligne que là réside précisément la clef du bonheur individuel, mais aussi collectif. Ainsi, dans son ouvrage le plus

1. *L'Express*, 24 octobre 1996. Propos recueillis par Frédéric Lenoir.

récent, il explique : « Qu'ils nous viennent du dehors, comme des guerres, la violence et le crime, ou qu'ils se manifestent au-dedans de nous sous forme de souffrance psychologique et affective, nos problèmes resteront sans solution aussi longtemps que nous continuerons d'ignorer notre dimension intérieure. C'est cette ignorance qui explique qu'aucun des grands idéaux mis en œuvre depuis plus de cent ans – démocratie, libéralisme, socialisme – n'ait réussi à apporter les avantages universels qu'ils étaient censés procurer. À n'en pas douter, une révolution s'impose. Mais pas une révolution politique, économique ou même technique. Ce siècle en a assez connu pour que nous sachions désormais qu'une approche purement extérieure ne saurait suffire. Ce que je propose, c'est une révolution spirituelle [1]. » Cette idée que le monde changera si chaque individu commence par s'améliorer lui-même séduit de plus en plus d'Occidentaux. Et l'une des grandes forces du bouddhisme, c'est qu'il ne se contente pas de prôner une sagesse du bonheur ; il donne des moyens concrets, des techniques, des méthodes censés permettre à l'individu d'explorer son univers intérieur, d'effectuer un travail sur lui-même, de guérir de ses blessures affectives, d'accéder à une compassion active. Mieux encore, il offre, à des Occidentaux devenus méfiants à l'égard des beaux discours spirituels, l'exemple vivant d'une pléiade de maîtres spirituels qui témoignent, par leur rayonnement, de l'efficacité de ces techniques.

On comprend dès lors pourquoi le bouddhisme attire de nombreux Occidentaux, et pas seulement des individus en quête d'une « vie bonne », selon l'expression des Anciens, remise récemment à l'honneur par André Comte-Sponville et Luc Ferry [2], mais aussi des spécialistes qui travaillent sur

1. Dalaï-lama, *Sagesse ancienne, monde moderne*, Fayard, 1999, p. 31.

2. André Comte-Sponville et Luc Ferry, *La Sagesse des modernes*, Laffont, 1998. André Comte-Sponville a été en France l'un des premiers philosophes à remettre en lumière la question de la sagesse ; le message du Bouddha fut l'une de ses sources d'inspiration.

les émotions, l'esprit ou la psyché. Nous avons déjà évoqué dans un précédent chapitre le vif intérêt de certains psychologues et psychanalystes pour la méthode bouddhiste d'introspection et de réconciliation intérieure. Depuis une dizaine d'années, ce sont également des spécialistes des neurosciences qui se passionnent pour la manière dont les lamas tibétains explorent l'esprit humain. Venus d'Europe ou des États-Unis, un certain nombre de ces scientifiques rencontrent régulièrement le dalaï-lama en Inde. Le principal animateur de ces rencontres est un chercheur chilien vivant à Paris, Francisco Varela. Neurobiologiste, directeur de recherche au CNRS, il dirige une équipe de chercheurs au laboratoire de psychophysiologie cognitive à l'hôpital de la Pitié-Salpêtrière. Il est l'auteur de nombreux ouvrages, dont plusieurs traitent des rapports des sciences cognitives et du bouddhisme[1], et explique ainsi les raisons qui motivent les spécialistes des sciences cognitives à s'intéresser d'aussi près au bouddhisme.

« Les Occidentaux sont allés très loin dans l'étude de la causalité des phénomènes naturels, mais les maîtres spirituels du bouddhisme sont bien plus forts que nous dans la connaissance des phénomènes de l'esprit. Tandis que le scientifique occidental s'est attaché par exemple à comprendre le phénomène de la chute des corps, le philosophe-méditant bouddhiste s'attache depuis deux mille cinq cents ans à comprendre le phénomène mental comme lien causal. Le bouddhisme tout entier repose en fait sur cette méthodologie d'exploration minutieuse de la vie intérieure, du mental, de l'esprit. Cet apprentissage de l'acte réflexif dans une démarche rigoureuse et pragmatique est une voie scientifique d'étude des phénomènes de l'esprit. Les méditants bouddhistes avancés sont des experts de la connaissance de l'esprit humain. En fait la compréhension et la maîtrise des

1. *L'Inscription corporelle de l'esprit*, Francisco Varela, Seuil, 1992, *Passerelles, entretiens avec le dalaï-lama sur les sciences de l'esprit*, 1995, ou *Dormir, rêver, mourir*, 1998.

phénomènes mentaux et émotionnels sont l'une des plus grandes carences de l'Occident qui s'est beaucoup plus attaché à comprendre et maîtriser les phénomènes extérieurs à l'homme. Le bouddhisme, à l'inverse, est une véritable science de l'intériorité de l'homme[1]. »

Une éthique de la responsabilité universelle

Le bouddhisme apparaît non seulement aux Occidentaux comme une « science de l'intériorité », mais aussi comme une véritable éthique de la responsabilité individuelle et collective. Nous touchons ici à la deuxième grande limite de l'attitude occidentale vis-à-vis de l'action sur le monde. Déjà modelé par le précepte biblique d'une légitime domination de l'homme sur la nature, l'Occident s'est lancé, depuis le XVIIe siècle, dans une entreprise prométhéenne de maîtrise totale de la nature. Cet effort, qui s'est accompagné d'une prodigieuse révolution technologique, a permis d'éradiquer des épidémies, d'endiguer des fleuves, de soigner bien des maladies jadis mortelles, bref, d'*humaniser* le monde. Mais il a aussi produit la bombe atomique, la déforestation, l'effet de serre, la pollution des eaux, détruit des milliers d'espèces animales et végétales, suscité de nouvelles épidémies alimentaires comme celle de la « vache folle », entre bien d'autres effets désastreux ou qui posent de sérieuses questions, comme la révolution génétique. À l'euphorie du XIXe siècle devant les progrès de la science a succédé l'inquiétude.

Face aux innombrables menaces qui pèsent désormais sur la planète – pour la première fois de son histoire, l'homme est capable de s'autodétruire –, des voix de plus en plus nombreuses s'élèvent en Occident pour appeler à une nouvelle conscience et à une nouvelle éthique individuelle

1. L'*Express*, 24 octobre 1996. Propos recueillis par Frédéric Lenoir.

et planétaire de la responsabilité. Edgar Morin rappelle que la Terre est notre unique vaisseau et notre seule patrie, et en appelle à une « nouvelle religion » – au sens de re-liaison – « sans dieu, mais où l'absence de dieu révélerait l'omniprésence du mystère », « sans révélation », « sans vérité première ni vérité finale », « sans providence et sans avenir radieux, mais qui nous lierait solidairement les uns aux autres », « sans promesse, mais avec racines », « une religion de sauvegarde, de sauvetage, de libération, de fraternité », « qui assumerait l'incertitude », « ouverte sur l'abîme » et « qui comporterait une mission rationnelle : sauver la planète, civiliser la Terre, accomplir l'unité du genre humain et sauvegarder sa diversité[1] ».

À la suite de Hans Jonas, Paul Ricœur insiste sur la notion de responsabilité comme *mission* pour les générations futures : « Le fait nouveau est que l'homme est maintenant devenu dangereux pour l'homme ; il est devenu dangereux pour lui-même en mettant en danger la vie qui le porte et la nature à l'abri de laquelle il découpait jadis l'enclos de ses cités. De ce corollaire important de l'idée de mission confiée, découle sans retard le second que voici : si l'homme est devenu le périssable par excellence, la maxime principale de la morale devient l'exercice de la mesure, de la retenue, voire de l'abstention d'agir[2]. »

Václav Havel rappelle à son tour devant le Congrès américain que « la sauvegarde de notre monde humain n'est nulle part ailleurs que dans le cœur humain, la pensée humaine, l'humilité humaine, la responsabilité humaine. Sans révolution globale dans la sphère de la conscience humaine, rien ne peut changer positivement, même dans la sphère de l'existence humaine, et la marche de notre monde

1. Edgar Morin, *Terre-patrie*, Seuil, 1993, pp. 206-207.

2. Paul Ricœur, postface, *in* Frédéric Lenoir, *Le Temps de la responsabilité*, Fayard, 1991, p. 261.

vers la catastrophe écologique, sociale, démographique ou culturelle, est irréversible[1]. »

Ces thèmes trouvent un écho étonnant dans le bouddhisme. Le message de Bouddha insiste en effet sur l'interdépendance de tous les phénomènes, il rappelle que la véritable révolution réside dans la révolution de la conscience, il prône une éthique de l'attitude juste, respectueuse de soi, des autres et de l'environnement (respect de tout être vivant), il insiste sur la compassion, etc. S'inspirant de la philosophie du Bouddha et tentant de faire face aux problèmes du monde actuel, le dalaï-lama ne cesse de prôner une éthique de la responsabilité individuelle et collective. « L'importance même de notre population signifie que nous ne pouvons plus nous permettre d'ignorer les autres, explique-t-il encore dans son dernier ouvrage. C'est pourquoi je suis convaincu qu'il est essentiel que nous cultivions un sentiment de ce que j'appelle "responsabilité universelle" [...]. Lorsque nous ignorons la dimension universelle de nos actions et négligeons le bien-être des autres, il est inévitable que nos intérêts nous apparaissent comme séparés des leurs. Nous ne ressentons pas l'unité fondamentale de la famille humaine[2]. » Par ce concept de responsabilité universelle et en mettant en avant la notion de compassion, le chef spirituel tibétain parvient à sensibiliser de nombreux Occidentaux, conscients des dangers d'un monde complexe et technologisé, entièrement dérégulé, et convaincus de la nécessité d'une prise de conscience individuelle et collective.

Philosophie immanente et spiritualité pragmatique qui permettent de réintroduire au cœur de la modernité laïque les questions du sens et du salut, morale individuelle et collective du bonheur, éthique de la responsabilité uni-

1. Allocution devant le Congrès américain, 21 février 1990.
2. Dalaï-Lama, *Sagesse ancienne, monde moderne, op. cit.*, pp. 192-194.

verselle, le bouddhisme fortement médiatisé du dalaï-lama apparaît ainsi à nombre d'Occidentaux comme un humanisme complet dont ils sont convaincus que l'humanité du XXIe siècle aura grand besoin.

2

Le dalaï-lama et la médiatisation du bouddhisme

L'*incertitude* qui découle de l'effondrement des idéologies suscite, par réaction, un retour des *certitudes*, notamment religieuses. C'est pourquoi nous assistons à de nombreux phénomènes de réactivation du religieux par le politique, à la montée de divers extrémismes à travers la planète, ainsi qu'à un durcissement du discours dogmatique de certains courants traditionnels, par exemple au sein du catholicisme romain. Ce double phénomène attire l'attention des médias, généralement peu intéressés par le religieux. Quoi de plus médiatique, en effet, qu'un cinéma incendié par des intégristes catholiques, qu'un écrivain condamné à mort par un immam fanatique, ou qu'une parole malheureuse du pape sur l'avortement ou l'usage du préservatif ? Bref, en dehors de ses dérives – et n'oublions pas les « sectes » ! –, la religion ennuie les rédactions. Parce qu'il apparaît justement comme une sorte d'alternative positive aux intégrismes de tout bord et surprend par sa soudaine force d'attraction en Occident, le bouddhisme intrigue et intéresse les médias depuis plusieurs années. On peut même parler, depuis 1993 – date de la sortie du film *Little Buddha* et de la publication du best-seller mondial de Sogyal rinpoché, d'un véritable engouement médiatique pour le bouddhisme en général et le chef tibétain en particulier.

Le triomphe d'une religion moderne

Ce qui est toujours souligné dans les nombreux articles et dossiers de presse consacrés au bouddhisme, c'est avant tout le caractère moderne du message du Bouddha. Cette « modernité » a été relevée, nous l'avons vu, par de nombreux penseurs occidentaux à compter du milieu du XIXe siècle. Depuis cent cinquante ans, il existe en Occident une sorte de propagande du bouddhisme, l'associant aux valeurs les plus positives de la modernité, qui a fini par créer un préjugé favorable à son égard dans les couches cultivées de la population, notamment chez les intellectuels et les journalistes. Cette impression a été confirmée et largement amplifiée à partir de 1989 et de l'attribution du prix Nobel de la paix au dalaï-lama. Dès lors, le chef spirituel des Tibétains est devenu une sorte de super-ambassadeur de la totalité du monde bouddhiste. Chef religieux presque aussi connu que Jean-Paul II, il s'est progressivement inscrit dans l'inconscient collectif occidental comme une sorte d'« antipape » ou de « pape moderne ». Tout ce qu'on peut reprocher à Jean-Paul II devient l'objet d'éloges chez son homologue tibétain : le pape est réactionnaire, mais le dalaï-lama est progressiste ; le pape est crispé sur les questions d'ordre doctrinal, mais le dalaï-lama ne parle que de la réalisation personnelle des individus ; le pape condamne l'usage de la pilule et du préservatif, mais le dalaï-lama s'inquiète de l'explosion démographique et de l'épidémie de sida, et considère l'usage de ces techniques comme « moindre mal » nécessaire ; le pape affirme que l'Église catholique n'ordonnera jamais de femmes prêtres, alors que le dalaï-lama estime que, même si cela ne s'est jamais vu, rien ne s'opposerait à ce que son successeur soit une femme ; le pape publie une encyclique pour rappeler la supériorité de la vérité chrétienne sur toutes les autres vérités philosophiques et religieuses de l'humanité, mais le dalaï-lama explique dans ses ouvrages que toute vérité est relative dans ce monde phénoménal ; le pape encourage les missions catholiques a convertir le plus d'âmes possible, mais le dalaï-lama demande expressément aux Occidentaux de ne pas se convertir au bouddhisme, ou alors après une longue réflexion et sans critiquer leur religion d'origine. Tandis que le pape apparaît finalement comme le gardien du dogme et de la norme, le dalaï-lama est considéré comme un maître spirituel accompli. Il est plus un témoin qu'un gardien. Il montre le chemin plus qu'il ne le codifie et ne le surveille. À tout point de vue, il apparaît comme le chef religieux « moderne » par excellence.

À la fois impressionnés par cet exceptionnel ambassadeur du bouddhisme et marqués par un discours occidental bien ancré qui souligne le caractère éminemment moderne du message du Bouddha, les médias ne pouvaient qu'accueillir très favorablement le phénomène de la diffusion du bouddhisme en Occident, quitte à n'en retenir dans un premier temps que les aspects les plus positifs. En France, c'est à l'occasion d'un séjour de trois semaines du leader tibétain, à l'automne 1993, que la plupart des médias ont pris conscience de la progression du bouddhisme et couvert très largement l'événement en multipliant les reportages dans les centres zen et tibétains [1]. Tous les adeptes interviewés insistent sur le caractère rationnel, pragmatique, tolérant du bouddhisme, confirmant ainsi le sentiment général. Les observateurs du religieux apportent les premières analyses d'un phénomène qui surprend, et les rares spécialistes qui suivent le développement du bouddhisme en France confirment, à partir des témoignages recueillis auprès des adeptes, que son succès tient essentiellement à la perception de sa

1. De plus en plus conscients de l'importance d'une bonne communication, les bouddhistes français en charge de l'organisation du voyage du chef du Tibet en exil avaient d'ailleurs décidé de confier la communication de l'événement à une équipe professionnelle dirigée par Estelle Saint-Martin, qui a parfaitement su orienter les journalistes dans le labyrinthe du bouddhisme en France.

« modernité » : primat de la raison et de l'expérience sur le dogme, souci écologique et responsabilité universelle, tolérance, réponses plausibles au problème du mal, parenté avec la science occidentale et la psychanalyse, etc. Le phénomène est dès lors régulièrement mis en lumière par les médias et les fortes ventes des hebdos qui lui consacrent leur *cover*[1], confirmant l'intérêt du public, ne font qu'accentuer la pression médiatique.

Toutefois, à trop mettre l'accent sur les seuls aspects positifs et sur le caractère rationnel du bouddhisme, en laissant de côté ses aspects plus religieux et irrationnels, on déforme la réalité et il est fort probable qu'on assiste dans les prochaines années à une inversion de tendance. D'autant plus que les grands médias obéissent à une implacable logique de la nouveauté qui les incitera vraisemblablement à s'intéresser au bouddhisme sous un jour nouveau. Face à l'émergence d'un phénomène surprenant et *a priori* sympathique, la question était : « Pourquoi ça marche ? », et le dalaï-lama apparaissait avant tout comme le représentant d'un peuple opprimé et comme le pape tolérant d'une religion moderne. La question nouvelle sera probablement : « Quels sont les problèmes ? », et l'on mettra surtout l'accent sur la face sombre du bouddhisme occidental, et le dalaï-lama ne devrait plus longtemps échapper à la critique médiatique. Au-delà même d'un juste rééquilibrage, nous ne serions pas étonné d'assister ici ou là à un retour du balancier médiatique, qui, d'un éloge sans partage, peut verser soudain dans la critique systématique. Jean-Claude Carrière nous confiait récemment avec humour qu'un journaliste l'avait ainsi « amicalement averti » qu'il aurait intérêt à prendre ses dis-

1. « La Bouddhamania », *VSD*, 10 novembre 1993 ; « Bouddha : pourquoi il séduit l'Occident », *Le Point*, 4 décembre 1993 ; « La vague bouddhiste », *L'Express*, 24 octobre 1996 ; « La confrontation bouddhisme-Occident », *Le Point*, 29 mars 1997 ; « Enquête sur la France bouddhiste », *L'Événement du jeudi*, 20 mai 1998 ; « Bouddhisme, le triomphe d'une religion sans Dieu », *L'Express*, 30 juillet 1998...

tances avec le dalaï-lama, celui-ci n'étant plus « tendance », c'est-à-dire en odeur de sainteté dans le microcosme parisien !

Le mythe de la dernière terre sacrée

Depuis le début des années 90, la médiatisation du bouddhisme s'effectue aussi, nous l'avons vu, par un autre biais : celui du cinéma. Tandis que la presse tente d'apporter une analyse du phénomène et une explication des grands principes du bouddhisme en insistant sur son caractère moderne, le cinéma joue sur un tout autre registre : celui de l'imaginaire et de l'émotion. En l'espace de cinq ans, trois des plus grands réalisateurs de notre époque – qu'on se rassure : Spielberg devrait bientôt y venir ! – ont consacré un film au bouddhisme tibétain. Est-ce surprenant quand on sait la puissance imaginative, poétique et symbolique qui se dégage de cette tradition ? Renforcé par l'émotion intense qui se dégage du génocide du peuple tibétain, le sujet a tout pour séduire les cinéastes et remplir les salles obscures. Tandis que *Little Buddha* de Bertolucci jouait surtout sur la fascination qu'exerce sur notre imaginaire le phénomène des *tülkous*, ces jeunes enfants reconnus comme des réincarnations de maîtres décédés, *Kundun*, de Scorsese, et *Sept Ans d'aventures au Tibet*, d'Annaud, s'attachaient davantage à la vie du dalaï-lama, à la dimension esthétique et symbolique du Vajrayâna, et mettaient en scène la tragédie actuelle du Tibet.

Par-delà l'émotion que suscitent la souffrance des Tibétains et la beauté des images, on peut relever deux grands « archétypes » qui agissent fortement sur l'imaginaire des Occidentaux depuis plus d'un siècle : celui de la réincarnation, comprise comme renaissance de l'ego individuel, et celui du Tibet considéré comme une terre pure, pacifique, entièrement vouée à la religion. Nous avons déjà évoqué le premier thème à propos de la Société Théosophique qui en fut le véritable promoteur. Le second est plus complexe et renvoie à la fois à un élément de réalité et à une dimension mythique.

La réalité, c'est que le Tibet est effectivement un pays qui a consacré depuis plus de mille ans l'essentiel de ses efforts à développer la religion. Toute l'organisation de la société reflétait cet effort : tandis qu'une bonne partie des individus se consacraient à la voie monastique, les autres s'adonnaient à une activité d'élevage ou agricole et alimentaient les milliers de monastères – véritables foyers de la culture non seulement religieuse, mais aussi profane comme la musique, la danse, l'opéra, la médecine, etc. –, permettant ainsi aux moines de vaquer à la méditation et aux études. Parfait reflet politique de cette organisation sociale, le chef temporel du Tibet est depuis le XVIe siècle un moine de la puissante école Guélougpa, le dalaï-lama. Matthieu Ricard a donc raison de rappeler que, « fait probablement sans précédent dans l'histoire humaine, le Tibet comptait jusqu'à vingt pour cent de la population dans les ordres – moines, nonnes, ermites en retraite dans les grottes, érudits qui enseignaient dans les monastères. La pratique spirituelle y était sans conteste le but principal de l'existence, et les laïques eux-mêmes considéraient que leurs activités quotidiennes, si nécessaires fussent-elles, étaient d'importance secondaire par rapport à la vie spirituelle [1] ». En rasant quelque six mille monastères, en massacrant plusieurs centaines de milliers de moines et en obligeant les autres à se défroquer, on comprend que c'est l'âme d'un peuple et toute l'organisation d'une société que les Chinois ont cherché à anéantir à travers sa religion.

Mais cette religion et cette organisation sociale n'étaient pas aussi idéales et parfaites que l'imaginent la plupart des bouddhistes occidentaux. Les injustices sociales étaient

1. Matthieu Ricard et Jean-François Revel, *Le Moine et le Philosophe*, *op. cit.*, 1997, pp. 21-22.

criantes et légitimées par la loi du karma. Les abbés des monastères se comportaient parfois comme de véritables tyrans féodaux. Les luttes de pouvoir entre lignées, écoles et monastères ont été incessantes et parfois meurtrières. Vouloir l'ignorer ou le nier ne sert en rien la cause du Tibet, comme le pensent certains disciples occidentaux. Une vérité historique complexe, faite d'ombres et de lumière, n'enlève rien à la grandeur de la religion tibétaine ni à l'horreur du génocide qui continue de se dérouler sous nos yeux. Elle écorne simplement la vision naïve d'une société exemplaire et le mythe du Tibet comme dernière terre sacrée. Or, ce mythe n'a cessé de se développer depuis plus d'un siècle.

Nous avons vu que les fondateurs de la Société Théosophique avaient fait du Tibet, alors inaccessible, la patrie des grands sages de l'humanité. Selon les théosophes, ceux-ci avaient fui toutes les régions du globe, polluées par le matérialisme occidental, pour venir se réfugier dans les hauts plateaux tibétains, « dernière terre sacrée » d'un monde qui semblait désormais soumis à la logique technicienne et mercantile de l'Occident.

Ce mythe s'est répandu tout au long du XXe siècle à travers les ouvrages ésotériques et les récits enjolivés de quelques voyageurs ou aventuriers qui avaient réussi à franchir la frontière hermétiquement close du Tibet. L'invasion et l'occupation chinoises, à partir de 1950, ne firent que le renforcer, malgré l'intense propagande des autorités chinoises qui tentaient de justifier cette annexion du Tibet et le génocide culturel qui l'accompagne en invoquant la nécessaire modernisation d'une « société féodale soumise au joug des moines bouddhistes ».

Avec ses traditions religieuses, intellectuelles et artistiques originales et millénaires, le Tibet, menacé d'anéantissement par la puissance communiste chinoise, n'est pas sans évoquer la disparition de l'univers traditionnel. Son combat désespéré n'est-il pas devenu, pour beaucoup, le symbole du drame des cultures anciennes, exterminées avec toutes leurs richesses culturelles par les logiques marchandes et les enjeux de pouvoirs planétaires ? Aux États-Unis, la plupart des stars hollywoodiennes qui soutiennent activement la cause du Tibet sont celles-là même qui dénoncent le génocide des Amérindiens et déplorent, dans les deux cas, au-delà du drame humain, la perte d'une sagesse humaine irremplaçable.

En 1956, le lama d'origine allemande Anagarika Govinda écrivait déjà : « L'importance de la tradition tibétaine pour notre temps et pour le développement spirituel de l'humanité réside en ceci que le Tibet représente le dernier chaînon vivant qui nous relie aux cultures d'un lointain passé [...] En raison de son isolement et de son inaccessibilité, il a réussi non seulement à conserver dans leur pureté, mais encore vivantes, les traditions du plus lointain passé, la connaissance des forces cachées de l'âme humaine, comme aussi les plus hauts enseignements ésotériques des sages indiens[1]. »

Le drame du Tibet apparaît à beaucoup aujourd'hui comme le symbole d'une lutte sans merci entre le dernier bastion planétaire d'un univers sacré traditionnel – et exempt de toute souillure, ce qui constitue l'élément mythique – et le monde matérialiste, représenté ici par la puissance chinoise et le calcul mercantile des démocraties occidentales. Son combat apparaît comme celui de David contre Goliath ; des plus hautes valeurs humaines et spirituelles contre le totalitarisme et l'« horreur économique ».

Nul doute que cette dimension symbolique et mythique – mythe qui, répétons-le, s'enracine dans de nombreux éléments de réalité – participe grandement au profond courant d'intérêt et de sympathie que de plus en plus d'Occidentaux ressentent pour le bouddhisme tibétain.

1. Anagarika Govinda, *Les Fondements de la mystique tibétaine*, Albin Michel, 1960, p. 9.

3

Un humanisme réenchanté

Les remarques développées dans les deux derniers chapitres nous conduisent à aborder une question essentielle pour notre propos : celle du lien consubstantiel, dans le bouddhisme tibétain, entre pensée logique et pensée magique, rigueur scientifique et imaginaire imprégné de mythes. Nous avons pu constater tout au long de cet ouvrage que le caractère mythique du bouddhisme tibétain, presque toujours ignoré ou passé sous silence par les médias occidentaux et ses propagandistes férus de rationalisme, a pourtant toujours joué un rôle considérable dans son succès auprès d'un large public et de la plupart de ses nouveaux adeptes en Occident. Nous voudrions montrer dans le présent chapitre que la diffusion planétaire actuelle du Vajrayâna s'accomplit aussi dans ce double mouvement de rationalité et d'imaginaire mythique.

Depuis qu'ils constatent le succès foudroyant du Vajrayâna en Occident, le discours et l'attitude des grands lamas tibétains ont sensiblement évolué. D'une prudence initiale, voire d'une réelle méfiance à communiquer leurs connaissances aux Occidentaux, ils sont progressivement passés à une attitude beaucoup plus ouverte et active. D'un côté, ils transmettent sans réserve tous les aspects religieux les plus traditionnels à une petite minorité d'Occidentaux qui font l'effort d'apprendre le tibétain et consacrent l'essentiel de leur vie à cette tâche de réception. D'un autre côté

– comme nous venons de le voir avec le dalaï-lama –, ils développent à l'intention d'un vaste public un message simple et universel sur les droits de l'homme, le bonheur individuel et collectif, la paix mondiale, la nécessité d'une éthique de responsabilité universelle, etc. Ce message est aujourd'hui si nettement perçu qu'il fait du leader tibétain un véritable apôtre moderne des droits de l'homme et de la paix mondiale. Or il est une chose étonnante et assez peu remarquée des observateurs[1], c'est que le dalaï-lama, comme la plupart des grands maîtres tibétains, lie très explicitement son discours moderne, laïque et universel sur la paix mondiale à un grand texte tantrique parmi les plus ésotériques qui soient : le Kâlachakra. Ce tantra tibétain qui ne peut être transmis qu'au fil d'une initiation de plusieurs semaines est parfaitement incompréhensible pour les non-initiés. Pourtant, les grands lamas tibétains ont fait depuis une quinzaine d'années de la transmission de cette initiation, habituellement réservée à quelques yogis initiés, une priorité absolue. À lui seul, le leader tibétain l'a transmis une vingtaine de fois en Occident depuis 1974, en insistant toujours sur le lien étroit entre la transmission de cette initiation et l'avènement de la paix mondiale. Ainsi écrivait-il déjà dans ses *Mémoires,* publiés en 1990 : «J'ai donné l'initiation du Kâlachakra dans de nombreux pays en dehors de l'Inde. Mes raisons d'agir ainsi ne consistent pas seulement à donner un aperçu de la manière tibétaine de vivre et de penser, mais aussi de faire un effort, à un niveau plus profond, en faveur de la paix mondiale[2].»

Nous nous sommes donc interrogé sur le lien qui peut exister, dans l'esprit des Tibétains, entre la paix mondiale et la transmission du Kâlachakra, et sur les raisons de cette insistance à transmettre partout à travers la planète ce long

1. À ma connaissance, seul Donald Lopez a bien mis en lumière cette association dans son dernier ouvrage, *Prisoners of Shangri-La,* University of Chicago Press, 1998.

2. Dalaï-lama, *Au loin la liberté. Mémoires,* Fayard, 1990.

tantra ésotérique. Cette petite enquête nous a conduit à l'un des plus grands mythes du Vajrayâna et à la mise au jour d'un puissant courant bouddhiste utopique.

Le royaume de Shambhala

Le premier tibétologue des temps modernes, le Hongrois Alexander Csoma de Köros, a consacré de nombreuses années à déchiffrer le Kâlachakra. Ce tantra, extrêmement vaste et complexe, expose un enseignement réparti en trois niveaux. Le niveau « externe » est une sorte de traité d'astronomie et d'astrologie qui aborde la formation des univers, celle des systèmes solaires, des planètes et leurs relations avec le monde terrestre. Le niveau « interne » traite du corps humain, des canaux d'énergies subtiles qui le traversent et de leurs correspondances symboliques avec les planètes et les étoiles. Le niveau « secret » expose un yoga tantrique qui vise à purifier les perceptions impures et à permettre au yogi, qui doit au préalable avoir reçu une « initiation » (*wamg*) d'un maître pleinement qualifié, de transformer ses éléments internes et de parvenir à un nouvel état de conscience.

Il est dit que cet immense effort de purification lui permettra d'atteindre le royaume de Shambhala, un monde de pure félicité, une sorte de paradis terrestre inaccessible au profane. S'appuyant sur le texte qu'il vient de mettre au jour, Körös tente même, dans un article publié en 1833, de situer ce merveilleux royaume : « Shambhala est un fabuleux pays situé au Nord, dont la capitale est Calapa, une cité splendide, la résidence des rois illustres de ce royaume, situé entre 45° et 50° de latitude nord [1]. » Ces informations vont propulser sur la route des Himalayas des dizaines d'Occi-

1. Alexander Csoma de Körös, « Note on the Origin of the Kala-Chakra and Adi-Buddha Systems » (1833), in *Tibetan Studies*, 1984, p 21.

dentaux en quête de ce mystérieux paradis caché – Gurdjieff en est un bon exemple – que certains missionnaires catholiques du XIXe siècle, tel le père Huc, n'hésiteront pas à identifier au fameux royaume du prêtre Jean. Le mythe de Shambhala se trouve également en arrière-fond des récits de Baird Spalding ou de Lobsang Rampa, et d'une bonne partie de la « doctrine secrète » d'Helena Blavatsky.

Nos connaissances actuelles permettent de mieux retracer l'histoire du Kâlachakra et du fameux royaume de Shambhala [1]. Tchiloupa, un maître bouddhiste indien qui a vécu à la fin du Xe siècle, serait très probablement à l'origine de la diffusion du Kâlachakra en Inde, puis au Tibet en 1040. Selon la tradition tibétaine ultérieure – mais on entre ici dans le domaine de la croyance –, Tchiloupa ne serait en fait que l'un des maillons d'une immense chaîne de transmission qui remonte jusqu'au Bouddha lui-même. Peu de temps avant de mourir, Shâkyamuni aurait enseigné le fameux tantra à la requête de Sucandra, le roi de Shambhala, qui serait l'incarnation de Vajrapâni, le bodhisattva de l'énergie éveillée. Le roi et ses successeurs répandent l'enseignement ésotérique au sein de leur royaume, faisant de Shambhala un monde paradisiaque peuplé d'êtres éveillés qui participent au maintien de l'équilibre cosmique par leur sagesse. Toujours selon la tradition tibétaine, aucun homme n'ayant reçu l'initiation et pratiqué le yoga tantrique qui lui correspond ne peut accéder au royaume de Shambhala. Entendant parler de ce mystérieux paradis terrestre, le maître indien Tchiloupa serait parvenu, après une longue quête, aux confins du royaume et aurait été initié au Kâlachakra par une émanation de l'un de ses premiers rois (Manjushri). Transmise par trois grandes lignées au Tibet

1. Je tiens une bonne partie de ces informations de Philippe Cornu, qui offre dans son dernier ouvrage un aperçu synthétique de la question selon la tradition tibétaine, *L'Astrologie tibétaine*, Guy Trédaniel, 1999, pp. 33-38, et l'ouvrage collectif du dalaï-lama, John Newman, Roger Jackson, Guéshé Lhundub Sopa, *Kâlachakra, le plus haut des tantras bouddhistes*, Éd. Claire Lumière, 1995.

pendant des siècles, cette initiation permet à ceux qui en bénéficient et qui exécutent tous les exercices yogiques de franchir enfin les portes du royaume secret et de rejoindre, en cette vie même, ce monde paradisiaque.

Ce mythe, sans conteste le plus puissant associé au bouddhisme tibétain, fait évidemment écho aux mythes occidentaux du paradis terrestre, lequel était encore activement recherché au Moyen Âge par des missionnaires et des explorateurs les plus divers. Mais il nous semble constituer aussi une sorte de pendant bouddhiste de la quête chrétienne du Graal. Tandis que le disciple de Jésus part en quête de la coupe qui a recueilli le sang du Christ, le disciple du Bouddha part à la recherche du royaume qui maintient intact l'héritage ultime de l'Éveillé. Celui qui mène la quête du Graal rencontrera toutes sortes d'obstacles qui vérifieront la sincérité de sa démarche et la force de sa foi, le transformeront et le conduiront, une fois son cœur purifié, à découvrir l'inestimable objet sacré. La quête du royaume de Shambhala, que l'on peut identifier à la quête de l'éveil, revêt aussi un caractère initiatique, mais, cette fois, traditionnel et codifié. Une fois l'initiation reçue et son être transformé par de nombreux exercices yogiques, le disciple parviendra à un état de conscience très élevé qui lui ouvrira la porte du royaume caché de Shambhala. Pour des Occidentaux plus férus d'ésotérisme que de mystique chrétienne, Shambhala a pu aussi constituer une sorte de version mystique de l'Atlantide. Si l'Atlantide est un continent disparu, Shambhala est un continent invisible. L'Atlantide avait développé une civilisation technologique incomparable ; Shambhala est le royaume de la perfection spirituelle auquel seuls ont accès les initiés.

Réinvesti en effet de toutes sortes de manières par les courants ésotériques depuis la fin du XIXe siècle, le mythe de Shambhala a aussi inspiré des romanciers et des cinéastes dans un sens plus profane. James Hilton, qui publie *Les Horizons perdus* en 1933, est sans doute le plus génial adaptateur à l'esprit occidental moderne du mythe de Shambhala. Plus question ici d'initiation tantrique compliquée pour accéder au royaume secret. Un simple accident d'avion au-dessus des Himalayas suffit à transporter quatre Britanniques au cœur de ce paradis inaccessible qui regorge d'or et où tout le monde est heureux. Recueillis par les moines de la plus grande lamasserie, nommée Shangri-La, ils passent de longs mois à réapprendre les vraies valeurs de la vie : « Il ne se rappelait pas avoir jamais été aussi heureux, même pas au cours des années précédant la grande barrière de la guerre, écrit Hilton à propos d'un de ses quatre héros. Il aimait le monde serein que Shangri-La lui offrait, pacifié plutôt que dominé par une seule et gigantesque idée. Il aimait l'atmosphère réfléchie, délassante, dans laquelle parler était un talent et non pas une simple habitude. Et il aimait réaliser que les plus petites choses pouvaient maintenant être libérées de la malédiction du temps perdu et que les rêves les plus fragiles pouvaient être accueillis par l'esprit[1]. »

Un monde d'Éveillés

Ce que nous décrivons ici comme un mythe – sans doute l'un des plus beaux qui soient – n'est pas toujours conçu comme tel par les Tibétains. Ces derniers sont pour la plupart assez convaincus de l'existence réelle du royaume de Shambhala et en font parfois des descriptions précises. Ainsi Kalou rinpoché expliquait lors d'une transmission du Kâlachakra que « le pays de cette déité [Kâlachakra] est au nord de ce monde. Là-bas se trouve une grande cité, la capitale à laquelle se rattachent neuf millions six cent mille villes secondaires. L'ensemble est appelé Shambhala et est entouré de montagnes enneigées. Dans ce domaine, la divinité se manifeste sous la forme humaine dans une lignée

1. James Hilton, *Les Horizons perdus* (1933), Le Livre de Poche, 1961, p. 203.

ininterrompue de rois qui mettent en mouvement la roue de nombreux enseignements du *dharma* et surtout du Kâlachakra. Grâce à cela, des disciples en nombre incalculable s'établissent sur le chemin de la Libération[1] ». Lorsque quelques esprits critiques demandent pourquoi on n'a jamais trouvé la moindre trace de ce fabuleux royaume et de ces quelque dix millions de villes, la réponse des Tibétains est imparable : « Bien que Shambhala soit localisé quelque part sur notre planète, c'est un lieu que ne peuvent voir que ceux dont l'esprit et les propensions karmiques sont purs[2] », explique le dalaï-lama. Plus prudent, Chögyam Trungpa évoque dans ses livres Shambhala comme un « royaume légendaire », et explique que « chez les Tibétains, une croyance populaire veut que le royaume de Shambhala existe encore, caché dans quelque vallée lointaine de l'Himalaya. On trouve également dans un certain nombre de textes bouddhiques des indications, détaillées mais obscures, sur le chemin qui y conduirait, mais les opinions sont partagées entre ceux qui prennent ces indications au pied de la lettre et ceux qui n'y voient qu'une métaphore[3]. »

Certains témoignages donnent un autre son de cloche. James George, l'ancien haut-commissaire du Canada en Inde, se souvient d'avoir interrogé à ce propos le célèbre lama lors de son passage en Inde en 1968, peu de temps avant son retour en Écosse et son terrible accident de voiture : « À notre étonnement, il répondit très calmement que, bien qu'il ne se fût jamais rendu dans le Royaume, il croyait en son existence et pouvait le voir dans son miroir lorsqu'il entrait en méditation profonde. Le soir même, il exhiba un petit miroir rond de type chinois et, après l'avoir regardé intensément pendant assez longtemps, il commença à décrire ce qu'il voyait. Au centre d'une chaîne circulaire de

1. Cité par Philippe Cornu, in *L'Astrologie tibétaine*, *op. cit.*, p. 37.
2. *Kâlachakra, le plus haut des tantras bouddhistes*, *op. cit.*, p. 15.
3. Chögyam Trungpa, *Shambhala, la voie du guerrier*, Seuil, 1984, p. 28.

hautes montagnes enneigées, il y avait une verte vallée avec une splendide cité où vivaient des gens magnifiques, coupés du reste du monde de par leur volonté propre [...]. Tout semblait faire écho à un autre monde, mais il y avait pourtant Trungpa dans notre salon, en train de décrire ce qu'il voyait comme s'il regardait par la fenêtre [1]. »

Je me suis penché sur l'origine de ce mythe et la signification qu'il pouvait avoir au sein même de la culture tibétaine. J'ai déjà évoqué le fait qu'il constituait une sorte d'allégorie du chemin initiatique et de la quête de l'éveil, un peu comme la quête du Graal en Occident. Mais pourquoi avoir créé un mythe autour d'une notion de Terre promise ? Et pourquoi associer aujourd'hui Shambhala à l'avènement de la paix mondiale ? Deux prophéties rapportées par la tradition tibétaine nous éclairent sans doute de manière décisive sur ces questions.

Aux alentours du XIIIe siècle, les lamas détenteurs de la transmission du Kâlachakra ont mis au point des annales qui indiquent les noms et les dates de règne de tous les rois du royaume de Shambhala, du Bouddha jusqu'en l'an 5104 après sa mort. Selon ces annales très précises, le roi actuel, Magakpa, serait monté sur le trône en l'an 1927 de notre ère. Lui succédera Mihi Sangé en 2027. Mais, surtout, nous voyons qu'en 2425 éclatera une terrible guerre entre le royaume de Shambhala et toutes les forces négatives de la planète, soumise à la domination des démons et des barbares. La victoire de Shambhala instaurera la loi bouddhique, le *dharma*, sur l'ensemble du globe, garantissant ainsi une ère de paix et de bonheur universels. Or ces barbares qui opprimeraient tous les peuples de la terre sont souvent identifiés aux *mleccha*, aux musulmans. Rappelons que la tradition du Kâlachakra et le mythe de Shambhala

1. Anecdote rapportée par Rick Fields, *How the Swans Came to the Lake... op. cit.*, p. 302.

qu'elle véhicule sont apparus en Inde vers la fin du Xᵉ siècle. À cette époque, l'Inde était soumise à la domination des musulmans, lesquels ont joué de surcroît un rôle déterminant dans l'éradication du bouddhisme de son berceau natal. Ainsi, entre les VIIIᵉ et Xᵉ siècles, la plupart des grands maîtres bouddhistes allèrent trouver refuge dans les contrées himalayennes voisines. C'est dans ce contexte que s'est développé le bouddhisme au Tibet. Comment ne pas voir dans le mythe de Shambhala une allégorie de la survivance du *dharma* dans un royaume parfait – plus ou moins inconsciemment identifié au Tibet par les Tibétains, mais depuis le XIXᵉ siècle de manière tout à fait explicite par beaucoup d'Occidentaux qui font du « Tibet éternel » un royaume mythique peuplé de sages et de saints – qui parviendra un jour à vaincre les barbares et à rétablir le bouddhisme non seulement en Inde, mais aussi à travers la planète entière ?

Le drame actuel du Tibet et l'exil forcé des Tibétains, loin de faire reculer la prophétie, ne font que la renforcer : les lamas ne sont-ils pas en train de propager le bouddhisme dans le monde entier face, d'une part, à une idéologie capitaliste qui dissout les valeurs spirituelles, accroît les inégalités et les risques de conflits sociaux, d'autre part, à un islamisme radical qui peut apparaître comme une menace pour la paix mondiale ?

Une autre prophétie, apparue au XVIᵉ siècle mais attribuée rétroactivement à Padmasambhava, le grand apôtre du bouddhisme au Tibet au VIIIᵉ siècle, vient aussi sans cesse à la bouche des Tibétains et de leurs disciples : « Quand l'oiseau de fer volera et que les chevaux galoperont sur des roues, le *dharma* sera chassé du Tibet et les Tibétains seront éparpillés dans le monde comme des fourmis et le *dharma* parviendra au pays de l'homme rouge » (les États-Unis). Confortés par cette autre prophétie, les lamas n'ont-ils pas, après les réticences initiales, eu de plus en plus le sentiment d'être aujourd'hui engagés dans une nouvelle mission qui permettra l'avènement de la prophétie du Kâlachakra : la réalisation prochaine d'un monde totalement pacifié où la lumière du *dharma* aura enfin vaincu les ténèbres de l'ignorance ? Le bouddhisme n'aura alors plus besoin de patrie – l'Inde ou le Tibet –, puisque la Terre entière sera son refuge et que tous les hommes seront des Éveillés, des Bouddhas.

Ainsi le mythe du royaume secret et inaccessible de Shambhala serait-il né de l'exil forcé des bouddhistes de l'Inde vers les hauts plateaux du Tibet. Il aurait pris aujourd'hui sa connotation messianique planétaire, sur fond d'anciennes prophéties, du fait d'un nouvel exil forcé : celui des Tibétains chassés de leur royaume inaccessible pour se répandre à travers toute la Terre.

En 1977, Chögyam Trungpa eut une illumination intense au cours d'une grande retraite et a développé par la suite un nouvel enseignement qu'il a appelé la « voix du guerrier de Shambhala ». Il a par la suite rebaptisé la plupart de ses centres du nom de « Shambhala » et a entièrement axé son discours sur le thème central véhiculé par le mythe du royaume de Shambhala : celui d'une « société éveillée ». Comme nous l'avons signalé, le dalaï-lama a transmis une vingtaine de fois en Occident l'initiation du Kâlachakra – ce qui est considérable quand on sait que l'initiation dure environ trois semaines –, atteignant ainsi plus de deux cent cinquante mille personnes à travers le monde. Même si très peu d'entre elles se sont ensuite engagées dans les pratiques yogiques sous la direction particulière d'un maître, toutes sont censées avoir reçu une « empreinte karmique » positive qui leur permettra un jour, en cette vie ou dans une suivante, d'atteindre cette nouvelle Terre promise et d'en être les « guerriers pacifiques ».

Si une telle analyse est exacte, on comprend mieux, dès lors, l'insistance du dalaï-lama et des plus grands maîtres à multiplier en Occident les initiations au Kâlachakra. Ils ont sans doute le sentiment intime d'activer un mystérieux processus qui doit conduire un jour prochain à l'avènement d'une nouvelle civilisation de paix et de bonheur sous les auspices du bouddhisme. N'est-ce pas la raison pour laquelle le dalaï-lama associe très explicitement la transmission du Kâlachakra à l'avènement de la paix et de la fraternité universelles ? Le combat des lamas tibétains pour une « société éveillée » et un « monde totalement pacifié », où mythe et raison, prophétie et compassion, pensée magique et principes éthiques semblent si inextricablement mêlés, m'apparaît comme une excellente illustration du processus alchimique à l'œuvre dans la diffusion du bouddhisme dans un Occident désenchanté qui ne demande finalement qu'à être... réenchanté par une philosophie du désenchantement !

Contrairement à ce que dit Marcel Gauchet, « la foi révolutionnaire dans le salut terrestre » n'est peut-être pas totalement morte. À ceci près que la révolution prêchée par les lamas tibétains est une « révolution spirituelle », pour reprendre l'expression même du dalaï-lama, une révolution de la conscience. Aucun risque, donc, de nouvelles et sanglantes activations politiques de l'utopie. De même, sur un plan religieux, le messianisme des Tibétains se distingue fortement des messianismes juif et chrétien dans la mesure où l'avènement de ce monde de justice et de paix ne doit rien à l'intervention d'un Dieu extérieur ni à un quelconque Messie. Il advient par l'ouverture et le développement de la conscience humaine. Mais le projet messianique reste bien le même : la promesse d'une terre pacifiée, d'un paradis terrestre, d'un monde enfin totalement libéré du Mal. On peut donc parler d'un messianisme d'un genre nouveau, humaniste et apolitique.

Prisonniers du royaume ?

Au-delà de la perception du mythe de Shambhala que peuvent avoir les Tibétains, nous sommes aussi conduits à nous interroger sur son impact chez les disciples occidentaux. Depuis près d'un siècle, de nombreuses conversions ont été suscitées par cet imaginaire merveilleux, le plus souvent resservi à la sauce ésotérique. L'un des premiers Français converti au bouddhisme, Maurice Magre, écrit ainsi en 1928.

« Ô maîtres, je me suis plu trop souvent à vous imaginer dans votre lamaserie de Ghalaring-Tcho[1] pour croire que vous n'existez pas. Je vous ai vus marcher entre les grands murs de briques aux quatre portes, tournées vers les quatre points cardinaux, et vous asseoir sous cet arbre gigantesque qu'un clairvoyant audacieux a pu décrire entouré d'un banc de pierre. J'ai touché votre robe jaune, insigne de la secte Guélougpa, et le poil de chèvre de votre bonnet. J'ai vu l'entrée de la bibliothèque souterraine où sont les livres millénaires écrits sur des disques de métal, les cartes de l'Atlantide, celles de Lémurie et de continents plus anciens, les statuettes représentant les Bouddhas et les Bodhisattvas. J'ai entendu souffler le vent des sommets glacés, j'ai respiré la neige himalayenne et dans la salle où sur les murs sont peints les différents cieux où l'âme s'épure, j'ai vu les frères de la communauté écoutant, immobiles, la parole du Chohan. Cela me suffit. Je ne songe pas à vous rejoindre. Je connais la profondeur de mon imperfection. Grâce à la minuscule goutte de sagesse que j'ai reçue en partage, j'ai pu mesurer la distance qui nous sépare et su que vous habitiez trop loin et trop haut. Je suis né sur les bords de la Garonne [...]. La Garonne n'est pas très large. Les montagnes que j'ai pu gravir à pied n'étaient pas très hautes. Je

1. Autre lamaserie mythique, telle Shangri-La, du royaume de Shambhala.

n'ai connu que des hommes à l'intelligence moyenne. Mais je suis satisfait de savoir que là-bas, sur des sommets inaccessibles, des êtres parfaits sont assis, rêvent au bonheur des autres et aspirent à s'élever plus haut encore, jusqu'où nul autre homme n'est monté[1]. »

Donald Lopez, professeur d'études bouddhistes à l'université du Michigan, vient de publier une étude bien documentée et très critique sur les nombreux disciples occidentaux qui restent fascinés par le mythe du « Tibet magique » et les qualifie de « prisonniers de Shangri-La[2] ». Je ne partage pas nécessairement la radicale critique de l'auteur. Le mythe en soi, surtout lorsqu'il est transposé dans une autre culture, ne m'apparaît dangereux que lorsqu'il est cru intégralement et sans aucune distance critique. Tel n'est pas le cas chez la plupart des disciples français que j'ai rencontrés : ils croient *plus ou moins* à Shambhala, comme d'autres croient plus ou moins à leur horoscope. Ils pensent que certains lamas tibétains sont doués de pouvoirs miraculeux, mais ils n'en mettraient pas leur main au feu. En fait, la plupart – il y a évidemment des croyants et des rationalistes irréductibles – dialoguent avec le mythe du Tibet magique plus qu'ils ne le subissent passivement.

On en trouve un bon exemple dans la manière dont les rédacteurs – des disciples du bouddhisme tibétain – de la revue française *Sangha* annoncent à leurs lecteurs une prochaine grande initiation du Kâlachakra. L'article s'intitule « Demain à Shambhala » et précise que « les enseignements du Kâlachakra sont particulièrement destinés à notre époque. Dans la mythologie de Shambhala, ils furent spécialement requis par le roi de cette contrée légendaire pour aider les êtres du cycle sombre et déchu dont notre époque fait partie. À la fin de ce cycle cosmique, le roi de Shambhala vaincra les armées de ceux qui s'opposent au *dharma*

1. Maurice Magre, *Pourquoi je suis bouddhiste*, Adyar, 1928, pp. 54-55.
2. Donald Lopez, *Prisoners of Shangri-La*, *op. cit.*

et amorcera la restauration de l'ordre et de la bonne Loi pour le bien de tous les êtres. Malgré son caractère profondément symbolique et ésotérique, l'initiation de Kâlachakra est couramment donnée à un grand nombre de personnes. Même si, dans la plupart des cas, elle n'est pas suivie d'études et de pratiques approfondies, elle confère son influence spirituelle et permet de renaître dans l'entourage du roi de Shambhala. On peut y progresser rapidement vers l'état de Bouddha et participer à son activité pour le bien de tous[1]. »

« Il nous faut démystifier les mythes, mais ne pas faire de la démystification un mythe, écrit Edgar Morin. Nous ne pouvons échapper aux mythes mais nous pouvons reconnaître leur nature de mythe, et commercer avec eux, à la fois de l'intérieur et de l'extérieur. Nous ne devons pas croire que nous puissions nous situer au-dessus des mythes[2]. » On constate ainsi le besoin des Occidentaux de retrouver une pensée mythique et magique dont le rationalisme moderne leur a interdit l'accès. Ignorants ou critiques vis-à-vis des mythes de leur propre civilisation, ils vont chercher ailleurs ce qui leur est inaccessible dans leur passé. Le bouddhisme tibétain en particulier possède cette étonnante capacité de lier raison et imaginaire, logique et intuition, qui favorise aujourd'hui son développement en Occident. Ce qui, en revanche, est plus risible – et je rejoins volontiers ici la critique de Donald Lopez –, c'est d'entendre des individus afficher haut et fort leur esprit critique et vanter le prétendu « rationalisme bouddhique », mais reprendre à leur compte les mythes tibétains et parfois même en être si imprégnés qu'ils en viennent à intégrer tous les enseignements du bouddhisme à travers ce prisme imaginaire.

1. *Sangha*, n° 3, printemps-été 1992, p. 15.
2. Edgar Morin, *Pour sortir du XXe siècle*, Seuil, 1984, p. 282.

CONCLUSION

L'Orient intérieur

Comme nous avons pu le constater, depuis sa découverte savante au XIXe siècle, le bouddhisme parvient à s'engouffrer dans chaque brèche utopique, religieuse, éthique, ouverte en réaction à l'implacable avancée de la modernité et de ses composantes technico-scientifiques. Mais, perçu avec des lunettes à double foyer – celui de la culture occidentale, celui de la religion chrétienne –, le bouddhisme a sans cesse été – et reste encore de nos jours – sujet à bien des malentendus, et essentiellement réinterprété. Nous avons vu comment, dans une société qui valorise la raison (milieu du XIXe), il est interprété en termes rationalistes ; dans une société qui redécouvre le sentiment religieux et la pensée magique (fin du XIXe), il est interprété en termes dévotionnels et ésotériques ; dans une société qui met l'accent sur l'expérience individuelle, la psychologie et le corps (années 60), il est assumé comme pratique méditative psycho-corporelle ; enfin, dans une société en quête de sens et de nouveaux repères éthiques (fin XXe), il est valorisé comme sagesse laïque aux valeurs universelles. En fait, il est un peu tout cela à la fois, et, de par sa grande souplesse, il répond et s'adapte à des demandes extrêmement variées et parfois contradictoires.

Dans ces diverses appropriations du bouddhisme par les Occidentaux, nous avons pu discerner, depuis deux siècles, un étonnant balancement entre rationalisme et imaginaire mythique, pensée logique et pensée magique. « L'Occident s'est fait en refoulant son propre Orient», rappelle à juste titre Edgar Morin[1]. Je suis convaincu que le bouddhisme constitue aujourd'hui une occasion, pour les Occidentaux, de retrouver les clefs perdues de leur «Orient intérieur» sans remettre en cause certains acquis de la rationalité moderne et de la critique scientifique. Le succès actuel du bouddhisme semble en effet faire écho à trois grands «refoulements» de l'Occident depuis la Renaissance et l'avènement du monde moderne : refoulement de l'imaginaire, du corps émotionnel et de la part irrationnelle de l'esprit humain; refoulement de la question individuelle du sens de la vie; enfin, oubli par l'homme occidental de l'exploration intime de sa conscience et de son monde intérieur au profit de l'exploration de l'univers et des phénomènes extérieurs.

J'ai montré plus longuement dans un autre ouvrage[2] comment le bouddhisme répondait aux attentes d'Occidentaux désireux de renouer les fils perdus de leur Orient refoulé. Tout d'abord en leur permettant de réconcilier le rationnel et l'irrationnel, la pensée logique et la pensée magique, le maniement rigoureux du concept et la symbolique du rituel. Ensuite, en favorisant l'accès, par un travail unificateur sur le corps, la psyché et l'esprit, à l'intériorité et à la vie contemplative. Enfin, par la possibilité qu'il offre de réinvestir les grandes questions existentielles sur le sens de la vie, de la mort et de l'immortalité, du salut, des conditions d'un bonheur profond. En reposant, au cœur même de la modernité, des questions qui semblaient appartenir au monde révolu de la tradition, et en parvenant même à les ajuster à la démarche moderne, individualiste, scientifique et pragmatique, le bouddhisme réussit un tour de force, quels que puissent être par ailleurs les syncrétismes individuels et les malentendus culturels qu'il engendre.

1. Edgar Morin, «L'Orient, notre refoulé», *in* Marc de Smedt (dir), *L'Orient intérieur*, Autrement, 1985, p. 37.

2. Frédéric Lenoir, *Le Bouddhisme en France*, *op. cit.*

Raison ouverte contre raison close

Par sa nature hybride – il est à la fois philosophie et religion, porté par un universalisme abstrait et toujours enraciné dans une sacralité concrète –, le bouddhisme semble en effet réconcilier tout ce que l'Occident moderne avait soigneusement séparé dans sa lutte contre la religion et la pensée mythique, et dans son ambition prométhéenne d'accoucher d'un monde entièrement domestiqué par la toute-puissance de la raison. Les penseurs occidentaux sont d'ailleurs de moins en moins nombreux à adhérer à l'idéologie rationaliste qui a confisqué la rationalité pendant plusieurs siècles, et parlent désormais plus volontiers d'une « raison ouverte » qui n'est pas foncièrement incompatible avec le monde du mythe, de l'imaginaire, du symbole, du rituel ou de la croyance.

« La raison ouverte, écrit ainsi Edgar Morin - l'un des précurseurs de cette nouvelle vision –, ne fait pas que combattre l'irrationnel, elle dialogue avec lui et reconnaît l'irrationalisable. À la différence de la vision démente d'un monde totalement rationnel et d'un homme seulement rationnel, elle voit dans le monde jeu d'ordre/désordre/organisation, et conçoit *homo* non seulement *sapiens* mais aussi *sapiens/demens*. La raison ouverte reconnaît l'a-rationnel, c'est-à-dire ce qui n'est ni rationnel ni irrationnel, comme l'être et l'existence, qui, sans raison d'être, sont. La raison ouverte reconnaît le sur-rationnel et essaie de le concevoir (ainsi, toute création comporte quelque chose de sur-rationnel que la rationalité peut éventuellement comprendre après coup). La raison ouverte reconnaît qu'il y a des réalités à la fois rationnelles, irrationnelles, a-rationnelles, sur-rationnelles comme les mythes, alors que la raison close n'y voit qu'erreurs, sottises, superstitions. La raison ouverte est ainsi le seul mode de commerce entre le rationnel, l'irrationnel, l'a-rationnel, le sur-rationnel, et par là elle nous est absolument nécessaire pour combattre ses ennemis intérieurs : la lutte contre rationalisation, réification, déification, instrumentalisation de la raison est la tâche même de la rationalité ouverte[1]. » Bien que très affinée dans sa formulation, une telle compréhension rejoint fondamentalement celle de l'Occident précartésien, notamment celle de la plupart des penseurs grecs qui *distinguaient* entre mythe et logos, et les faisaient dialoguer entre eux plus qu'ils ne les *opposaient* radicalement. De même, le Moyen Âge chrétien savait admirablement allier la raison logique et la foi religieuse, l'intelligence spéculative et la dévotion amoureuse, la rigueur du concept et la magie du rite sacramentel. Il en va de même pour le bouddhisme qui – bien que détourné en « pur rationalisme » par certains de ses zélateurs occidentaux encore imprégnés du mythe scientiste – constitue un modèle achevé de « raison ouverte ».

Il permet ainsi à l'Occident de retrouver son « Orient refoulé » et d'assumer, en théorie et en pratique, cette conception à la fois ancienne et postmoderne de la rationalité (qui l'aide à sortir de l'impasse dans laquelle l'avait engagé l'idéologie rationaliste) sans avoir à revisiter son propre passé, jeté aux oubliettes. Le *détour* par l'extériorité évite ainsi le *retour* en arrière, ce qui est beaucoup plus conforme à l'esprit et au comportement de l'homme occidental moderne.

La conversion totale est-elle possible ?

Se posent alors inévitablement les questions de l'acculturation et de la conversion : le refus ou l'impossibilité d'aller chercher des solutions à un vrai problème au sein de son propre héritage culturel, et le détour par une autre civilisa-

1. Edgar Morin, *Pour sortir du XXe siècle*, *op. cit.*, p. 281.

tion sont-ils possibles, d'un simple point de vue psychologique, sans tomber dans toutes sortes de malentendus qui peuvent créer autant, voire plus de difficultés qu'ils n'en résolvent ? Cela semble envisageable pour ce qui est de certaines questions d'ordre philosophique ou de certaines techniques de méditation, telle la méditation silencieuse sans objet, ou des techniques psycho-corporelles de travail sur les émotions. Ces conceptions intellectuelles et ces techniques peuvent en effet, me semble-t-il, s'acculturer à un Occident aussi bien juif ou chrétien qu'athée.

Qu'en est-il maintenant de conceptions comme la doctrine du non-soi, radicalement antinomique de la conception occidentale de la personne, et des diverses pratiques religieuses véhiculées par les cultures bouddhistes, tel le Vajrayâna : rituels, visualisations de déités, prosternations, gourou-yoga, etc. ? Autrement dit, les Occidentaux peuvent-ils tenter de renouer avec leur « Orient intérieur » en devenant intégralement bouddhistes ?

Plusieurs penseurs d'Orient et d'Occident se sont penchés directement sur cette question et leur réponse est presque toujours négative. Tel est, par exemple, le point de vue de Carl Gustav Jung, pourtant passionné par l'Orient.

« Au lieu d'apprendre par cœur les techniques spirituelles de l'Orient et de les imiter d'une manière entièrement chrétienne dans l'attitude forcée correspondante, il vaudrait beaucoup mieux chercher s'il n'existe pas dans l'inconscient une disposition introvertie, semblable à celle qui est devenue principe spirituel directeur de l'Orient. Nous serions alors dans une position nous permettant de construire sur notre propre terrain et avec nos propres méthodes. Si nous prenons ces choses directement à l'Orient, nous satisfaisons simplement notre tendance occidentale à acquérir, confirmant encore que "tout ce qui est bon est à l'extérieur", où il faut aller le chercher pour l'introduire dans nos âmes stériles [1]. »

1. Carl Gustav. Jung, *Psychologie et orientalisme, op. cit.*, p. 23.

Le célèbre psychologue met également en garde contre une démarche de conversion qui s'effectue presque toujours – et souvent inconsciemment – en réaction contre sa religion d'origine.

« L'attitude orientale viole les valeurs spécifiquement chrétiennes, et il n'est pas bon de s'aveugler sur ce fait. Pour que notre nouvelle attitude soit authentique, c'est-à-dire pour qu'elle soit basée sur notre propre histoire, elle doit être acquise avec la pleine conscience des valeurs chrétiennes et des conflits existant entre elles et l'attitude orientale introvertie[1]. »

Aussi surprenant que cela puisse paraître à certains disciples occidentaux, le dalaï-lama tient presque mot pour mot le même discours.

« Il y a deux phénomènes. Certaines personnes gardent leur foi dans leur religion d'origine et adoptent certaines techniques, certaines pratiques d'une autre religion. Je crois que cela est très positif. Mais d'autres personnes désirent changer de religion. C'est ce phénomène qui est plus dangereux. Il faut que ces personnes réfléchissent beaucoup et longtemps. Car ce n'est pas naturel de se couper de ses racines. Si on le fait trop rapidement, c'est généralement par amertume et déception de son ancienne religion. Alors on devient critique contre sa religion d'origine. Cela est très grave, car on détruit l'esprit même de la religion qui est la tolérance, la sagesse, l'amour[2]... »

Mais, comme j'ai pu le constater, la plupart des adeptes déplorent dans le christianisme l'absence d'initiation à la vie contemplative et d'intériorité, tout comme celle de maîtres spirituels « authentiques », c'est-à-dire d'« êtres réalisés » capables de transmettre une voie spirituelle initiatique. À quelle autre porte pourraient aller frapper les disciples occi-

1. *Id., ibid.*, p. 24.

2. Dalaï-lama, propos recueillis par Estelle Saint-Martin, « Clés pour comprendre le bouddhisme », *ARM*, octobre 1993.

dentaux du Bouddha qui cherchent à s'engager dans une voie spirituelle exigeante mais non dogmatique, sous l'autorité d'un maître accompli, une voie qui, de surcroît, leur permette d'unifier le corps et l'esprit ?

Le phénomène de conversion au bouddhisme révèle donc les cruelles lacunes des religions traditionnelles de l'Occident, à commencer par le christianisme qui, avant même la victoire de la modernité, avait déjà perdu la plupart des clefs de l'initiation spirituelle et de la vie contemplative au profit d'un développement de la dévotion sentimentale et d'une rigidité dogmatique, du côté catholique ; d'une rationalisation et d'une suprématie de l'éthique, du côté protestant.

La réconciliation de l'Orient et de l'Occident ?

Au-delà des enjeux purement religieux d'un mélange christiano-bouddhique ou d'une hypothétique et très improbable conversion de l'Occident au bouddhisme, la rencontre de celui-ci et de celui-là me semble surtout avoir, dans l'histoire longue, une portée fondamentale sur le plan anthropologique et civilisationnel. Au cœur même d'une modernité qui semblait jusqu'alors soumise à la seule et triomphante raison technicienne de l'Occident, elle favorise en effet un rapprochement des deux polarités essentielles de l'individu, qui semblent reposer sur la bipolarisation du cerveau humain : le pôle logique, abstrait, analytique, correspondant à l'hémisphère gauche ; et le pôle analogique, intuitif, global, correspondant à l'hémisphère droit. J'ai déjà évoqué cette approche compréhensive de la rationalité qui distingue et rassemble les différentes polarités de l'homme au lieu de les opposer et de les diviser, et qui revient en force en Occident par le biais du bouddhisme. De même que le nécessaire rééquilibrage entre action sur le monde et action sur soi, lesquelles semblent aussi découler du primat accordé à l'une ou l'autre fonction du cerveau et qui ont donné naissance à deux types de civilisation forts différents. L'Orient bénéficie aujourd'hui des indéniables bienfaits de l'Occident : révolution des droits de l'homme, préoccupations de justice sociale, idéal démocratique, science expérimentale pouvant déboucher, à côté de la bombe atomique, sur une meilleure maîtrise et une humanisation bénéfique du monde – de l'endiguement des fleuves aux progrès fabuleux de la médecine. L'Occident, quant à lui, découvre grâce au bouddhisme une philosophie très pertinente de l'interdépendance des phénomènes et surtout une compréhension de l'esprit humain et de son fonctionnement qui apparaît comme une véritable science du sujet et de l'intériorité.

L'harmonie d'une nouvelle civilisation planétaire et le bonheur des individus qui la composent ne reposeront-ils pas en grande partie sur cet équilibre toujours instable, mais toujours nécessaire, entre les deux tendances structurelles de l'esprit humain ? On serait alors mieux à même de comprendre l'étonnante appréciation du célèbre historien des civilisations Arnold Toynbee selon lequel « la rencontre du bouddhisme et de l'Occident est l'événement le plus significatif du XXe siècle... »

Glossaire

anâtman (sk.) : «non-soi», «absence de moi». De deux types : 1) absence de réalité du «moi» de la personne, 2) insubstantialité d'un phénomène.

apophatique : se dit habituellement d'une «théologie négative» qui procède par négations successives pour montrer le caractère inconnaissable et absolu de Dieu. Dans son approche du nirvana et de la vacuité, le bouddhisme peut être qualifié d'apophatique.

arhat (pal., sk) : ceux qui ont vaincu tous les voiles des passions et sont parvenus au nirvana où cesse toute souffrance. Les arhats sont «libérés» du samsâra mais n'ont pas encore atteint l'Éveil d'un Bouddha.

ashram (sk.) : dans l'hindouisme, désigne un lieu où les fidèles, laïcs ou moines, vivent en communauté.

âtman (sk) : le «soi». Désigne dans l'hindouisme l'entité personnelle et éternelle qui doit se dégager de l'illusion (mâya) pour rejoindre l'absolu ou Brahman. Le bouddhisme nie en général l'existence d'une telle entité.

aura : terme vague de l'occultisme occidental qui désigne une sorte de rayonnement diffus et coloré autour du corps humain, provenant du «corps éthérique».

avatâra (sk.) : «descente», désigne dans le brahmanisme et l'hindouisme la manifestation d'un dieu sur terre.

bardo (tib.) : «état intermédiaire». Désigne une continuité d'état de conscience située entre deux moments de rupture. Habituellement employé pour désigner les états *post-mortem*, mais on compte en fait six bardos qui englobent tous les états de la vie et de la mort.

bodhisattva (sk.) : «Être d'Éveil», «héros de l'esprit d'Éveil»; désigne les êtres qui ont fait vœu d'aider tous les êtres souffrants en atteignant l'Éveil. Ils renoncent à la paix du nirvana pour se consacrer au bonheur d'autrui.

Bouddha (pal., sk.) : lit. «l'Éveillé» : 1) le fondateur du bouddhisme, Shâkyamuni Bouddha. 2) tout être parvenu à l'Éveil comme lui. 3) la nature essentielle de tout être animé («Le Bouddha en soi»).

brahman (sk.) : le divin dans son sens absolu selon l'hindouisme, inconcevable et ineffable.

brahmanisme : l'ancienne religion théiste de l'Inde caractérisée par les sacrifices au divin et un ritualisme de castes. Réformée après le développement du bouddhisme, elle sera ensuite connue sous le nom d'hindouisme.

budô (jap.) : «voie martiale», désigne les arts martiaux japonais, souvent marqués par l'influence du Zen.

causalité : notion fondamentale du bouddhisme où l'on considère que tout phénomène relatif naît de causes et de conditions précises. Le karma est un mode de causalité particulier, lié à la conscience des êtres animés.

chakra (sk.) : «Roue». Dans le corps subtil, désigne les points de convergence des canaux subtils, sortes de carrefours dans l'anatomie subtile du yoga, comparés à des lotus ou à des roues à nombre de rayons variable.

chiné (tib) : en sanscrit *shamatha*, pratique de méditation assise visant à calmer l'esprit.

dalaï-lama (tibéto-mongol) : «Océan de Sagesse», titre donné par les Khan mongols à un hiérarque de l'école Guélougpa du Tibet à partir du XIVe siècle. Au XVIIe siècle, le Ve dalaï-lama devient le souverain temporel et spirituel du Tibet et ses incarnations successives ont régné jusqu'en 1959, date de l'invasion du Tibet par la Chine.

déité, *voir* yidam.

Dewatchen (tib.) : en sanscrit Sukhâvatî, «Lieu de félicité», nom de la Terre Pure du Bouddha Amitâbha où le croyant est censé pouvoir renaître après sa mort s'il s'adresse avec dévotion à ce Bouddha.

dharma (sk.) : 1) tous les phénomènes de l'univers sont des dharma, 2) l'enseignement du Bouddha pour parvenir à l'Éveil et les voies proposées pour l'atteindre sont appelés Dharma ou Bouddhadharma.

dôjô (jap.) : «Lieu de la voie», tout lieu où l'on pratique une discipline extrême-orientale. En Occident, a pris le sens de *Zendô*, lieu où l'on pratique la méditation zen, quand il ne s'agit ni d'un temple ni d'un monastère.

Dzogchen (tib.) : la «Grande Perfection» ou «Grande Complétude». Enseignement ultime de l'école bouddhiste Nyingmapa et du Youngdroung Bön où l'on expose la présentation directe de la nature ultime de l'esprit, la perfection primordiale de toutes choses et l'autolibération des contenus de l'esprit.

Éveil : sk. bodhi. État d'un Bouddha, c'est-à-dire d'un être qui s'est libéré définitivement de tous les voiles des passions et de la connaissance et qui déploie toutes les qualités transcendantes d'un Éveillé, potentiel habituellement inaccessible chez l'être ordinaire.

Gautama (sk.) : nom du Bouddha historique, appelé encore Siddhartha Gautama ou Shâkyamuni.

Guélougpa (tib.) : « Les Vertueux », la plus récente des quatre écoles du bouddhisme tibétain, fondée par Tsongkhapa (1357-1419), s'appuyant sur la tradition kadampa du maître indien Atisha et son *Lamrim* (« la Voie progressive ») et à laquelle appartiennent les dalaï-lamas et les panchen-lamas.

guéshé (tib.) : « ami spirituel », désigne en fait un érudit ayant parcouru un cursus d'études monastiques pendant douze à vingt ans sanctionné par un diplôme. Équivalent à un « docteur en théologie ».

gymnosophistes : « les sages nus ». Terme savant grec pour désigner les ascètes indiens qui vont nus ou portent seulement le cordon symbole de chasteté (brahmâcarya).

hara (jap.) : centre de gravité du corps humain situé au-dessous du nombril, où se concentre l'énergie vitale (ki en jap., tch'i en chinois).

Hinayâna (sk.) : « Petit Véhicule », désigne aujourd'hui le bouddhisme Theravâda de l'Asie du Sud-Est (Sri Lanka, Birmanie, Thaïlande) où l'accent est mis sur la libération individuelle et la vie monacale.

impermanence : caractère transitoire et périssable de tous les phénomènes qui composent notre univers et notre existence.

Jaïnisme : religion fondée en Inde par le Mahavira au Ve siècle av. J.-C., qui insiste sur la pureté et la non-violence.

Kagyüpa (tib.) : « Ceux de la lignée orale », l'une des trois écoles dites « nouvelles » du bouddhisme tibétain, fondée par Milarepa, le célèbre poète mystique tibétain (1040-1123) disciple de Marpa. L'école aux nombreuses branches insiste sur une pratique yogique du *Mahâmudrâ* (« Grand symbole ») qui lui est propre.

karma (ou karman) (sk.) : « acte », désigne l'acte motivé en tant que cause et effet. L'effet d'un acte, de même nature que la cause, est éprouvé par son auteur à plus ou moins long terme en vertu des imprégnations inconscientes que l'acte a laissé dans son esprit.

Karmapa (tib.) : nom du hiérarque de l'école karma-kagyüpa au Tibet, le 1er Karmapa ayant été le premier maître tibétain à instituer une lignée par réincarnations successives et l'actuel Karmapa étant le XVIIe du nom.

kesa (jap.) : pièce de vêtement rectangulaire portée par-dessus l'épaule gauche, noire ou bleu foncé dans le Zen.

khata (tib) : écharpe blanche traditionnellement offerte en guise de bienvenue ou pour marquer sa gratitude au Tibet.

koan (jap.) : dans le Zen rinzai, court problème énigmatique posé par le maître à son disciple, destiné à faire voler en éclat l'esprit conceptuel et à provoquer le *satori.*

lama (tib.) : équivalent du sanscrit *guru*, désigne un maître spirituel au Tibet, c'est-à-dire une personne qualifiée pour enseigner le dharma aux autres.

lama-racine : dans le bouddhisme tibétain, désigne le maître dont on reçoit des instructions cruciales du Vajrayâna ou du Dzogchen et que l'on choisit de suivre pour cette raison comme maître principal. Il est la « racine » des accomplissements spirituels à venir.

lamaïsme : terme obsolète par lequel les premiers orientalistes occidentaux désignaient le bouddhisme tibétain, pensant que l'importance donnée au maître ou « lama » était une particularité tibétaine, ce qui est faux.

lhaktong (tib.) : en sanscrit *vipashyana*, « la vision profonde », méditation où l'on examine son esprit et la nature des phénomènes à la lumière de prajñâ, la connaissance intuitive non-conceptuelle.

lignée : la lignée spirituelle ou lignée de maître à disciple tient une place très importante dans la transmission vivante des enseignements au sein des traditions Tch'an/Zen et dans le bouddhisme tibétain.

Mahâyâna (sk.) : « Grand Véhicule », bouddhisme apparu en Inde aux environs du début de l'ère chrétienne, pratiqué actuellement au Tibet, en Chine, en Corée, au Vietnam et au Japon, où l'on insiste sur la compassion pour autrui, l'idéal du bodhisattva et la vacuité de tous les phénomènes.

maitri (sk.) : L'amour ou la bienveillance, vertu cultivée dans l'ensemble du bouddhisme comme une expression de la compassion pour les êtres.

mala (sk.) : rosaire ou chapelet bouddhiste utilisé pour compter les prières ou les mantras récités.

mandala (sk.) : Signifie « centre et pourtour ». Ainsi, le pratiquant qui se visualise comme une déité est le centre du mandala, et l'ensemble de ses perceptions pures extérieures en forme le pourtour. Désigne aussi les représentations graphiques ou de sable coloré du mandala d'une déité.

mantra (sk.) : « qui protège l'esprit ». Dans l'hindouisme, le bouddhisme Mahâyâna et surtout le Vajrayâna, formule sacrée généralement en sanscrit répétée un grand nombre de fois par le pratiquant. En utilisant le pouvoir du son, le yogi se purifie et développe des accomplissements spirituels.

mâya (sk.) : l'illusion, la vision des êtres plongés dans l'ignorance et la confusion et qui sont incapables de reconnaître leur réelle nature et celle des phénomènes.

moksha (sk.) : « libération » en sanscrit, terme surtout employé dans l'hindouisme.

nirvana (sk.) : dans le bouddhisme, état qui résulte de la cessation des passions et de toute cause de souffrance. « Au-delà de la souffrance » selon le terme tibétain correspondant. En aucun cas un néant, mais un état de paix définitif.

Nyingmapa (tib.) : « Les Anciens », première école bouddhiste tibétaine fondée par Padmasambhava et ses disciples au VIIIe siècle, s'appuyant sur l'enseignement des tantras anciens et le *Dzogchen*.

pâli : langue vernaculaire de l'Inde ancienne, proche du sanscrit, employée au Ier siècle à Sri Lanka pour fixer par écrit les premiers enseignements du Bouddha au sein du Canon pâli (bouddhisme Theravâda).

prajñâ (sk.) : La connaissance supérieure ou sagesse, clarté de l'esprit non conceptuel permettant de dissiper l'ignorance et d'accéder à l'expérience directe de la réalité absolue.

prajñâpâramitâ (sk.) : « connaissance transcendante », connaissance directe et non-duelle de la vacuité de tous les phénomènes. Désigne aussi les sûtras traitant de la connaissance de la vacuité.

prosternation : geste ritualisé où l'on se prosterne à terre en signe de foi, de respect et d'hommage envers les Bouddha ou tout autre support sacré.

pûja (sk.) : dans l'hindouisme et le bouddhisme, rituel d'offrande.

Râma (sk.) : nom de l'un des principaux avatâra du dieu Vishnu dans l'hindouisme. Sa légende est l'objet du *Râmayâna*, geste épique en sanscrit.

refuge (prendre) : Acte intérieur d'adhésion au bouddhisme qui s'exprime par la confiance dans le Bouddha, le guide ; le dharma, l'enseignement et la voie ; et le Sangha ou communauté des pratiquants. Cet acte est le plus souvent extériorisé par un rituel de prise de refuge.

rinpoché (tib.) : « très précieux », titre décerné au Tibet à des maîtres (lamas) estimés de haute élévation spirituelle ou aux réincarnations de lamas (tülkous). Titre autrefois accordé à quelques lamas, aujourd'hui très usité en Occident comme en Asie.

Rinzai (jap.) : l'une des deux principales écoles du Zen, fondée par Eisai (XIIIe siècle), qui, outre la méditation assise (*zazen*), préconise l'emploi des koans et l'expérience du satori.

rôshi (jap.) : « maître vénérable ». Terme honorifique pour un maître zen confirmé.

Sakyapa (tib.) : « Terre claire », l'une des trois écoles dites « nouvelles » du bouddhisme tibétain, fondée par Khön Könchok Gyalpo au XIe siècle, issue des enseignements du maître tantrique indien Virupa et préconisant la pratique du *Lamdré*, « la voie et son fruit ».

samsâra (sk.) : par opposition au nirvana, désigne tout état d'existence conditionné et caractérisé par l'ignorance et la souffrance.

sanscrit : langue savante de l'Inde ancienne utilisée comme langue sacrée par le brahmanisme, l'hindouisme, le bouddhisme Mahâyâna et certaines branches du bouddhisme ancien (Mahâsanghika).

satori (jap.) : « éveil soudain », désigne dans le Zen rinzai un moment d'expérience directe et non duelle de la réalité absolue qui équivaut à une révolution de la conscience. L'école Sôtô n'emploie plus ce terme depuis trois siècles.

sensei (jap.) : « professeur ». Titre donnant compétence pour enseigner au Japon.

sesshin (jap.) : dans le bouddhisme zen, période de retraite intensive de méditation pendant trois à sept jours.

Shâkyamuni (sk.) : le « Sage du clan des Shâkya », l'un des noms par lequel on désigne le Bouddha historique Siddhartha Gautama (Ve siècle avant J.-C.).

Shihô (jap.) : dans le bouddhisme Zen Sôtô, désigne la cérémonie formelle où le maître désigne un disciple comme son successeur dans la lignée. Désigné ailleurs par le terme *dempô*.

Soka Gakkai (jap.) : secte laïque japonaise issue de la Nichirenshoshû, fondée par Makigushi en 1938. Prônant la suprématie du *Soûtra du Lotus* et de sa pratique sur toute autre méthode, elle est actuellement répandue dans le monde entier.

Sôtô (jap.) : l'une des deux principales écoles du Zen, fondée par Dôgen (1200-1253) qui insiste sur la discipline et la méditation assise (*zazen*).

sûtra (sk.) : « discours du Bouddha », désigne tous les textes commençant par la formule « Ainsi ai-je entendu... », qui traitent tous des enseignements en principe dispensés par le Bouddha pendant les cinquante années de son ministère.

tantra (sk.) : textes fondateurs du bouddhisme Vajrayâna. Dans l'hindouisme, ce terme est aussi employé pour désigner les textes fondateurs du Tantrisme hindou. Ne pas confondre les deux tantrismes, même s'ils ont des points communs !

tantrisme : terme occidental générique pour désigner les écoles tantriques hindoues d'une part, les écoles du Vajrayâna bouddhiste d'autre part. Parmi les nombreuses méthodes du Tantrisme, certaines (peu usitées car de haut niveau) utilisent la sexualité, ce qui a induit en Occident une idée simplificatrice et fausse selon laquelle le Tantrisme se réduirait à une simple pratique sexuelle. *voir* Vajrayâna

Tch'an (ch.) : école bouddhiste du dhyâna (« méditation ») chinoise, dont le prolongement au Japon deviendra le Zen. Actuellement l'une des deux principales écoles survivantes du bouddhisme chinois, l'autre étant la Terre Pure.

Tchenrézi (tib.) : le bodhisattva Avalokiteshvara qui personnifie la compassion, patron protecteur du Tibet. Les Tibétains considèrent le dalaï-lama comme son émanation.

thanka (tib) : au Tibet, peinture religieuse sur toile encadrée de brocards que l'on peut rouler lors des déplacements.

Theravâda (pal.) : « École des Anciens », seule école du bouddhisme ancien ou Hinayâna encore existante, elle est pratiquée au Sri Lanka, en Birmanie et en Thaïlande et s'appuie sur les enseignements du Canon Pâli.

tonglen (tib.) : « donner et recevoir », méditation de compassion où l'on considère que l'on prend en inspirant la souffrance d'autrui et que l'on donne son propre bonheur en expirant.

transmigration : l'errance des êtres plongés dans l'illusion qui migrent de vies en vies dans le samsâra. Parfois maladroitement désigné par le terme « réincarnation », ne pas confondre ce terme avec la réincarnation volontaire de certains maîtres dans le bouddhisme tibétain (tülkous).

transmission (Zen) : transmission traditionnelle de la « robe » du maître au disciple lors du Shihô.

tülkou (tib.) : « Corps d'apparition ». Terme qui signifie en général les Corps de manifestation qu'un Bouddha peut créer pour enseigner aux êtres. Au Tibet, désigne plus prosaïquement les réincarnations de grands lamas.

Upanishad (sk.) : dans l'hindouisme, série de textes sacrés essentiels du Vedânta qui contiennent des spéculations philosophiques parachevant ou concluant les Veda.

Vajrayâna (sk.) : « Véhicule de diamant », prolongation du Mahâyâna où des « moyens habiles » ou méthodes spécifiques telles que l'utilisation de visualisations de déités et de mantras viennent renforcer l'impact de la pratique spirituelle. Synonyme de Tantrayâna ou de Mantrayâna secret, il est pratiqué au Tibet et au Japon sous différentes formes.

Veda (sk.) : « Science », désigne les quatre textes fondateurs de la tradition brahmanique dans l'Inde ancienne.

vihara (sk.) : « demeure », terme désignant les monastères bouddhistes.

Vipassana (pal.) : méthode de méditation essentielle qui allie présence et attention, adoptée par plusieurs courants du Theravâda birman et actuellement répandue dans les centres de méditation fondés en Occident sous ce nom.

voyage astral : dans l'occultisme occidental, désigne une « sortie du corps » volontaire ou non pendant le rêve ou à l'occasion d'une profonde relaxation, d'un état cataleptique ou de troubles psychologiques.

yidam (tib.) : déité de méditation utilisée dans le Vajrayâna comme moyen d'atteindre les accomplissements spirituels. Ce n'est aucunement un dieu extérieur mais une personnification de l'Éveil et de ses qualités à laquelle le pratiquant s'identifie pour mûrir spirituellement.

zafu (jap.) : coussin rond utilisé pour le *zazen.*

zazen (jap.) : « méditation assise », méthode principale du bouddhisme zen pour parvenir à l'Éveil. Le pratiquant assume la posture assise, jambes croisées, dos droit et observe les contenus de son esprit sans intervenir, en maintenant la présence et la discipline posturale.

Zen (jap.) : école du bouddhisme japonais issue du Tch'an chinois, où l'on insiste sur la pratique de la méditation assise et sur l'esprit non-conceptuel. Il existe deux branches principales, le Sôtô et le Rinzai.

Bibliographie

ABEYDEERA, Ananda, « Jean de Marignolli : l'envoyé du pape au jardin d'Adam », Catherine Weinberger-Tomas (dir.), *L'Inde et l'imaginaire*, E.H.E.S.S., 1988.

Académie des sciences morales et politiques, *Comptes rendus*, 2e série, t. I, 1847.

ALEXANDRE, Noël, *Apologie des Dominicains missionnaires de la Chine*, 1700.

ALLO, o. p., « L'Europe se fera-t-elle bouddhiste ? », in *La Revue des jeunes*, 25 février et 10 mars 1926.

– *Plaies d'Europe et baumes du Gange*, Cerf, 1931.

ALMOND, Philip, *The British Discovery of Buddhism*, Cambridge University Press, 1988.

AMSTRONG, Richard, « Buddhism and Christianity », in *The Theological Review*, 7, 1870.

ARM, *Clefs pour comprendre le bouddhisme*, octobre 1993.

ARNOLD, Edwin, *The Light of Asia*, Adyar, 1981.

AVRIL, Philippe, *Voyages en divers États d'Europe et d'Asie, entrepris pour découvrir un nouveau chemin à la Chine*, 1692.

BACOT, Jacques, *Milarepa, ses méfaits, ses épreuves, son illumination*, Fayard, 1925 et 1990.

BAREAU, André, *En suivant Bouddha*, Philippe Lebaud, 1985.

BARRAUX, Roland, *Histoire des dalai-lamas*, Albin Michel, 1993.

BARTH, Auguste, *The Religions of India*, Londres, 1891.

BARTHÉLEMY SAINT-HILAIRE, Jules, « Sur les travaux de M. Eugène Burnouf », in *Le Journal des Savants*, août-septembre 1852.

– *Du Bouddhisme*, Benjamin Duprat, 1855.

– *Le Bouddha et sa religion*, Didier et Cie, 1860 et 1862.

– *Le Christianisme et le Bouddhisme. Trois lettres à M. l'abbé Deschamps*, E. Leroux, 1880.

– *Le Bouddha et sa religion*, Didier et Cie, 1862, avant-propos à la troisième édition.

– «Le néo-bouddhisme», *Mémoire de l'Académie des sciences morales et politiques*, 1896, t. XIX.

BARTOLI, *Vie de saint François-Xavier*, Lyon, 1666.

BATCHELOR, Stephen, *The Awaking of the West. The Encounter of Buddhism and Western Culture*, Harper Collins, Londres, 1992.

BAUMANN, Martin, *Deutsche Buddhisten : Geschiste und Gemeinschaften*, Digonal-Verlag, Marburg, 1993.

– «Creating a European Path to Nirvana», *Journal of Contemporary Religion*, vol. 10, 1995.

BEAL, Samuel, *The Romantic Legend of Sakya Buddha*, Londres, 1875.

BECHERT, Heinz, «La vitalité religieuse du bouddhisme contemporain», in *Le Grand Atlas des religions, Encyclopædia Universalis*, 1988.

BELL, Charles (sir), *Portrait of the Dalai Lama*, Londres, 1946.

BELLAH, Robert, *Beyond Belief : Essays on Religion in a Post-Traditionnal World.* Harper & Row, New York, 1970.

– «New Religious Consciousness and the Crisis of Modernity», *in* C.Y. GLOCK et R. BELLAH (dir.) *The New Religious Consciousness.* California University Press, Berkeley, 1976.

BERVAL (de), René, *Présence du bouddhisme* (dir.), Gallimard, 1959 et 1987.

BESSON, Émile, *Bouddhisme et christianisme*, Legrand, 1923.

BÉTHUNE, Pierre-François (de), «Quand les chrétiens pratiquent le zen», in *Études*, septembre 1987

BIES, Jean, *Littérature française et pensée hindoue, des origines à 1950*, Klincksieck, 1974.

BISHOP, Peter, *Dreams of Power : Tibetan Buddhism and the Western Imagination*, The Athlone Press, Londres, 1993.

BLAVATSKY, Helena, *Isis dévoilé*, Adyar, 1976.

– *La Doctrine secrète*, Adyar, 1982.

– *La Clef de la théosophie*, La Compagnie théosophique, 1946.

BLOCH, Jules, *Les Inscriptions d'Asoka*, 1950, p. 131.

BLOFELD, John, *Le Bouddhisme tantrique du Tibet*, Seuil, 1976.

BLONDEL, Éric, *Nietzsche, le 5e Évangile ?* Les Bergers et les Mages, 1980.

BOHLEN, Peter (von), *Das Alte Indien, mit besonder Rücksicht auf Ägypten dargestellt*, Bornträger, Königsberg, 1830.

BORGES, Jorge Luis et JURADO, Alicia, *Qu'est ce que le bouddhisme ?* Gallimard, 1982.

BOUCHON, Geneviève, «L'image de l'Inde dans l'Europe de la Renaissance», *in* Catherine Weinberger-Thomas, *L'Inde et l'imaginaire* (dir.), E.H.E.S.S., 1988.

BROSSE, Jacques, *Alexandra David-Neel*, Albin Michel, 1978.

– *Zen et Occident*, Albin Michel, 1992.

– *Les Maîtres zen*, Bayard, 1996.

BUCHANAN, Francis, « On the Religion and the Literature of the Burmas », in *Asiatic Researches*, 6, 1799.

BUDDHADASA, Vénérable, *Un bouddhiste dit le christianisme aux bouddhistes*, Desclée de Brouwer, 1987.

BUGAULT, Guy, *La Notion de Prajna ou de sapience selon les perspectives du Mahâyâna*, Institut de civilisation indienne, 1968.

BURNOUF, Eugène, *Introduction à l'histoire du buddhisme indien*, Maisonneuve, 1844 et deuxième édition 1876.

BUSSON, Henri, *Le Rationalisme dans la littérature de la Renaissance*, Vrin, 1957.

CAN-LIEM, Luong, *Bouddhisme et psychiatrie*, L'Harmattan, 1992.

CARRIÈRE, Jean-Claude et le DALAÏ-LAMA (entretiens), *La Force du bouddhisme*, Robert Laffont, 1994.

CARTIER, Jean-Pierre et Rachel, *Nous avons rencontré les prophètes d'aujourd'hui*, Plon, 1986.

CAZENEUVE, Jean, *Les Roses de la vie*, Fayard, 1999.

CHACORNAC Paul, *La Vie simple de René Guénon*, Éditions traditionnelles, 1986.

CHALON, Jean, *Le Lumineux Destin d'Alexandra David-Néel*, Perrin, 1985.

CHARLES, Pierre, « L'action missionnaires et les universités », in *Xaveriana*, octobre 1934.

CHEVALIER, Pierre, *La Séparation de l'Église et de l'école*, Fayard, 1981.

CLAUGHTON, Bishop Peter, « Buddhism », in *Journal of the Transactions of Victoria Institute*, 8, 1874.

CLÉMENT D'ALEXANDRIE, *Stromates*, 1. I, chap. XV.

COBBOLD, George, *Religion in Japan : Shintoism, Buddhism, Christianity*, SPCK, Londres, 1894.

COLEBROOKE, Henry Thomas, « Observations on the Jains », in *Transactions of the Royal Asiatic Society*, 1827.

COMTE-SPONVILLE, André, *Traité du désespoir et de la béatitude*, t. I : *Le Mythe d'Icare*, t. II : *Vivre*, P.U.F., 1984 et 1988.

– *Une éducation philosophique*, P.U.F., 1989.

– *L'Amour la solitude*, Paroles d'aube, 1992.

– *Petit Traité des grandes vertus*, P.U.F., 1995

– *La Sagesse des modernes*, en collaboration avec Luc Ferry, Robert Laffont, 1998.

CONCHEDANS, Marcel (conférence), *Nietzsche et le bouddhisme*, séminaires du Collège international de philosophie, *Le Cahier*, n° 4, 1987.

CONDOMINAS, Georges, « Notes sur le bouddhisme populaire en milieu rural Lao », in *Archives de sociologie des religions*, 25 et 26, 1968.

CONSTANT, Benjamin, *De la religion*, 2 vol., 1827.

CONZE, Edward, « Buddhist Philosophy and its European parallels », in *Thirty Years of Buddhist Studies*, Oxford, 1967.

COOMARASWAMY, Ananda, *La Danse de Civa* (avant-propos de Romain Rolland), L'Harmatan, 1983.
COSEY, *Jonathan* (série BD), 12 albums, éd. du Lombard, Bruxelles-Paris, 1976 à 1988.
COUSIN, Victor, *Histoire de la philosophie depuis les temps les plus reculés jusqu'au XIXe siècle*, 1863.
CORNU, Philippe, *Le Guide du bouddhisme tibétain*, Hachette, 1998.
– *L'Astrologie tibétaine*, Guy Trédaniel, 1999.
– « Le choc interculturel dans les groupes bouddhistes d'obédience tibétaine », mémoire de D.E.S.S., université de Paris-VIII, 1997.
COX, Harvey, *L'Appel de l'Orient*, Seuil, 1978.
CREPON, Pierre, *Les Religions et la guerre*, Albin Michel, 1991.
CROUCHER, Paul, *Buddhism in Australia (1848-1988)*, Kensington, 1989.
CUNNINGHAM, Alexander, *The Bhilsa Topes*, Londres, 1854.
DALAÏ-LAMA, *Mon pays et mon peuple*, Olizane, Genève, 1984.
– *Au loin la liberté. Mémoires*, Fayard, 1990.
– *Océan de sagesse*, Presses Pocket, 1990.
– *L'Enseignement du Dalaï-Lama*, Albin Michel, 1987.
– *Cent Éléphants sur un brin d'herbe*, Seuil, 1990.
– *L'Art du bonheur*, Robert Laffont, 1999.
– *Sagesse ancienne, monde moderne*, Fayard, 1999.
DAVID-NEEL, Alexandra, *Le Bouddhisme du Bouddha*, Plon, 1911 ; Presses Pocket, 1989.
– *Voyage d'une Parisienne à Lhassa*, Plon, 1927, Presses Pocket, 1980.
– *Mystiques et magiciens du Tibet*, Plon, 1929, Presses Pocket, 1980.
– *Immortalité et réincarnation, doctrines et pratiques. Chine, Tibet, Inde*, Plon, 1961.
DAVIDS, Rhys, *Buddhism*, SPCK, Londres, 1877.
DESHAYES, Laurent, *Histoire du Tibet*, Fayard, 1997.
DESHIMARU, Taisen, *Vrai Zen*, Le Courrier du livre, 1969.
– *La Pratique du zen*, Albin Michel, 1974.
– *Zen et arts martiaux*, Seghers, 1977, et Albin Michel, coll. « Spiritualités vivantes », 1983.
– *Questions à un maître zen*, Albin Michel, 1984.
DESIDERI, lettre du 10 avril 1716, in *Lettres édifiantes et curieuses*.
DESJARDINS, Arnaud, *Le Message des tibétains*, la Table ronde, 1966.
– *L'Ami spirituel*, La Table ronde, 1996.
DIDEROT, René, *Encyclopédie*, 15 vol., 1751-1765.
DODS, Marcus, *Mohammed, Buddha and Christ*, Hodder and Stroughton, Londres, 1888.
DONNET, Pierre-Antoine, *Tibet mort ou vif*, Folio, 1990.
DROIT, Roger-Pol, « Victor Cousin, la Bhagavad Gita et l'ombre de

Hegel », Catherine Weinberger-Thomas (dir.), *L'Inde et l'imaginaire*, E.H.E.S.S., 1988.
– « Les philosophes d'hier face au bouddhisme », in *Le Grand Atlas des religions, Encyclopaedia Universalis*, 1988.
– *L'Oubli de l'Inde*, P.U.F., 1989, Le Livre de Poche, 1992.
– « Une statuette tibétaine sur la cheminée », *in* Roger-Pol Droit (dir.), *Présences de Schopenhauer*, Grasset, 1989, Le Livre de Poche, 1991.
– *Le Culte du néant*, Seuil, 1997.
DUBERNARD, Étienne-Jules, *Tibet, « mission impossible », lettres (1864-1905)*, Fayard, 1990.
DUFOUR, Xavier-Léon s.j., *Saint François-Xavier*, La Colombe, 1953.
DUKA, T., *The Life and Work of Alexander Csoma de Körös*, Londres, 1885.
DUMÉZIL, Georges, « Alexandre et les sages de l'Inde », in *Scritti in onore di Giuliano Bonfante*, Paideia, Brescia, 1975.
DUPONT-SOMMER, A., « Essénisme et bouddhisme », in *Comptes rendus des séances de l'Académie des inscriptions et belles-lettres*, avril 1981.
DÜRCKHEIM, Karlfried Graf, coll. « Regard inédits sur » , Béthanie, 1990.
– *Le Zen et nous*, Le Courrier du livre, 1976.
– *Hara*, Le Courrier du livre, 1969 et 1882.
– *Méditer, pourquoi et comment ?*, Le Courrier du livre, 1978 et 1982.
DURKHEIM, Émile, *Les Formes élémentaires de la vie religieuse* (1912), P.U.F., 1960 et 1985.
EDKINS, Joseph, *The Religious Condition of the Chinese*, Routledge, Londres, 1859.
EITEL, Ernest, *Buddhism, its Historical, Theorical and Popular Aspects*, Trüber and Co, Londres, 1884.
ELIADE, Mircea, *Histoire des croyances et des idées religieuses, de Gautama Bouddha au triomphe du christianisme*, t. II, Payot, 1978.
ESTLIN CARPENTER, J., « The Obligations of the New Testament to Buddhism », in *The Nineteenth Century*, 8, 1880.
ÉTIENNE, Bruno et LIOGIER, Raphaël, *Être bouddhiste en France aujourd'hui*, Hachette, 1997.
EVANS-WENTZ, W. Y., *Le Bardo-Thödol, livre des morts tibétain*, Maisonneuve, 1927 et 1987.
– *Le Livre tibétain de la grande libération*, Adyar, 1952 et 1972.
FAIVRE, Antoine, « Le courant théosophique, essai de périodisation », in *Politica Hermetica* (coll.), n° 7, L'Âge d'Homme, 1993.
– *L'Ésotérisme*, P.U.F., 1992.
FARCET, Gilles, *Les Éveillés de l'Ouest*, Albin Michel, 1992.
FAURE, Bernard, *Sexualités bouddhiques : entre désirs et réalité*, Le Mail, 1994.
– *Bouddhismes, philosophies et religions*, Flammarion, 1998.

FERRY, Jules, « Discours à la Clémente Amitié », 5 août 1875, inédit, cité par Pierre Chevalier, in *La Séparation de l'Église et de l'école*, Fayard, 1981.

FESTUGIÈRE, A.-J., « Grecs et sages orientaux », in *Revue de l'histoire des religions*, 130, 1943.

FEUERBACH, Ludwig, *L'Essence du christianisme*, Gallimard, coll. « Tel », 1968.

FIELDS, Rick, *How the Swans Came to the Lake. A Narrative History of Buddhism in America*, Shambhala, Boston et Londres, 1981 et 1992.

FILLIOZAT, Jean, *L'Inde vue de Rome. Textes latins de l'Antiquité relatifs à l'Inde*, Les Belles Lettres, 1986.

– « Les échanges de l'Inde et de l'Empire romain aux premiers siècles de l'ère chrétienne », in *Revue historique*, tome CCI, janvier-mars 1949.

– « Les étapes des études bouddhiques », *in* René de BERVAL (dir.), *Présence du bouddhisme*, Gallimard, 1987.

FINOT, Louis (présentation et traduction), *Les Questions de Milinda*, Bossard, 1923, et les éditions Dharma, 1983.

FLAUBERT, Gustave, *Bouvard et Pecuchet*, 1881.

FLAVIUS JOSÈPHE, *La Guerre des Juifs*, traduit du grec par P. Savinel, Minuit, 1977, II, 163. III, 374.

– *Antiquités juives*, XVIII, 14.

– *Contre Apion*, II.

FLEMING, Peter, *Bayonets to Lhassa*, Londres, 1961.

FOUCHER, Alfred, *L'Art gréco-bouddhiste du Gandhâra*, 3 vol., (1905-1922).

– *La Vie du Bouddha d'après les textes et les monuments de l'Inde*, 1949.

FREUD, Sigmund, *Essais de psychanalyse appliquée*, in *Essais*, Gallimard, 1933.

FROMM, Erich, MARTINO, Richard (de), SUZUKI, D.T., *Bouddhisme zen et psychanalyse*, P.U.F., 1971 et 1986.

FROUDE, James, 1899, *Short Studies on Great Subjects*, t. IV, Longmans, Green and Co., Londres, 1899.

GARCIN DE TASSY, *Journal des Débats*, 7 juillet 1854.

GAUCHET, Marcel, *Le Désenchantement du monde. Une histoire politique de la religion*, Gallimard, 1985.

– *La Religion dans la démocratie*, in *Le Débat*/Gallimard, 1998.

GENDRONNEAU, Paul, *De l'influence du bouddhisme sur la figuration des enfers médiévaux*, Gellion & Bandini, Nîmes, 1922.

GÉRARDY, Gaspard, *Le Bouddhisme*, éd. Catholicité, Lille, 1946.

GERMAIN-THOMAS, Olivier, *Bouddha, terre ouverte*, Albin Michel, 1993.

GIRA, Dennis, *Comprendre le bouddhisme*, Centurion, 1989.

– « Présence du bouddhisme en France », in *Études*, février 1989.

– « Entre christianisme et bouddhisme », in *Christus*, n° 153, 1992.

– « Comprendre la colère des bouddhistes », in *La Croix*, janvier 1995.
– « Les bouddhistes français », in *Esprit*, juin 1997.
GIRARD, René, *L'Orient et la pensée romantique allemande*, Thomas, Nancy, 1963.
GLASENAPP, Helmuth (von), « Schopenhauer und Indien », in *Schopenhauer Jahrbuch*, n° 36, 1955.
– « Das Gottesproblem bei Schopenhauer und in den metaphysischen Systemen der Inder », in *28 Jahrbuch des Schopenhauer-Gesellschaft*, Heidelberg, 1941.
GODET, Robert, *En 2 CV vers les hauts lieux de l'Asie*, Amiot-Dumont, 1953.
– *À travers les sanctuaires de l'Inde*, Amiot-Dumont, 1955.
GOVINDA, Anagarika, *Les Fondements de la mystique tibétaine*, Albin Michel, 1960 et 1984.
– *Le Chemin des nuages blancs*, Albin Michel, 1969 et 1976.
– *La Méditation créatrice*, Albin Michel, 1979 et 1993.
– *Le Bardo-Thödol* (présentation), Albin Michel, 1980 et 1991.
– *Bouddhisme vivant à l'intention des Occidentaux*, Entrelacs, 1992.
GREEN, Robert, « Christianity and Buddhism », in *Proceeding of Literary and Philosophical Society of Liverpool*, 44, 1890.
GROS, Jean-Marie, *Saint François Xavier, sa vie et ses lettres*, 1900.
GROSIER, abbé, *Description générale de la Chine*, 1787.
GUÉNON, René, *Orient et Occident*, Guy Trédaniel, 1983.
– *Le Théosophisme, histoire d'une pseudo-religion*, Valois, 1921 et 1928.
– *Autorité spirituelle et pouvoir temporel*, éd. Traditionnelles, 1930.
GUGELOT, F., *Conversions au catholicisme en milieu intellectuel*, 1885-1935, Presses du C.N.R.S., 1998.
GUIGNES, Joseph (de), « Recherches sur les navigations des Chinois du côté de l'Amérique », in *Mémoires de l'Académie des inscriptions et belles lettres*, t. XVII, 1761.
HALBFASS, Wilhem, *India and Europe*, New York, 1981.
HARRER, Heinrich, *Sept ans d'aventures au Tibet*, Paris , Arthaud, 1953.
HARVEY, Peter, *Le Bouddhisme*, Seuil, 1993.
HECKER, Max, *Schopenhauer und die Indische Philosophie*, Hüscher & Teuffel, Cologne, 1897.
HEGEL, Friedrich, *La Raison dans l'histoire. Introduction à la philosophie de l'histoire*, Plon, 1965, p. 285.
– *Encyclopédie des sciences philosophiques*, Hambourg, 1827. Trad. de Maurice de Gandillac, Gallimard, 1970.
HENRY, Anne (dir.), *Schopenhauer et la création littéraire en Europe*, Klincksieck, coll. « Méridiens », 1989.
HERGÉ, *Tintin au Tibet*, Bruxelles , Casterman, 1960.
HERRIGEL, Eugen, *Le Zen dans l'art chevaleresque du tir à l'arc*, Dervy, 1953.

HESSE, Hermann, *Siddharta,* Grasset, 1925 et 1988.
HILTON, James, *Les Horizons perdus,* Le Livre de Poche, 1961.
HOUANG-PO, *Entretiens,* Seuil, 1985.
HOUEI-NENG, *Discours et sermons de Houeï-Nêng sixième patriarche zen,* Albin Michel, 1963.
HUC, Régis-Évariste, *Souvenir d'un voyage dans la Tartarie et le Tibet,* 2 vol., 1944, Le Livre de Poche, 1962.
– *Découverte du Tibet (1845-1846),* Flammarion, 1933.
HULIN, Michel, *Hegel et l'Orient,* Vrin, 1979.
HUME, David, *Enquête sur les principes de la morale* (1751), traduction de André Leroy, Aubier, 1978.
HUMPHREYS, Christmas, *Sixtie Years of Buddhism in England (1907-1967),* The Buddhist Society, Londres, 1968 et 1991.
– *Vivre en bouddhiste,* Fayard, 1974.
HUXLEY, Aldous, *La Philosophie éternelle,* Plon, 1945 ; Seuil, 1977.
– *Île,* Plon, 1963.
IGNACE d'ANTIOCHE, *Lettre aux Italiens,* III, 2.
IKEDA, DAISAKU, *Buddhism. The First Millenium,* Kodansha International, Tokyo-New York, 1977.
INADA, K. et JACOBSON, N., *Buddhism and American Thinkers,* University Press of New York, Albany, 1983.
ISAMBERT, François-André, *Le Sens du sacré. Fête et religion populaire,* Minuit, 1982.
– « Une religion de l'Homme ? Sur trois interprétations de la religion de la pensée de Durkheim », in *Archives des sciences sociales des religions,* n° 69, 1990.
– *De la religion à l'éthique,* Cerf, 1992.
– « La sécularisation interne du christianisme », in *Revue française de sociologie,* n° 17, 1976.
- « Sécularisation », dans l'article « Religion », in *Encyclopædia Universalis.*
JACOBY, F., *Die Fragmente der griechischen Historiker,* Brill, Leyde, III, C2, 1958.
JAN, Michel, *Le Voyage en Asie centrale et au Tibet. Anthologie des voyageurs occidentaux du Moyen Âge à la première moitié du XXe siècle,* Robert Laffont, 1992.
JASPERS, Karl, *Les Grands Philosophes, t. I, Socrate, Bouddha, Confucius, Jésus,* Plon, 1960 ; Presses Pocket, 1989.
– *Vom Ursprung und Ziel der Geschichte,* Munich, 1945.
JEAN-PAUL II, *Entrez dans l'espérance,* Plon, 1994.
JUNG, Carl Gustav, *Psychologie et orientalisme,* Albin-Michel, 1985.
– « Commentaire psychologique du *Bardo-Thödol* », *in* W.Y. Evans Wentz, *Le Livre tibétain de la grande libération,* Adyar, 1954 et 1971.

KALOU, rinpoché, *La Voie du bouddha*, Seuil, 1993.
KELLOG, Samuel, *The Light of Asia and the Light of the World*, MacMillan, Londres, 1885.
KENNEDY, J., « Buddhism, Gnosticism, the System of Basilide », in *The Journal of the Royal Asiatic Society*, 1902.
KEROUAC, Jack, *The Dharma Bums*, Viking Press, New York, 1959 ; Le Livre de Poche, 1986.
– *The Scripture of the Golden Eternity*, Corinth Books, New York, 1971.
KHEMA, Ayya, *When the Iron Eagle Flies : Buddhism for the West*, Londres 1991.
KIPLING, Rudyard, *Kim*, Mercure de France, 1902 ; Folio, 1974.
KIRCHER, Athanasius, *La Chine illustrée*, Amsterdam, 1670.
KLAPROTH, « Vie de Buddha d'après les livres mongols », in *Asia Polyglotta Journal asiatique*, série 1, tome IV, 1824.
KOLM, Serge-Cristophe, *Le Bonheur-Liberté*, P.U.F., 1982.
KÖROS CSOMA, Alexander (de), « Note on the Origin of the Kala-Chakra and Adi-Buddha Systems », *Tibetan Studies*, Akadémia Kiado, Budapest, 1984.
LACOMBE, Olivier, « Pessimisme bouddhique ? » in *Indianité*, Les Belles Lettres, 1979.
LAFFITE, *Les Grands Types de l'humanité*, 1875.
LAFONT, Gérard (de), *Le Bouddhisme*, Chamuel, 1895.
LA LOUBÈRE, Simon (de), *Description du royaume du Siam*, 2 vol., Paris-Amsterdam, 1691 et 1693.
LANG, David, *The Wisdom of Balahvar. A Christian Legend of the Buddha*, Londres-New York, 1957.
LASSEN, Christian, « De nominibus quibus a Veteribus appellantur Indorum philosophi », in *Rheinisches Museum*, 1933, vol. I, pp. 171-190.
LAMENNAIS, *Des progrès de la Révolution et de la guerre contre l'Église*, 1829.
LENOIR, Frédéric, *Le Temps de la responsabilité*, Fayard, 1991.
LÉON-DUFOUR, Xavier, *Saint François-Xavier*, La Colombe, 1953.
LEVI, Sylvain, « Le bouddhisme et les Grecs », in *Revue de l'histoire des religions*, t. XXIII., 1891.
– *L'Inde et le monde*, 1925.
LÉVI-STRAUSS, Claude, *Tristes Tropiques*, Plon, coll. « Terre humaine », 1955 et 1973.
LIOGIER, Raphaël, *Jésus, Bouddha d'Occident*, Calmann-Lévy, 1999.
LOMBARDO, Patrick, *Dictionnaire encyclopédique des arts martiaux*, t. I, SEM, 1993.
LOPEZ, Donald, *Prisoners of Shangri-La*, University of Chicago Press, 1998.
LUBAC, Henri (de), *La Rencontre du bouddhisme et de l'Occident*, Aubier, coll. « Théologies », 1952.

MACKENZIE, Vicki, *L'Enfant lama, histoire d'une réincarnation,* Robert Laffont, 1989 ; J'ai lu, 1991.

MAGRE, Maurice, *Pourquoi je suis bouddhiste*, Adyar, 1928.

MAHÉ, Annie et Jean-Pierre, *La Sagesse de Balahvar. Une vie christianisée du Bouddha,* Gallimard, 1993.

MAINAGE, R.P., *Le Bouddhisme,* Bloud & Gay, 1930.

MANI, *Shâpuhrakan,* traduction de Annie et Jean-Pierre MAHÉ, in *La Sagesse de Balahvar,* Gallimard, 1993.

MAJJHIMA-NIKAYA, vol. 2, PTS, 1888-1902.

MARCO POLO, *Le Livre de Marco Polo ou le Devisement du monde,* mis en français moderne par A. T'Serstevens, Albin Michel, 1955.

MARTIN, Jean-Baptiste et LAPLANTINE François (dir.), *Le Défi magique. Ésotérisme, occultisme, spiritisme,* P.U.L., Lyon, 1994.

MERTON, Thomas, *Zen, Tao et Nirvana,* Fayard, 1970.

MERTZ, Henriette, *Pale ink : Two Ancients Records of Chinese Exploration in America,* Swallow Press, Chicago, 1972.

MICHELET, Jules, *La Bible de l'Humanité,* 1864.

– *Histoire de France,* 1876.

MIQUEL, André, *La Géographie humaine du monde musulman, des origines au milieu du XIe siècle,* E.H.E.S.S., 1975.

– « L'Inde chez les géographes arabes avant l'an Mil », *in* Catherine Weinberger-Thomas (dir.), *L'Inde et l'imaginaire,* E.H.E.S.S., 1988.

Milarepa, ses méfaits, ses épreuves, son illumination, trad. P. Bacot, Fayard, coll. « L'espace intérieur », 1971, pp. 234-235.

– *Les Cent Mille chants de Milarepa,* t. 1, 1986, t. 2, 1989, t. 3, 1993, Fayard.

MOCKRAUER, Franz, « Schopenhauer und Indien », in *Shopenhauer Jahrbuch,* n° 15, 1928.

MORERI, Louis, *Grand Dictionnaire historique ou le mélange curieux de l'histoire sacrée et profane,* nouvelle édition, 1759.

MORIN, Edgar, « L'Orient notre refoulé », *in* Marc de Smedt, *L'Orient intérieur,* Autrement, 1985.

– *Pour sortir du XXe siècle,* Seuil, 1984.

– *Terre-patrie,* Seuil, 1993.

MÜLLER, Max, *Lectures on the Science of Religion,* C. Scribner, New York, 1872.

– « A Bishop on buddhism », *The New Review,* 8, 1993.

NEVE, Félix, « Le bouddhisme, son fondateur et ses écritures », in *Le Correspondant,* 25 novembre 1853.

NICHIREN SHOSHU, *Introduction au bouddhisme,* Nichiren shoshu française, 1976.

NIETZSCHE, Friedrich, *Considérations inactuelles,* III, « Schopenhauer éducateur », 1874 ; *Fragments posthumes,* printemps 1884, automne 1885-

automne 1887, automne 1887-mars 1888, 1888/1889, in *Œuvres philosophiques complètes*, Gallimard, 1987.
– *Le Crépuscule des Idoles*, 1888 ; *Le Gai Savoir*, 1882 ; *Par-delà le bien et le mal*, 1885 ; *Aurore*, 1881, *La Généalogie de la morale*, 1887 ; in *Œuvres*, Robert Laffont, coll. « Bouquins », 1993.
– « Lettre à Carl von Gerdsdorff du 13 décembre 1875 », *in* Janz, *Nietzsche*, 1984.
– *L'Antéchrist*, 1888, Garnier-Flammarion, 1994.
OBADIA, Lionel, *Bouddhisme et Occident. La diffusion du bouddhisme tibétain en France*, L'Harmattan, 1998.
OHSAWA, Georges, *Le Zen macrobiotique*, Librairie philosophique Vrin, 1969.
OLCOTT, Henry, *Le Bouddhisme selon le canon de l'Église du Sud et sous forme de catéchisme*, Adyar, 1885 et 1924.
OLDENBERG, Hermann, *Buddha*, Londres, 1882 ; P.U.F., 1894.
OLENDER, Maurice, « Aryens et Sémites dans les savoirs du XIXe siècle », in *Le Grand Atlas des religions*, Encyclopædia Universalis, 1988.
ORIENT FOUNDATION (*The*), *A Handbook of Tibetan Culture*, Londres, 1992.
OZANAM, *Essai sur le bouddhisme* (1842), in *Œuvres*.
OZERAY, Michel-Jean-François, *Recherches sur Buddon ou Bouddon, instituteur religieux de l'Asie orientale*, 1817.
PALLIS, Marco, *Cîmes et lamas*, 1955.
PAYSON VINING, Edward, *An Inglorious Columbus*, Appleton and Co., New York, 1985.
PAUWELS, Louis, *Monsieur Gurdjieff*, Seuil, 1954.
PERCHERON, Maurice, *Le Bouddha et le bouddhisme*, Seuil, 1956.
« La Pensée bouddhique », *Bulletin des amis du bouddhisme*, juillet et octobre 1939.
PERRIN, Marie-José, *Schopenhauer, le déchiffrement de l'énigme du monde*, Bordas, 1992.
PHILONENKO, M., « Un écho de la prédication d'Asoka dans l'épître de Jacques », in *Ex Orbe religionum*, Studia Geo Widengren, I, 1972.
PLATON, *Apologie de Socrate*, Garnier-Flammarion, 1991.
– *Lois*, X. Garnier-Flammarion, 1997.
PROUDHON, Pierre Joseph, *De la juste dans la Révolution et dans l'Église*, 1931.
QUINET, Edgard, *Le Génie des religions*, 1852.
RAMPA, Lobsang, *Le Troisième Œil*, Albin Michel, 1957.
– *Histoire de Rampa*, Albin Michel, 1963 ; J'ai lu, 1980.
– *La Caverne des Anciens*, Albin Michel, 1967 ; J'ai lu, 1980.
RECH, Roland, *Moine zen en Occident. Entretiens avec Romana et Bruno Solt*, Albin Michel, 1994.

RÉMOND, René, *Introduction à l'histoire de notre temps, Le XIXe siècle*, Seuil, 1974.
RENAN, Ernest, « Premiers travaux sur le bouddhisme » (1851), in *Nouvelles Études d'histoire religieuse*, 1884.
RENOUVIER, Charles, *Introduction à la philosophie analytique de l'histoire*, 1864.
– *La Science de la morale*, 1869.
RÉROLLE, Bernard, *Le Japon du silence et la contemplation du Christ*, Centurion, 1991.
REVEL, Jean-François, *Histoire de la philosophie occidentale*, Nil, 1996.
– *Le Moine et le Philosophe*, en collaboration avec Matthieu Ricard, Nil, 1997.
Revue de l'histoire des religions, septembre-octobre 1881 ; janvier-février 1882 ; mars-avril 1882.
RICHARD, Jean, *Croisés, missionnaires et voyageurs. Perspectives orientales du monde latin médiéval*, 1983.
ROMAN, Joël, « Les équivoques de la sagesse », in *Esprit*, juin 1997.
ROMMELUERE, Éric, *Guide du Zen*, Hachette, 1997.
SAID, Edward, *Orientalism : Western Conception of the Orient*, Londres, 1978.
Sangha, revue bouddhiste française trimestrielle.
SCHLEGEL, Friedrich, *Über die Sprache und Weisheit der Indien, ein beitrag zur Begrundung der Altertumskunde*, Mohr und Zimmer, Heidelberg, 1808.
SCHMIDT, Francis, « Entre Juifs et Grecs : le modèle indien », *in* Catherine Weinberger-Thomas, *L'Inde et l'Imaginaire*, E.H.E.S.S., 1988.
SCHNETZLER, Jean-Pierre, *La Méditation bouddhique*, Albin Michel, 1994.
– *De la mort à la vie*, Dervy, 1995.
SCHOPENHAUER, Arthur, *Le Monde comme volonté et comme représentation*, P.U.F., 1966.
SCHWAB, Raymond, *La Renaissance orientale*, 1950.
SILLARD, Alain, *Bouddhismes* (guide), Nil, 1998.
SINNETT, Alfred, *Le Bouddhisme ésotérique*, Adyar, 1893.
SMEDT, Evelyne (de), *Zen et christianisme*, Albin-Michel, 1990.
SMEDT, Marc (de), *L'Orient intérieur*, Autrement, 1985.
SOGYAL, rinpoché, *Le Livre tibétain de la vie et de la mort*, La Table ronde, 1993.
SONET, Jean, *Le Roman de Barlaam et Josaphat*, Louvain-Namur, 1949.
SPALDING, Baird T., *La Vie des Maîtres*, Robert Laffont, 1972 ; J'ai lu, 1994.
SPENCE HARDY, R., *Manuel of Buddhism*, Londres , 1853.
STEIN, Rolf A., *La Civilisation tibétaine*, L'Asiathèque, 1962 et 1987.
STRABON, *Géographie*, XV, 1, 18.

SUZUKI, Daisetz Teitaro, *Essais sur le bouddhisme zen,* 3 vol., Albin Michel, 1972.

SUZUKI, Shunryu, *Esprit zen, esprit neuf,* Seuil, 1977.

TAIKAN, Jyoji, *Zen et zazen,* Le Courrier du livre, 1991.

TAINE, Hippolyte, *Nouveaux Essais de critique et d'histoire,* 1884.

TARDAN-MASQUELIER, Ysé, *Yoga, du mythe à la réalité,* Droguet-Ardant, 1991.

– *Jung, la sacralité de l'expérience intérieure,* Droguet-Ardant, 1992.

– *L'Hindouisme,* Bayard Éditions, 1999.

TAYLOR, Michael, *Le Tibet. De Marco Polo à Alexandra David-Neel,* Payot, 1985.

TERVIEL, B., *Monks and Magic, an Analysis of Religions Ceremonies in Central Thailand,* Curzon Press, Londres, 1979.

TEUNDROUP, Denis (lama), *Le Dharma et la vie, entretiens avec Philippe Kerforne,* Albin Michel, 1991.

TIPTON, S. M., « The Moral Logic of Alternative Religions », in *Daedalus,* 111/1, 1982.

TRUNGPA, Chögyam, *Né au Tibet,* Seuil, 1968 et 1991.

– *Pratique de la voie tibétaine,* Seuil, 1976 et 1991.

– *Le Mythe de la liberté,* Seuil, 1979 et 1992.

– *Shambhala, la voie sacrée du guerrier,* Seuil, 1984 et 1990.

– *Folle sagesse,* Seuil, 1993.

TURNER, Samuel, *Account of an Embassy to the Court of Teshoo Lama in Tibet,* Londres, 1800.

– *Voyage à la cour de Teshoo Lama,* 1801.

VACANT, A. et MANGENOT, E., « Bouddhisme », in *Dictionnaire de théologie catholique,* 1936.

VAN DEN WYNGAERT, Anastase, *Jean de Mont Corvin, premier évêque de Khanbaliq (Pékin),* Lille, 1924.

VARELA, Francisco, THOMPSON, Evan, et ROSCH, Eleanor, *L'Inscription corporelle de l'esprit,* Seuil, 1993.

VASSILIEFF, W., *Le Bouddhisme, ses dogmes, son histoire et sa littérature,* 1865.

VECCHIOTTI, Icilio, *La Dottrina di Schopenhauer. Le teorie schopenhaueriane considerate nella loro genesi et nei loro rapporti con la filosofia indiana,* Ubaldini, Rome, 1969.

VOGÜÉ, Eugène-Melchior (de), *Le Roman russe,* 1886.

VORAGINE, Jacques (de), *La Légende dorée,* t. II., Garnier-Flammarion, 1967.

WADDELL, Austine, *Lhassa and its Mysteries,* Londres, 1905.

WASHINGTON, Peter, *La Saga théosophique,* Chambéry, Éditions Exergue, 1999.

WALPOLA, Rahula, *L'Enseignement du Bouddha d'aprés les textes les plus anciens,* Seuil, 1961.

WATTS, Alan W., *Le Bouddhisme Zen*, Payot, 1960 et 1991.
– « Beat Zen, Square Zen and Zen », *Chicago Review*, juillet-août 1958

WEHR, Gerhard, K.G. *Dürckheim. Une vie sous le signe de la transformation*, Albin Michel, 1997.

WEINBERGER-THOMAS, Catherine (dir.), « Les yeux fertiles de la mémoire. Exotisme indien et représentations occidentales », in *L'Inde et l'Imaginaire*, E.H.E.S.S., 1988.

WELBON, Guy Richard, *The Buddhist Nirvana and Its Western Interpreters*, University of Chicago Press, Chicago et Londres, 1968.

WIJAYARAMA, M., *Sermons du Bouddha*, Le Cerf, 1987.

WILLIAMS, Duncan Ryûken et QUEEN, Christopher S., *American Buddhism : Methods and Findings in Recent Scolarship*, Curzon Press, Richmond, UK, 1999.

WOODVILLE ROCKHILL, William, *The Journey of William of Rubruck to the Eastern Parts of the World*, Londres, 1903.

YOUNGHUSBAND, Francis, *India and Tibet*, Londres, 1910.

YULE, Henry, *The Book of Sir Marco Polo*, Londres, 1903.
– « Marignolli's Recollections of Easter Travel », *Cathay and the Way Thither : being a Collection of Medieval Notices of China*, Londres, Hakluyt Society, 1914.

ZIMMER, Heinrich, « Schopenhauer und Indien », in *Schopenhauer Jahrbuch*, n° 25, 1938.

Index

C

D

G

H

I

J

K

P

Q

R

S

T

Remerciements

Entamé depuis bientôt sept ans, ce travail n'aurait être réalisé sans le concours et le soutien de nombreuses personnes que je tiens ici à remercier chaleureusement.

Un grand merci tout d'abord à certaines personnalités de la communauté bouddhiste française qui m'ont apporté un soutien précieux pour la réalisation de cet ouvrage. Tout particulièrement Jean-Pierre Schnetzler, qui m'a fourni de nombreuses informations et a relu attentivement le manuscrit. Philippe Cornu, pour la réalisation du glossaire et qui s'est amicalement rendu disponible tout au long de ce travail pour répondre à mes innombrables questions sur le bouddhisme tibétain. Laurent Deshayes, qui n'a pas ménagé son temps pour m'initier aux arcanes subtiles des lignées tibétaines et de l'histoire du Tibet. Lama Denys Teundroup, qui m'a apporté une aide constante.

Je tiens également à remercier du fond du cœur les maîtres spirituels, les pratiquants avancés ou les responsables de centres qui m'ont apporté leur témoignage et accepté de répondre à mes questions sur la diffusion contemporaine du bouddhisme en Occident. Tout particulièrement sa sainteté le dalaï-lama, Dagpo rinpoché, Sogyal rinpoché, Jigmé rinpoché ; Roland Resh, Evelyne Holzapfel, Jacques Brosse et Pierre Crépon ; Gérard Godet, Anne et Kit Benson, Charles Hasting et John Canti, lama Tenzin et lama Tsonyi ; Denis Huet, Jacques Marichez, Daniel Millès, François Calmès, Stephen Batchelor.

Un grand merci aussi à Arnaud Desjardins et Jean-Claude Carrière pour leur témoignage et leur précieux soutien amical.

Cette étude (couplée avec notre autre ouvrage sur *Le Bouddhisme en France*) a fait l'objet d'une thèse de doctorat soutenue le 8 octobre 1999 à l'EHESS. Je tiens à remercier vivement mon directeur de thèse, Danièle Hervieu-Léger, qui a su me guider tout au long du chemin, avec une détermination et une sérénité dignes d'un maître zen. Merci aussi aux autres membres du jury. Patrick Michel, notamment, qui est à l'origine de cette recherche, Edgar Morin, dont les travaux ont été pour moi une source permanente d'inspiration, ainsi que Michel Hulin et Jean-Paul Willaime pour leurs précieuses remarques sur mon travail.

Merci encore aux nombreux autres universitaires et spécialistes du bouddhisme qui m'ont apporté une aide utile et souvent amicale, tout spécialement Roger-Pol Droit, Dennis Gira, Paul Magnin et Claude Levenson.

Pour leur contribution très diverse dans cette enquête et dans la réalisation du livre, je tiens également à remercier très chaleureusement Karine Grijol, Samuel Rouvillois, Estelle Saint-Martin, Sylvie Gourgeon, Claire Fréjacques, Laurent Grosrey, Annie Girault, Raïssa, Hélène Guillaume, Dominique Guillaumin, Michel Gounot, Josseline Rivière, Didier Thimonier.

Merci aussi tout spécialement à mon éditeur, Claude Durand, pour sa patience et sa chaleureuse implication personnelle dans l'édition de ces deux ouvrages.

Table

II

DÉCOUVERTE INTELLECTUELLE DU BOUDDHISME
(1780-1875)

III

Esotérisme et modernisme bouddhique
(1875-1960)

IV

Les nouveaux disciples
(1960-1990)

V

L'HUMANISME BOUDDHIQUE
(1989-XXIe siècle)

Impression réalisée sur CAMERON par
BRODARD ET TAUPIN
La Flèche

pour le compte des Éditions Fayard
en octobre 1999

Imprimé en France
Dépôt légal : novembre 1999
N° d'édition : 8621 – N° d'impression : 1081X
ISBN : 2-213-60103-8
35-57-0303-01/4